管理学原理

（第二版）

主　编　张向东

华东师范大学出版社

第二版前言

　　本书自2015年8月出版以来,受到了广大读者的欢迎,也得到了专业理论工作者、教育工作者的好评,共有20余所高校选用了本教材,一些职业学校和企业也将它作为培训教材。教材的科学性、实用性和可读性得到了充分的肯定,作为编者我们也深感欣慰。

　　管理学是一门发展颇为迅速的学科,每年都有大量的研究成果问世,为了跟上学科发展的形势,适应企业实际管理工作的需要,我们在征求各方面意见的基础上,决定对原教材进行修订。此次修订,我们对各章节的内容,进行了认真的调整、增删和修改,更新了部分案例,补充了最新理论。通过这次修订,本书在继续保持原教材特点的基础上,进一步吸收了管理学研究的最新成果,提升了教材的科学性和应用性,使教材的适用范围有所扩大;修订后的教材内容更为新颖、简洁、实用,更富有特色,有助于进一步提高教学工作质量。

　　本书强调理论知识和实践知识相统一,综合性和针对性相统一,注重基层、注重实务、注重技能,可作为高职高专、成人高校、民办高校等经济管理类专业及其他相关专业的教学用书,也可作为企业中基层管理人员参考用书和企业培训教材。

　　本书由浙江旅游职业学院酒店管理系教授张向东担任主编。在修订过程中,浙江育英职业技术学院经济管理分院周岚参与了部分章节内容的修改,浙江育英职业技术学院经济管理分院徐芳、占胜、沈永青收集了部分案例,并对一些阅读材料进行了第一轮增删。张向东负责全书修订,并补充新的案例和阅读材料,完成全书总撰。

　　华东师范大学出版社孙小帆编辑为本书的修订提出了许多具体建议,在此深表谢忱。

　　由于水平有限,疏漏之处在所难免,敬请读者批评指正。

编　者

2018年3月

第一版前言

当今经济和社会的发展需要大批多元化、多层次、应用型的管理人才,对于应用型管理人才而言,必须具备一定的经济管理知识。《管理学原理》是一门系统研究管理活动的基本理论、基本规律和基本方法的科学,是经济和管理大类专业一门重要专业基础课。该课程既具有一定理论性,又具有较强的实践性,旨在让学生了解管理学的过去与现在,树立现代管理精神和管理理念,并能够运用管理学的基本理论和方法去分析、解决管理中的具体问题,提高在中基层管理岗位的管理技能与素质。本书就是在上述思想的指导下编写的。

为了适应高职高专管理大类专业教学改革中"突出能力本位"的新要求,本书根据高职高专学生和企业中基层从业人员的特点,吸取了众多优秀教材的长处,强调理论知识和实务技能并重,在内容的组织上既融入了当今企业管理发展的实际,又考虑到学生的易接受性,总体体现了定位明确、结构合理、理论简明、规范实用的特点,突出教与学的一体化过程,将传统的知识介绍转变为知识研修,变"灌输"为"研讨",力求做到重点突出、深入浅出,达到易教、易学、易懂、易上手的效果。通过学习,学生对管理的基本概念、基本原理、基本职能、管理学的沿革将会有较全面的了解,熟悉基本的管理工作程序,掌握基本的管理工具和方法,加深对管理的本质、管理者的角色的理解,学会从人本、系统、道德的原则考虑管理的问题,为进一步学习产品(服务)质量管理、市场营销、企业经营管理、人力资源管理以及财务管理等课程打下基础。

为了更好地使用本教材,建议如下:

精选精讲,鼓励互动。教师对教材内容应精选精讲,对重点内容详讲,必要时还可补充一些内容;对非重点内容可交给学生自主阅读和分析探究。教师在教学过程中,一定要深入浅出,把复杂的问题简单化,鼓励学生敢于质疑教师、质疑课本、质疑现实。

重视案例,注重实用。学习管理学,目的是能把学到的知识运用到实践中去。案例教学是将理论联系实际的有效形式,通过案例分析,学生将明白如何运用管理的原理和方法来解决实际问题。

开动脑筋,理解为主。学习重点在理解,要培养学生的创新能力,而不是复制知识。教师在教学中要发扬教学民主,鼓励学生发表自己的意见和想法,调动学生的学习积极性,鼓励学生提高发散思维能力。

能力本位,科学考核。教师对学生要采用过程化的考核,鼓励学生思考,以能力为本位,对能发表自己独特观点的学生应该给予充分的肯定。

本书强调理论知识和实践知识相统一,综合性和针对性相统一,注重基层、注重实务、注重技能,可作为高职高专、成人高校、民办高校等经济管理类专业及其他相关专业的教学用书,也可作为企业中基层管理人员参考书和企业培训教材。

本书编写工作由浙江旅游职业学院"国家示范性骨干高职院校重点专业"、"浙江省省级示范高职院校重点专业"、"浙江省高职院校特色专业"酒店管理专业团队成员张向东教授主持并兼任主编,张雪丽、杨国强、曹云兵三位老师以及浙江浙旅有限责任公司董事长、总经理陈鑫春参与共同完成。各章节的编写分工为:张向东(第一章、第二章、第三章、第四章、第九章、第十二章、第十三章、前言和附录);曹云兵(第五章、第六章)、陈鑫春(第七章)、张雪丽(第八章)、杨国强(第十章、第十一章)。全书由张向东教授提出体系框架,并在初稿完成的基础上审定统稿。本书在编写中参阅了大量国内外管理学的书籍和资料,参考了大量报刊文献和网络资源,借鉴了诸多学者和专家的著作和成果,这些成果除了在书后的"参考文献"中列出外,还在书中适当的地方加以注明。本书在编写过程中还得到了相关企业的帮助。在此一并向有关专家、学者和企业表示衷心的感谢和敬意!

由于编者学识所限,书中疏漏不妥之处难免,敬请教材使用者和广大读者提出宝贵的建议和意见,以便今后修订完善。

编　者
2015 年 2 月

目 录

第一章 ▶▶▶
管理学导论

◇◇◇◇◇ 章前导语 ◇◇◇◇◇

　　管理活动的历史源远流长。长期以来，人们在不断的实践中认识到管理的重要性。人们所要从事的生产活动和社会活动，都是依靠群体力量进行的，而组织、协调群体活动离不开管理。管理活动作为人类最重要最基本的一项活动，广泛地存在于社会生活的各个领域，小至个人、家庭和团体，大到国家、地区和社会。可以说，现代社会的发展离不开管理。

　　本章是对管理基础知识的系统概述，是学习整个管理学课程的纲要。全面理解本章内容，对掌握全书体系和内在逻辑将大有帮助。所以本章既具有提纲挈领的意义，又具有入门引导的意义。

◇◇◇◇◇ 本章导学 ◇◇◇◇◇

学习目标

　　了解管理的含义、职能、性质；

　　了解管理者的分类和角色，知晓管理者所需的技能与素质，明确管理者的职责是什么，并能区分管理人员与作业人员，学会有意识地培养自己的管理素质；

　　了解管理环境的重要性，懂得组织所处的环境发展变化是决定组织经营方向和管理决策的重要因素；

　　了解管理学的研究对象、研究内容和研究方法。

关键术语

　　管理　自然属性　社会属性　管理者　人际关系角色　信息传递角色　决策制定角色　技术技能　人际技能　概念技能　管理环境　外部环境　内部环境　管理学

第一节　管　理　概　述

一、什么是管理

（一）管理的概念

 管理故事

> 有个小男孩第一次自己买了一条长裤，非常喜欢，但是穿上一试，发现裤子长了一些。他找到奶奶，请奶奶帮忙将裤子剪短一点，可奶奶说，她现在家务事太忙，让他去找妈妈。而妈妈则回答他，今天她已经同别人约好去打桥牌。男孩又去找姐姐，但是姐姐有约会。时间已经很晚了，这个男孩非常失望，担心明天不能穿这条裤子去上学，他怀着沮丧的心情去睡觉了。奶奶忙完家务事，想起了孙子的裤子，就拿剪刀将裤子剪短了一些；姐姐约会回来后心疼弟弟，也把裤子剪短了一点；妈妈打完桥牌回来后又把裤子剪去一截。可想而知，第二天早上小男孩起床后，全家就将发现一系列没有管理的行动带来了什么样的后果。这是一个日常生活中因缺乏管理而导致的一个行动虽有良好初衷却带来了破坏性后果的事例。

管理起源于人类的共同劳动，自古有之。当人们组成群体要实现共同目标时，就必须有管理，以协调群体中每个成员的活动。在现代社会，管理活动作为人类最重要的一项活动，广泛地存在于社会生活的各个领域。现代社会的发展离不开管理。

知识拓展

在国外，管理一词的英文是manage，是从意大利语的maneggiare和法语的manage演变而来的，原意是"训练和驾驭马匹"。汉语解释为管辖与处理，指人们对一定范围内的人员及事务进行安排和处理，以期达到预定目标的活动。

对于管理的含义，众多不同时期的学者、专家都发表了自己的见解，各自在不同的背景下，从不同的研究角度对管理作出了不同阐释。

福莱特：管理是通过其他人来完成工作的艺术。

泰勒：管理就是确切地知道你要别人去干什么，并使他用最好的方法去干。

法约尔：管理是所有的人类组织都有的一种活动，这种活动由五项要素组成，即计划、组织、指挥、协调和控制。

西蒙：管理就是制定决策。

马克斯·韦伯：管理就是协调活动。

哈罗德·孔茨：管理就是设计和保持一种良好的环境，使人在群体里高效率地完成既定目标的过程。

斯蒂芬·罗宾斯：管理是指同别人一起或通过别人使活动完成得更有效的过程。

普伦基特和阿特纳：管理是一个或多个管理者单独或集体通过行使相关职能（计划、组织、人员配比、领导和控制）和利用各种资源（信息、原材料、货币和人员）来制定并实现目标的活动。

国内学者也对管理的定义有所阐述。

徐国华：管理是通过计划、组织、控制、激励和领导等环节来协调人力、物力和财力资源，以期更好地达成组织目标的过程。

周三多：管理是指组织为了达到个人无法实现的目的，通过各项职能活动，合理分配、协调相关资源的过程。

芮明杰：管理是对组织的有效资源进行有效配置，以达成组织的既定目标和责任的动态创造性活动。

综上所述，我们认为管理是指在一定的环境和条件下，管理者通过计划、组织、领导、控制等环节来协调和整合组织内的人、财、物、时间、信息、技术、关系等资源，有效地实现组织既定目标的动态过程。

（二）对管理概念的理解和把握

对于管理的定义，我们可以从以下几个方面来理解和把握。

1. 管理的载体是组织。管理总是存在于组织中，不能脱离组织而单独存在。

2. 管理是一项有意识、有目的进行的活动过程，管理的目的是实现组织的目标。目标不明确，管理就会无的放矢。

3. 管理的过程是由一系列相互关联、连续进行的活动（包括计划、组织、领导、控制、创新等）所构成的，它们是管理的基本职能。各个过程和环节要求相互关联、连续一致，不能相互脱节和相互矛盾。

4. 管理的本质是协调。协调就是使个人的努力与集体的预期目标相一致。协调的中心是人，协调的方法有多种多样。由于管理的各个环节都是依靠人去筹划、落实，因此管理的核心是处理组织中的各种人际关系。

5. 管理的对象是组织的各种资源。管理的实质是通过决策、组织、领导和控制等手段，实现组织内部各要素的合理配置，把资源转化为成果，将投入转化为产出。管理的有效性集中体现在组织资源的投入、产出的比较上。

6. 管理工作是在一定的环境条件下开展的。环境既提供了机会，也构成了威胁。一方面，组织要适应外部环境的变化，充分利用外部环境提供的各种机会，为创造优良的社会物质和文化环境尽其"社会责任"；另一方面，管理的方法和技巧要因环境条件的不同而随机应变。审时度势、因势利导和灵活应变对管理的成功至关重要。

二、管理的重要性

1. 管理是人类社会最基本、最重要的活动之一。管理伴随着组织的出现而产生，是协作劳动的必然产物。

2. 管理促进了人类社会的进步和科学技术的发展。管理活动对于人类社会的重要性是随着社会经济的发展和组织规模的不断壮大而日益凸显的。

3. 实现社会发展和组织发展的预期目标，要依靠有效的管理。组织要把每个成员千差万别的局部目标引向组织目标，形成方向一致的合力。如果管理不善，组织就会像一盘散沙，内耗不止,毫无活力,最后可能因找不到立足之地而被淘汰。

4. 管理是合理开发利用资源的重要因素。随着科学技术的进步,人们对资源的开发利用越来越多。维护生态平衡,保护人类生存的环境,这是一项十分重要的社会责任,需要由科学的管理来承担。

5. 科学管理是网络时代社会文明和进步的重要保障。管理通过迅速发展的信息技术,正在改变人类社会的经济活动及日常生活方式。工作质量、服务质量和生活质量的提高,都依赖于管理水平的提高。

📖 管理故事

第二次世界大战结束后,日本近乎一片废墟,可是在随后的几十年间日本的经济飞速发展,日本的汽车、家电产品等几乎遍布全世界,国民生产总值已跃居世界第二位。这一经济奇迹的出现引起了西方企业界的紧张和学术界的兴趣。研究的结果是日本在自己的民族文化和特定历史的基础上形成了一套有效的管理理论和方法。比如,他们提出了生产的第四要素理论,即认为生产之所以能够发生并持续发展,除了土地、劳动和资本外,还有第四要素——管理。

此外,有的美国学者也认为,美国经济的领先地位,三分靠技术、七分靠管理。调查显示,在中国有80%以上的企业亏损都是由于管理不善所致。可见,要想提高我国企业的经济效益,增强市场竞争力,就必须充分认识管理的重要性,建立适合我国国情的现代管理制度和体系,使管理成为增强国力、发展经济的有力工具。

三、管理的职能

管理的职能是指管理者在执行其职务时应该做些什么。最早对管理的具体职能加以概括和系统论述的是法约尔。他在1916年发表的《工业管理与一般管理》一书中指出,管理就是实行计划、组织、指挥、协调和控制。后来,许多学者对管理职能又从不同的角度进行了阐述,出现了不同的学派。随着管理理论的不断发展,对管理职能的认识也有所发展。目前,较为认可的五种职能是:计划、组织、领导、控制和创新。这五种职能是管理活动最基本的职能。

（一）计划

计划是对未来活动的预先筹划。人们在从事一项活动之前,都要预先进行计划,以确保行动的有效。计划职能指的是管理者对要实现的组织目标和应采取的行动方案作出选择和具体安排。任何管理活动都是首先从计划开始的,因此,计划是管理的首要职能。

（二）组织

组织职能是指管理者根据计划对组织活动中各种要素和人们的相互关系进行合理的安排,包括设计组织结构、建立管理体制、分配权力和资源、配备人员、建立有效的信息沟通网络和监督组织运行等。组织工作是计划工作的延伸。

（三）领导

领导是指利用组织赋予的权力和自身的能力去指挥和影响下属为实现组织目标而进行各种活动的过程。有效的领导活动要求管理者在合理的制度环境中,针对组织成员的需要和行为特点,运用适当的方式,采取一系列措施去提高和维持组织成员的工作积极性。所以,领导职能包括运用影响力、激励和沟通等。

（四）控制

为了确保组织目标能实现以及保证措施能有效实施,管理者要对组织的各项活动进行有效的监控。控制职能是为了保证系统按预定要求运作而进行的一系列工作。管理者在建立控制标准的基础上,衡量实际工作绩效,分析出现的偏差,并采取纠偏措施。

（五）创新

将创新作为一种管理职能是一种新的认识。20世纪50年代以来,随着科学技术的飞速发展,市场需求瞬息万变,社会关系日益复杂,管理者每天都会遇到新情况、新问题。如果墨守成规、没有创新,管理者就无法应对各种新形势的挑战,无法完成所肩负的管理任务。创新是社会发展的源泉,人类社会在不断的创新中进步、发展和完善。

上述五项职能是相互联系、交叉渗透的。计划职能是管理的首要职能,每一项管理工作一般都是从计划开始,经过组织、领导到控制结束。控制的结果可能又导致新的计划,开始又一轮新的管理循环。如此循环不息,把管理工作不断向前推进。创新在管理循环中处于轴心的地位,成为推动管理循环的原动力。

🌐 管理实训

以下活动体现了管理的什么职能?
1. 学校组织人员于开学初对食堂卫生进行大检查,及时发现并解决存在的卫生问题。
2. 公司领导班子共议"五年规划"。
3. 公司制定从总经理到基层员工全部岗位的岗位职责。
4. 公司总经理在大会上鼓励新聘员工要"爱岗敬业"。
5. 公司采用一种更有效的业务流程。

四、管理的性质

（一）管理的自然属性和社会属性

管理的二重性,是指既具有合理组织生产力的自然属性,又具有为一定生产关系服务的社会属性。

管理的自然属性反映了管理具有同生产力、社会化大生产相联系的一般性质。它完全取决于生产力发展水平和劳动的社会化程度,与具体制度无关。社会化的共同劳动需要管理,需要合理地进行计划、组织、领导和控制,所以自然属性是管理的第一属性。

管理的社会属性反映了管理是在一定的生产关系条件下进行的,与生产关系、社会文化相联系,是由占主导地位的生产资料所有者实施的,是统治阶级意志的体现。从管理作用的角度看,管理这种社会属性无疑是维护和巩固相应生产管理和社会文化的有力工具。

正确地认识管理的二重性,在实际工作中要从两方面着手:一方面大胆引进和吸收发达国家先进的管理经验和方法,以便迅速地提高我国的管理水平;另一方面考虑我国的国情,从实际出发,不能盲目照搬,必须根据不同情况进行选择,建立起具有中国特色的管理体系,有效地开展各项管理活动。

(二)管理的科学性与艺术性

经过一百多年的探索、研究、总结和发展,管理科学已经形成了一套比较完整的知识体系,较为系统地反映了管理过程的客观规律,所提出的管理原理、原则、方法等使我们能够对具体的管理问题进行具体的分析,并获得科学的结论,这就是管理的科学性。管理的科学性体现在对管理活动规律的认识和总结上。

作为一种实践活动,管理也是一门艺术。由于管理学自身还在不断发展中,它不像自然科学那样具有确定性和精确性,对于每一个具体管理对象没有一个完全有章可循的模式,特别是对那些非程序性的管理活动,更是如此。管理者需要具备根据实际情况处理问题的经验、技巧和知识,需要发挥管理者思维、智慧、谋略、技巧和情感才能取得好的效果。正是这种多样性和不确定性,使管理成为一种艺术性技能。

管理既是一门科学,又是一门艺术。管理的科学性揭示了管理活动的规律,反映管理的共性;管理的艺术性揭示了管理的个性。管理的科学性和艺术性要求我们在学习和从事管理工作中,既要注重对管理的理论和方法的学习,又不能忽视实践中的灵活运用。

第二节　管 理 者

一、管理者的含义及类型

(一)管理者的含义

管理者是指组织中管理活动的指挥者与执行者,即从事管理活动的人。管理者与非管理者的区别就在于管理者是指挥别人活动的人,在组织中指挥和协调他人完成具体的工作任务,比如商店的店长、学校的校长、国家的总统等。管理者除了指挥他人外,也可能接受别人的管理或者承担某些具体的工作。

(二)管理者的类型

就其管理行为而言,管理者大体上可分为三类:高层管理者、中层管理者和基层管理者。

高层管理者是指对整个组织的管理负有全面责任的管理者。这一层次的管理者在一个组织中的数量较少,主要职责是制定组织目标和总体战略,掌握组织的大政方针,评价组织的绩效等。高层管理者代表组织协调与其他组织(或个人)的关系,并对组织所造成的社会影响负责。在对外交往中,其往往以组织的"官方"身份出现。

中层管理者是指处于高层管理者和基层管理者之间的中间层次管理者。这一层次的管理者数量很大,包括分厂、分公司的厂长、经理,总公司下属分部经理等。他们的主要职责是执行高层作出的计划和决策,把高层制定的战略目标付诸现实。他们负责向最高管理层报告工作,同时负责监督和协调基层管理者的工作。与高层管理者相比,他们更注重组织日常的管理事务。他们是联结高层管理者与基层管理者的桥梁和纽带。

基层管理者又称一线管理者,比如工厂里的班组长、行政机关的科长等,他们按照中层管理者的安排去指挥和从事具体的管理活动,主要职责是传达上级计划、指示,直接分配每一个成员的生产任务或工作任务,随时协调下属的活动,控制工作进度,解答下属提出的问题,反映下属的要求。他们工作的好坏直接关系到组织计划能否落实、目标能否实现,所以,基层管理者在组织中有着十分重要的作用。

📊 知识拓展

在西方,企业中的高层管理者一般是指CEO(即行政首长,又译成首席执行官)、COO(即运营首长,又译成首席运营官)及CFO(即财务首长,又译成首席财务官)等。在我国,工商企业中的经理、厂长,学校的校长,医院的院长等都属于高层管理者。

二、管理者的角色

为了有效履行各种职能,管理者必须明确自己要扮演的角色。美国管理学家德鲁克1955年提出"管理者角色"的概念。20世纪60年代末,加拿大管理学家亨利·明茨伯格提出了他所创建的管理者角色理论。他认为管理者扮演着十种不同但高度相关的角色,主要分为三个方面:人际关系、信息传递和决策制定(见表1-1)。

表1-1 管理者的角色

方面	角色	描述	特征活动
人际关系	形象代言人	象征性首脑,必须履行许多法律性或社会性的例行义务	迎接来访者,签署法律文件
	领导者	负责激励下属,负责人员分配、培训以及有关的职责	实际上从事所有的有下级参与的活动
	联络员	维护自行发展起来的外部关系和消息来源,从中得到帮助和信息	发感谢信,从事外部委员会的工作,从事其他有外部人员参与的活动
信息传递	信息监督者	寻求获取各种内部和外部信息,以便透彻地理解组织与环境	阅读期刊和报告,与有关人员保持私人接触
	信息传递者	将从外部人员和下属那里获取的信息传递给组织的其他成员	举行信息交流会,用打电话的方式传达信息
	组织发言人	向外界发布组织的计划、政策、行动、结果等	召开董事会,向媒体发布信息
决策制定	企业家	寻求组织和环境中的机会,制定"改进方案"以发起改革	制定组织战略和检查会议,以开发新项目
	矛盾排除者	当组织面临重大的、意外的混乱时,负责采取纠正行动	组织应对混乱和危机的战略制定和检查会议
	资源分配者	负责分配组织的各种资源并制定和批准所有有关的组织决策	调度、授权和开发预算活动,安排下级的工作
	谈判者	作为组织的代表参加重要的谈判	带领队伍参加各种正式或非正式的谈判以协调纷争

（一）人际关系

管理的核心是处理各种人际关系。管理者在处理与组织成员和其他利益相关者的关系时，他们扮演人际角色。管理者所扮演的三种人际角色是形象代言人角色、领导者角色和联络员角色。

1. 形象代言人角色

作为所在单位的首脑，管理者必须行使一些具有礼仪性质的职责，如出席集会、宴请重要客户等。此时，领导的身份和地位是其组织的形象代言人，是组织的代表。

2. 领导者角色

由于管理者对所在单位的成败负重要责任，他必须在工作小组内扮演领导者角色，通过运用组织所赋予的权力，把各种分散的因素结合成一个整体，激励群体齐心协力实现共同目标。

3. 联络员角色

管理者无论对内对外都扮演着联络员的角色。在组织内部，管理者需要协调各部门工作以确保目标的顺利完成；在组织外部，管理者要代表组织与消费者、供应商、金融界、当地政府、公众等外界个人或其他组织之间建立和保持联系，以取得外部各方面对本组织的理解和支持。

（二）信息传递

管理者确保和他一起工作的人具有足够的信息从而能够顺利完成工作，这时他扮演的是信息角色。管理者在其组织内部的信息传递中处于中心地位，是组织的中枢神经，他既是获取外部信息的焦点，也是传递信息的来源。具体包括信息监督者角色、信息传递者角色和组织发言人角色。

1. 信息监督者角色

管理者要通过对外联系者和对内领导者的身份，持续关注组织内外环境的变化以获取对组织有用的信息。

2. 信息传递者角色

作为信息传递者，管理者把重要的信息传递给工作小组成员，有时也向工作小组隐藏特定的信息。更重要的是，管理者必须保证员工具有必要的信息以便切实有效地完成工作。

3. 组织发言人角色

管理者向上级组织或社会公众传递本组织的有关信息，以使组织内部和外部的人对组织有积极的反应。

（三）决策制定

管理者在处理信息并得出结论的过程中扮演决策角色。管理者对他的组织战略决策系统负有全面的责任，也就是组织的每一项重大决策皆与管理者有关，包括企业家角色、矛盾排除者角色、资源分配者角色和谈判者角色。

1. 企业家角色

作为企业家，管理者必须善于对所发现的机会进行投资并充分利用这种机会，如开发新产品、提供新服务和发明新工艺等。当管理者作为企业家时，管理者可将组织带领到一个新境界。

2. 矛盾排除者角色

在组织内部出现各种矛盾时，管理者必须善于处理冲突或解决问题。当组织面临重大意外或危机时，管理者应采取积极有效的行动以应付之前预见的问题，避免情况恶化，如平息客户的怒气、同供应商谈判及解决员工之间的争端等。

3.资源分配者角色

任何企业的资源都是有限的,管理者要有效地利用和分配有限的资源。作为资源分配者,管理者可以决定资源用于哪些项目,根据组织工作的需要和本人的意志进行各种组织资源的分配,包括自己时间的安排、组织工作的安排和重要行动的审批。

4.谈判者角色

每个组织都不可避免地要与其他组织进行谈判来为自己的组织争取利益。管理者把大量的时间花费在谈判上。谈判对象包括员工、供应商、客户、金融界和其他工作小组等。

管理案例

请看一位新任餐厅经理遇到的事。有一晚生意很忙,一名女服务员过来对他说:"没人收拾桌子。""别担心,"他说道,然后开始收拾桌子。另一名服务员过来对他说:"厨房里的饭菜上得太慢了。""别着急,"他说,"我去后面帮他们做菜。"在他帮厨的时候,又有一名女服务员过来说:"已经没有干净的盘子来摆台了。""别担心,我去洗盘子,"他说道。正当他在洗盘子的时候,又有一名女服务员过来说:"没人收拾桌子了。"就这样周而复始——桌子、饭菜、碗碟,桌子、饭菜……就在这当口,业主走了进来,问道:"你这是干什么呢?""我在忙着洗盘子、收拾桌子、做饭菜……今晚回家之前,我还得把垃圾倒了,"餐厅经理自豪地说。"你瞧瞧成什么样了!"业主喊道,"我雇你是来管理的,不是来收拾桌子、刷盘子、做饭菜的!"

三、管理者的技能

美国管理学家卡特兹在1955年提出了技术技能、人际技能和概念技能的概念。他认为,有效的管理者将依赖于这三种技能。

(一)技术技能

技术技能是指熟悉和精通某种特定专业领域的方法、工作程序、技术和知识的能力。如厨师做菜的手艺,会计人员做账、查账的本领,记者采访与撰稿的能力,营销人员的市场研究和销售技能等。对于管理者来说,虽然没有必要使自己成为精通某一领域技能的专家,但必须掌握一定的技术技能,以便对所管辖的业务范围内的各项工作进行有效的指导。就是说,作为管理者,不一定成为某个专业领域中的专家,但必须懂行。不同层次的管理者,对技术技能的要求程度是不同的。对于基层管理者来说,这些技能更为重要,否则很难与他所主管的组织内的专业技术人员进行有效的沟通,从而无法对所辖业务范围的各项工作进行具体的指导。

(二)人际技能

人际技能是指在达到组织目标的过程中与人共事的能力,有时称为人际关系技能,即理解、激励他人并与他人共事的能力。我国学者周三多将其定义为"成功地与别人打交道并与别人沟通的能力"。一个人的能力,很大程度上取决于他的人际技能。因为管理者除了领导下属外,还要与上级领导和同级同事打交道,还得学会说服上级领导、领会领导意图,学会与同事合作等。无论是哪一个管理层次的管理者,掌握良好的人际技能都是十分重要的。

（三）概念技能

概念技能是指管理者观察、理解和处理各种全局性复杂关系时的抽象思维能力，也就是从宏观上对事物进行抽象分析、判断、洞察和概括的能力。具备较高概念技能的管理者能够迅速从纷繁复杂的动态局势中抓住问题的关键和实质，采取果断措施解决问题；他还会将组织视为一个整体，了解组织内部各部门如何相互作用，了解组织与环境如何互动，了解自己所属部门在整个组织的分工协作体系中处于什么样的地位，而不是单纯地从本部门的角度去考虑问题。

🏠 管理案例

管理者需要安排好每一个部门的工作从而使各个部门顺利运作。例如，饭店的前台工作人员必须每天发给客房部一份报告，说明哪些房间必须清扫。然后客房部才能通知清扫人员做好准备，清扫并整理好相应房间。房间整理好后，清扫人员必须报告给客房部，让客房部验收。验收通过之后，客房部必须给前台发回一份报告，说明相应房间已经可以入住了。如果你是前台部的经理，就必须把这一过程看作一个整体，虽然前台关心的只是这一过程的最后环节——客房准备好了吗——但你必须了解到，前台只是一个不停运转的过程中的一部分。这一过程不仅涉及客房部和清扫人员，而且还包括洗衣部、供应部和仓储部等。管理者应该了解到前台发出的例行报告对于整个过程、所有相关人员、顾客服务及企业成功与否的重要意义。

无论哪个层次的管理者，都必须同时具备技术技能、人际技能和概念技能。管理者应当熟悉他所管理的业务，否则无法指导、监督别人，因此，必须具备一定的业务能力——技术技能；同时，任何一个管理者都必须与人打交道，从而调动别人的积极性来实现组织目标，因此，必须具备与人打交道的能力——人际技能；作为一个管理者必须站在比较高的高度看待问题，因此，必须具备宏观把握全局的能力——概念技能。

不同层次的管理者，由于职位不同，工作重点不同，应掌握和运用的技能是有一定差异的。一般来讲，高层管理者主要应掌握概念技能，能较好地理解组织各部分之间的关系，对组织的战略发展方向和战略目标要有清晰的把握和准确的定位，使组织更好地适应不断变化的环境。中层管理者三种技能要求比较平均。基层管理者最接近现场，技术技能格外重要，要能在基层的作业环境中有效地带领团队实现企业的既定目标。由于管理者的工作对象是人，因此人际技能对各个层次的管理者来说都是重要的。

四、管理者的素质

虽然管理者在组织的管理工作中扮演着多种角色，但不论是哪类管理者，他们都应该具备以下几个方面的素质。

（一）品德

品德作为管理者最根本的素质，体现了一个人的世界观、价值观、道德观和法制观念，品德是构成一个管理者行为方式和态度的基础。

（二）心理素质

在组织发展的过程中,往往会遇到各种意想不到的困难,甚至面临挫折和失败,这就要求管理者具有百折不挠的拼搏精神和良好的心理素质。

（三）知识素质

博学才能多才,足智才能多谋,多谋才能善断。管理者要不断提高自己的专业知识水平,努力做业务上的内行、管理上的行家。管理者的知识素质可能来自知识体系的学习,也可能是经验总结。

（四）能力素质

能力,是管理者将各种管理理论和业务知识应用于管理实践,解决实际问题的本领。对管理者的能力要求是多方面的,主要包括:

（1）创造能力。管理者要思维敏捷、见解独到、创造性地解决组织所遇到的各种问题。创造能力要求管理者有移植、综合和嫁接的能力。

（2）决策能力。主要表现为分析问题的能力、逻辑判断能力、创新能力和决断能力等。

（3）应变能力。管理者应能根据环境和条件的变化,随机应变,不断开拓进取。

（4）组织、协调和指挥能力。运用组织的各种资源,综合协调,充分发挥各方面力量的能力;运用各种科学方法和手段提高工作效率与经济效益的能力;运用现代管理原理、方法、技术、手段和计算工具等进行指挥的能力。

（五）身体素质和个人气质

人的身体素质与年龄的变化有密切的关系。气质是个人的心理特征,主要表现在性格、情绪、意志、爱好和追求等方面。一名优秀的管理者如果具有成熟的性格、稳定的情绪、坚强的意志、有益的爱好和美好的追求,他就能以自身的人格魅力来影响组织的发展和管理工作的开展。

第三节　管 理 环 境

组织环境是组织生存发展的土壤,它既为组织活动提供必要的条件,也对组织活动起着制约作用。管理者的活动受到组织内外各种因素的影响,只有在内外环境允许的范围内,管理者才能有所作为。环境中各类因素的变化,既可以为组织的生存和发展提供机会,也可以对组织的经营构成威胁。要利用机会,避开威胁,就必须认识环境;要认识环境就必须研究和分析环境。管理者的工作成效通常取决于他们对环境影响的了解、认识和掌握的程度,取决于他们能否正确、及时和迅速地作出反应。

一、管理环境的概念及分类

（一）管理环境的概念

管理环境指存在于一个组织内外部,并且影响组织绩效的各种力量与条件因素的总和。

管理环境的变化要求管理的内容、手段、方式和方法等随之调整,以利用机会,趋利避害,更好地实施管理。

（二）管理环境的分类

管理环境包括组织外部环境（通常称之为组织环境）和组织内部环境两大部分。

1. 外部环境

外部环境是组织之外的客观存在的各种影响因素的总和。它是不以组织的意志为转移的,是组织的管理者必须面对的重要影响因素。外部环境又分为宏观环境因素和微观环境因素。

宏观环境因素是指可能对组织活动产生影响,但是其影响的相关性不是十分清楚的各种因素,一般包括政治环境、社会环境、文化环境、法律环境、经济环境、科技环境和自然环境。（1）政治环境包括一个国家的政治制度,社会制度,执政党的性质,政府的方针、政策和法规法令等。（2）社会环境是指人口的流动性、人口结构和变化趋势、社会阶层结构、人们的生活及工作方式的改变等。（3）文化环境包括一个国家或地区的居民文化水平、宗教信仰、风俗习惯、道德观念和价值观念等。（4）法律环境主要是法律意识形态及与之相适应的法律规范、法律制度、法律组织机构和法律设施所形成的有机整体。（5）经济环境是影响组织,特别是企业组织的重要环境因素,它包括宏观和微观两个方面。宏观经济环境主要指一个国家的人口数量及其增长趋势、国民收入和国民生产总值等,这些指标能够反映国民经济发展水平和发展速度。微观经济环境主要指消费者的收入水平、消费偏好、储蓄情况和就业程度等因素。（6）科技环境反映了组织物质条件的科技水平。（7）自然环境包括地理位置、气候条件及资源状况,地理位置是制约组织活动的一个重要因素。宏观环境因素对某一组织的影响虽不太明确,但这些因素都有可能对各个组织产生某种重大的影响。因此,管理者必须认真分析和研究自己的组织所处的宏观环境。

微观环境因素是指对某一具体组织的组织目标的实现有直接影响的外部因素,一般包括资源供应者、服务对象、竞争对手、政府管理部门以及社会特殊利益代表组织。相对于宏观环境而言,组织一般更加注重微观环境的研究与分析。对具体组织来说,微观环境是确定的,它直接影响组织的绩效。

（1）资源供应者

资源供应者是指向该组织提供资源的人或单位。这里所指的资源不仅包括设备、人力、原材料、资金等,也包括信息、技术和服务。对大多数组织来说,金融部门、政府部门和股东是其主要的资金供应者,学校就业管理部门、劳动人事部门、各类人员培训机构、人才市场和职业介绍所是其主要的人力资源供应者,各新闻机构、情报信息中心、咨询服务机构和政府部门是主要的信息供应者,大专院校、科研机构及发明家是技术的主要源泉。

（2）服务对象

服务对象或顾客是指一个组织为其提供产品或劳务的人或单位,如企业的客户、商店的购物者、学校中的学生、医院的病人、图书馆的读者等,都可称其为相应组织的服务对象。

任何组织之所以能够存在,是因为有一部分需要该组织的产出品的服务对象的存在,如果组织失去了其服务对象,该组织也就失去了其自身存在的基础。组织的服务对象是影响组织生存的主要因素,也是一个潜在的不确定因素。顾客的需求是多方面且多变的,而组织要成功地拥有顾客,就必须满足顾客的需求。为此,管理者就必须深入市场,分析顾客的心理,掌握顾客需求的变化,及时推出新产品、新服务。

（3）竞争对手

竞争对手是指与组织争夺资源、服务对象的人或组织。任何组织，都不可避免地会有一个或多个竞争对手。最常见的资源竞争是人才竞争、资金竞争和原材料竞争。没有一个组织在管理中可以忽视其竞争对手，否则就会付出沉重的代价。

（4）政府管理部门

政府管理部门主要是指国务院、各部委及地方政府的相应机构。政府管理部门拥有特殊的官方权力，可制定有关的政策法规、规定价格幅度、征税以及对违反法律的组织采取必要的行动等。而这些对一个组织可以做什么和不可以做什么以及能取得多大的收益，都会产生直接的影响。

（5）社会特殊利益代表组织

社会特殊利益代表组织是指代表社会上某一部分人的特殊利益的群众组织，如妇联、工会、消费者协会、环境保护组织等。它们可以通过直接向政府主管部门反映情况，通过各种媒体制造舆论引起人们的广泛注意，从而对各类组织的经营管理活动施加影响。

可见，外部环境与管理相互作用，一定条件下甚至对管理有决定作用。外部环境制约管理活动的方向和内容，影响管理的决策和方法。无论管理目的是什么，管理活动都必须从客观实际出发。脱离现实环境的管理是不可能成功的。"靠山吃山，靠水吃水"一定程度上反映了外部环境对管理活动的决定作用。

2. 内部环境

内部环境是指组织内部的各种影响因素的总和。它是随组织产生而产生的，在一定条件下是可以控制和调节的。内部环境包括组织经营条件和组织文化（组织内部气氛）两大方面。

组织经营条件是指组织所拥有的各种资源的数量和质量状况。包括人员素质、资金实力、科研力量和信誉等。这些因素不仅与外部环境因素一样，将会影响一个组织目标的制定和实现，而且还将直接影响该组织管理者的行为。组织文化是处于一定经济社会文化背景下的组织在长期的发展过程中，逐步生成和发展起来的日趋稳定的独特价值观，以及以此为核心而形成的行为规范、道德准则、群体意识和风俗习惯等。一般而言，各个组织不仅有其独特的组织文化，而且经营条件也不同，这就要求管理者分析研究本组织的内部环境，根据本组织的实际情况，制定相应的组织目标和发展战略。

环境对管理有着重大的影响。外部环境决定了一个组织可以做什么和不可以做什么，一方面限制了管理者的行动自由，另一方面又扩大了他们寻求外来资源与支持的机会。内部环境决定了该组织中的管理者能够做什么、可以怎么做以及做到何种程度等。一个组织中的管理者，是在一定的内外部环境的约束之下工作的。当然，尽管有这些约束，管理者也不是无所作为的，管理者仍可以在一定的范围内对组织的业绩产生重大的影响。

二、组织环境的管理

管理者的工作成效通常取决于他们对环境影响的了解、认识和掌握的程度，取决于他们能否正确、及时和迅速地作出反应。组织的管理者都必须学会如何对待其所处的环境。

（一）识别环境的不确定性程度

美国学者邓肯认为，应该从两个维度来确定企业所面临的环境不确定性：

一是环境的稳定或不稳定（即动态）程度，即组织环境中的变动是稳定的还是不稳定的。

二是环境简单或复杂的程度。复杂性程度可用组织环境中的要素数量和种类来表示。在一个复杂性环境中，有多个外部因素对组织产生影响。环境条件越多变、越复杂，环境的不确定性越大。

由环境的变化程度和复杂程度，可形成四种典型的组织环境。

状态一：相对稳定和简单的环境。在这种环境中的组织会处于相对稳定的状态。企业所面临的环境变化不大。这类企业相关的外部因素较少，技术过程比较单一，竞争和市场在较长的时期内固定，市场和竞争者的数量可能有限。

状态二：动荡而简单的环境。处于这种环境中的组织一般都处于相对缓和的不稳定状态之中。面临这种环境的组织一般都采用调整内部组织管理的方法来适应变化中的环境。

状态三：相对稳定但极为复杂的环境。一般来说，处于这种环境中的组织为了适应复杂的环境都采用非权力集中的形式，以根据不同的资源条件来组织各自的活动。无论如何，它们都必须根据复杂的外部环境作出相应的改变。

状态四：动荡而复杂的环境。宏观环境和微观环境因素的相互作用有时会形成极度动荡而复杂的环境。面对这样的环境，管理者就必须着重强调组织内部及时有效的相互联络，并采用权力分散下放和各自相对独立决策的经营方式。

（二）处理组织环境问题的一般步骤

1. 管理者要了解环境对组织的影响程度。管理者要随时随地利用各种渠道与方法去认识、了解、掌握环境，认真研究其变化的规律，预测环境变化的趋势及其可能对组织产生的影响。

2. 在了解和掌握各种环境因素的基础上，对其进行分析研究。管理者需要确定各环境因素对组织有什么影响，有多大的影响等。

3. 管理者在对环境因素进行了一定的分析之后，要对各种环境影响作出相应的反应。充分利用环境对组织有利的方面，并努力使其继续朝着这个方向发展。对于环境中不利于组织发展的因素，一方面可通过组织变革使组织与环境相适应，另一方面可努力通过组织的行为去影响环境，使其朝着有利于组织的方向变化。

对不同的环境因素应采用不同的管理方法。宏观环境不是管理者可以影响的，更不是管理者可以改变的，对于宏观环境主要是主动适应它。对于微观环境，管理者可以而且应该通过努力加以管理，同时主动地改变自己，变被动为主动。

（三）减少环境压力的措施

一般来说，管理上常采用的减少环境压力的措施有：

1. 广告

广告可建立品牌忠诚。当一批顾客相信某公司的产品比其他公司的产品好时，该公司就拥有了一批稳定的顾客，并增加了对其产品价格、经销商的决策选择余地，也增强了与其他公司的竞争能力。

2. 联合

所谓联合，是指一个组织与其他组织为某一共同的目的而团结起来，包括合资、建立联合体等。当竞争对手很强时，可以联合起来增强竞争力。

3. 舆论

当组织受到其他组织威胁或危害时，管理人员常采用舆论的力量对抗这些威胁。

4.制定战略

在稳定的环境中,组织可根据事先对环境变化趋势的分析和预测,提前做好应变计划。在动态环境中,管理者主要是通过保持策略的灵活性来应付复杂多变的环境。

 **知识拓展**

环境分析的重要方法——SWOT 分析

SWOT分析法是20世纪80年代初由美国旧金山大学的管理学教授韦里克提出的,常用于企业战略制定、竞争对手分析等场合。在战略规划报告里,SWOT分析是一个众所周知的工具。SWOT分析实际上是对企业内外部条件等各方面内容进行综合和概括,对组织自身的优势(Strengths)和劣势(Weaknesses)、面临的机会(Opportunities)和威胁(Threats)进行综合分析的一种方法。

优势与劣势分析。每个企业都要定期检查自己的优势与劣势。当两个企业处在同一市场或者说它们都有能力向同一顾客群体提供产品和服务时,如果其中一个企业有更高的盈利率或盈利潜力,那么,我们就认为这个企业比另外一个企业更具有竞争优势。换句话说,竞争优势是指一个企业超越其竞争对手的能力,这种能力有助于实现企业的主要目标——盈利。值得注意的是,竞争优势并不一定完全体现在较高的盈利率上,因为有时企业更希望增加市场份额,或者多奖励管理人员或雇员。

机会与威胁分析。随着世界经济全球化、一体化过程的加快,全球信息网络的建立和消费需求的多样化,企业所处的环境更为开放和动荡。这种变化几乎对所有企业都产生了深刻的影响,正因为如此,环境分析日益成为一种重要的企业职能。环境发展趋势分为两大类:一类表现为环境威胁,另一类表现为环境机会。环境威胁指的是环境中一种对组织不利的发展趋势所形成的挑战,如果不采取果断的战略行为,这种不利趋势将导致公司的竞争地位受到削弱。环境机会就是对公司行为富有吸引力的领域,在这一领域中,该公司将拥有竞争优势。

第四节　管理学

一、管理学的定义和特点

管理学是一门系统地研究管理活动的基本规律、基本原理和一般方法的科学,是管理实践活动的科学总结。它不同于数学、物理等学科,而是一门综合性、实践性强,并且自身还在不断发展完善的学科。管理科学发展到现在,已经构建了一个庞大的体系,几乎每个专门的领域都有专门的管理学,如教育管理、行政管理、工商管理等。管理学主要研究的是在各门管理学学科中都存在的一般规律和基本原理,同时又结合专门领域的特殊情况,总结各专门管理学的新理论、新观点,将特殊性上升为一般性,推动学科的发展。

管理学主要有以下特点:

一般性。管理学的一般性表现在它的普遍适应性。管理活动千差万别,但是这些管理活动又有着共同之处。这些共同的管理原理和管理方法，就是管理学的研究对象。它不受国家、民族、语言等因素的限制，对不同层次、不同组织、不同行业内容都是普遍适用的。管理学的这个特点是一种客观存在，不以人的主观意志为转移。

综合性。管理学的综合性表现在两个方面。在理论上，它是多学科的综合，涉及经济学、数学、社会学、心理学等诸多学科。它需要对社会活动的各个领域、各个不同组织的管理活动进行综合研究，从中总结出具有指导意义的管理思想、规律和方法。在方法上，它是定性与定量的综合，需要综合运用现代社会科学、自然科学的方法来研究管理活动中普遍存在的基本规律和一般方法。

实践性。管理学是一门应用性科学，其理论与方法是从实践中总结提炼出来的，需要通过实践来检验。

二、管理学的研究对象

管理学的研究对象是指用于各类社会组织的共同管理原理和一般方法，是存在于共同管理工作中的客观规律性，即如何按照客观规律的要求建立一定的理论、原则、组织形式、方法和制度，指导人们从事管理的实践，实现组织的预期目标。

从广义的角度看，管理活动总是在一定的社会生产方式下进行的，管理学的研究对象可分为三个方面：生产力、生产关系和上层建筑。

从狭义的角度看，管理学研究管理的各项要素，包括管理的形成与发展、主体、客体、职能和手段等。

三、管理学的研究方法

管理学是一门综合性的应用科学，管理学的研究涉及经济学、社会学、哲学、心理学、数学等各门类的科学与各种专业技术，研究方法多种多样，具体有以下几种方法：

（一）案例分析法

管理学所研究的一般管理原理，需要从大量个别的管理实践活动中加以总结和抽象，这就需要研究者进行大量的社会调查和科学试验。但是，这种大量的调查并不是全部的调查，只能是选择、搜集一些典型的案例进行调查分析，这就是案例分析法。在实际中，案例调查法分为两种：一种是选取实际活动中的案例进行分析研究；另一种是通过大量试验，选取试验案例进行分析研究。实践证明，这两种案例调查法都是行之有效的。

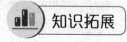 知识拓展

案例分析法在管理学研究中占据着比较重要的位置，更多应用于管理培训与教学。这种方法对案例有明确的要求，即案例是真实的、包含着一定的管理问题，并为明确的教学目的服务。20世纪20年代，哈佛商学院首先将案例分析法应用于管理教学并卓有成效。研究者在研究案例过程中，探索解决问题的思路，总结出一套适合自身特点的思考与分析问题的方法。

（二）归纳演绎法

归纳和演绎是两种不同的推理和认识事物的科学方法。归纳是指由个别到一般、由事实到概括的推理方法，是通过对存在的一系列典型事物进行观察，从掌握典型事物的特点、关系、规律入手，进而分析事物之间的因果关系，从中找出一般规律的方法。演绎是指由一般到个别、由一般原理到个别结论的推理方法。管理学的研究主要是从特殊到一般的方法，因此，必然要运用归纳推理法。但是，归纳和演绎在实际推理过程中是密不可分、相辅相成的。一方面，这是因为管理学对于一般管理原理的归纳首先是从搜集大量个别的实际资料开始的，而在搜集资料的过程中，必须要有一定的理论和思想作指导，否则就是盲目的。这实际上就是演绎推理方法在起作用。另一方面，由归纳推理所得出的结论，也需要再由演绎推理来修正和补充。

（三）比较研究法

比较研究法是指对彼此有某种联系的事物加以比较、对照，从而确定它们之间的共同点和差异点的一种研究方法。事物之间的差异性和同一性，是比较研究方法的客观基础。在管理理论的研究中，运用比较研究法，通过对不同国家、不同地区、不同部门、不同单位的管理进行各种比较分析，就能发现它们之间的差异点和共同点，而对其中的共同点加以总结和概括，再加以反复验证，就可以总结出带有规律性的管理经验，抽象出管理的一般原理。

（四）实验研究法

通过人为创设一定的条件进行实验，观察其实际实验结果，再与没有给予这些条件的对比实验结果进行比较分析，寻找外在人为创造条件和实验结果之间的因果关系，得出具有普遍适用性的结论。著名的"霍桑实验"就是用研究管理工作中人际关系影响的最典型的成功实验。

（五）协同研究法

管理学具有一般性、综合性、实践性的特点。要适应这些特点，就需要运用各种知识，组织各方面的专家进行协同研究。在实际中，这种协同研究可以采取不同形式：可以是有组织的，也可以是分散的，还可以是临时组织或定期组织的。最重要的一条是相互之间要有经常的思想交流，允许各种不同学术观点的争鸣，这才是真正意义上的协同。理论成果是否真正具有科学性、普遍性和适用性，还必须要通过多方面的管理实践来检验，这就需要另一方面的协同，即科研部门、科研人员与实际管理部门的协同。为此，进行管理学研究，最好也像自然科学研究一样，建立科研、教学、实践"三位一体"的研究系统，使它们能够相互配合、协同作战。

除了以上五种方法外，还有理论联系实际的方法、系统分析与结构分析结合的方法、定量分析与定性分析相结合的方法等多种研究方法。研究和学习管理学，要学会综合运用各种方法，吸收多种学科的知识，从系统的观点出发，理论联系实际，这样才能真正理解和掌握管理学。

四、学习管理学的重要性

人类社会的进步与发展都与管理有关，管理、科学和技术是促进现代社会文明发展的三大支柱。对于管理者，理解管理活动的过程是掌握管理技能的基础，学习管理学可以使自己获得系统的管理知识，有利于胜任工作；对于被管理者，学习管理学有助于更好地理解上司的行为方式和组织内部的运作方式，知道怎样处理各种人际关系。掌握管理学知识，能够增强个人在组织中的竞争力。

本章小结

　　管理是指在一定的环境和条件下，管理者通过计划、组织、领导、控制等环节来协调和整合组织内的人、财、物、时间、信息、技术、关系等资源，有效地实现组织既定目标的动态协调过程。管理的自然属性和社会属性简称为管理的二重性；管理是科学性与艺术性的统一。

　　管理者就其管理行为，大体上可分为三类：高层管理者、中层管理者和基层管理者。管理者主要扮演着人际关系、信息传递和决策制定等角色，管理者应该具备技术技能、人际技能和概念技能等多种素质。

　　管理环境指存在于一个组织内外部，并且影响组织绩效的各种力量与条件因素的总和。管理环境的变化要求管理的内容、手段、方式、方法等随之调整，以利用机会，趋利避害，更好地实施管理。

　　管理学是一门系统地研究管理活动基本规律、基本原理和一般方法的科学，是管理实践活动的科学总结。管理学具有一般性、综合性、实践性等特点。

 思考与探究

1. 如何理解管理既是一门科学，又是一门艺术？
2. 管理者有哪些类型？在管理工作中管理者充当哪些角色？
3. 访问一位管理者，了解他的职位以及胜任该职位所必需的管理技能。
4. 管理者应该如何应对环境的变化？
5. 有了所需的管理知识和能力，是否就能成为一名合格的管理者？

 案例分析

案例分析一

苹果之父——史蒂夫·乔布斯的魅力

　　1955年2月24日，史蒂夫·乔布斯出生在美国旧金山。乔布斯从小就很迷恋电子学。20岁的乔布斯继续自己年少时的兴趣，常常在自家的小车库里琢磨电脑。他梦想着能够拥有一台自己的计算机，可是当时市面上卖的都是商用的，且体积庞大，极其昂贵，于是，他准备自己开发。

　　1976年愚人节那天，乔布斯、沃兹及乔布斯的朋友龙·韦恩做了一件影响后世的事情：他们三人签署了一份合同，决定成立一家电脑公司。公司的名称由偏爱苹果的乔布斯一锤定音，称为"苹果"。而他们的自制电脑则被顺理成章地认为是"苹果1号"电脑了。

　　但开始的时候，"苹果"机的生意却很清淡，毕竟它是一个全新的东西，除了对电子感兴趣的人，没有人知道这个东西会有什么用处。而原先对"苹果1号"感兴趣的朋友们现在也开始持观望态度，等待更好的"苹果2号"的出台。一个偶然的机遇给"苹果"公司带来了转机。1976年7月的一天，零售商保罗·特雷尔来到了乔布斯的车库，当看完乔布斯熟练地演示电脑后,他认为"苹果"机大有前途,决意冒一次风险——订购50台整机,但要求一个月内交货。乔布斯喜出望外,立即签约,拍板成交,这可是他们做成的第一笔"大生意"。时间太仓促,任务又繁重,乔布斯和沃兹冒着酷暑,没日没夜地干了起来。为了公司的生存,他们豁出去了。他们每天几乎都在挥汗如雨、顽强拼搏中度过,每周工作66小时。他们终于在第29天奇迹般地完成了任务,把50台"苹果"电脑如数交给了商人特雷尔。50台整机在特雷尔手里很快销售一空,有了良好的开始,"苹果"公司名声大振。

1977年4月,美国有史以来第一次计算机展览会开幕了,"苹果2号"在展览会上一鸣惊人,几千名用户拥向展台观看、试用,订单纷纷而来。

1980年12月12日,苹果公司股票公开上市,在不到一个小时,460万股被抢购一空,当日以每股29美元收市。

因为巨大的成功,乔布斯在1985年获得了由里根总统授予的国家级技术勋章。然而,成功来得太快,过多的荣誉背后是强烈的危机。由于乔布斯经营理念与当时大多数管理人员不同,加上蓝色巨人IBM公司开始醒悟过来,也推出了个人电脑,抢占大片市场,使得乔布斯新开发出的电脑遭遇节节惨败,总经理和董事们便把这一失败归罪于乔布斯,于1985年4月经由董事会决议撤销了他的经营大权。乔布斯几次想夺回经营权均未成功,便在1985年9月17日愤而辞去苹果公司董事长职务。

乔布斯辞职后的反思,使他意识到自己的错误,吸取教训,也为今后重回苹果并拯救它做好准备。辞职几天后,乔布斯又创办了"Next"电脑公司,继续开始他的事业之旅。

1996年12月17日,全球各大计算机报刊几乎都在头版刊出了"苹果收购Next,乔布斯重回苹果"的消息。此时的乔布斯,正因其公司(现皮克斯)成功制作第一部电脑动画片《玩具总动员》而名声大振,个人身价已暴涨逾10亿美元,而相形之下,苹果公司却已濒临绝境。乔布斯于苹果危难之中重新归来,苹果公司上下皆十分欢欣鼓舞。

受命于危难之际,乔布斯果敢地发挥了首席执行官的权威,大刀阔斧地进行改革。他首先改组了董事会,然后又做出一件令人们瞠目结舌的大事——抛弃旧怨,与苹果公司的宿敌微软公司握手言欢,缔结了举世瞩目的"世纪之盟",达成战略性的全面交叉授权协议。乔布斯因此再度成为《时代》周刊的封面人物。

接着,他开始推出新的电脑。1998年,iMac背负着苹果公司的希望,凝结着员工的汗水,寄托着乔布斯振兴苹果的梦想,呈现在世人面前。它是一台全新的电脑,代表着一种未来的理念。半透明的外表,一扫电脑灰褐色的千篇一律的单调,似太空时代的产物,加上发光的鼠标,以及1299美元的价格标签……不愧是苹果设计,标新立异,非同凡响。1998年12月,iMac荣获《时代》杂志"1998最佳电脑"称号,并名列"1998年度全球十大工业设计"第三名。

接着,1999年乔布斯又推出了第二代iMac。1999年7月推出的外形蓝黄相间,像漂亮玩具一样的笔记本电脑iBook在市场上迅速受到用户追捧。1999年10月,iBook夺得"美国消费类便携电脑"市场第一名,还在《时代》杂志举行的"1999年度世界之最"评选中荣获"年度最佳设计奖"。

在乔布斯的改革之下,"苹果"终于实现盈利。乔布斯刚上任时,苹果公司的亏损高达10亿美元,一年后却奇迹般地盈利3.09亿美元。1999年1月,当乔布斯宣布第四财政季度盈利1.52亿美元,超出华尔街的预测38%时,苹果公司的股价立即攀升,最后以每股4.65美元收盘,舆论哗然。苹果电脑在PC市场的占有率已由原来的5%增加到10%。

1997年，乔布斯被评为"最成功的管理者"。越来越多的业界同仁认同了此观点。甚至连当初将乔布斯挤出苹果公司的斯卡利也情不自禁地赞叹："苹果的逆转不是骗局，乔布斯干得绝对出色。苹果又开始回到原来的轨道。"

乔布斯成为一个奇迹，他总是给人以不断的惊喜，无论是开始还是后来，他天才的电脑天赋、平易近人的处世风格、绝妙的创意脑筋、伟大的目标以及处变不惊的领导风范筑就了苹果企业文化的核心内容。苹果公司的雇员对他的崇敬简直就是一种宗教般的狂热。雇员甚至骄傲地对人说："我为乔布斯工作！"

2011年10月6日，苹果公司在其官方网站上宣布，公司前首席执行官乔布斯去世。美国总统奥巴马随即通过白宫官方博客，对苹果联合创始人、董事长史蒂夫·乔布斯的去世发表悼词。悼词中说，乔布斯是美国历史上最伟大的创新者之一，他勇于与众不同地思考问题，敢于相信他可以改变世界，他的天赋和才华也使他做到了这点。他改变了我们每个人看这个世界的方式。

讨论分析

请结合以上案例，谈谈作为一名成功的管理者，史蒂夫·乔布斯所具备的管理者技能有哪些？管理者应如何培养和提高自己的管理素质？

案例分析二

王涛的困惑

王涛是某公司的技术主管。一天下午，他接到上司的电话："员工反映公司的网络瘫痪很久恢复不了，怎么回事？"听着上司的问话，王涛有些摸不着头脑。自己主管的工作出了问题，居然自己不知道，还要让上司来提醒，王涛感到很不是滋味。王涛原来是公司研发部门最出色的工程师，后被提拔为项目主管，手下管着4个兵。平时不忙的时候，王涛觉得管着这个小团队还可以。可是上个月，一个新项目上马，而且时间要求很紧，业务能力强的王涛立刻投入研发工作中。由于精力有限，一心忙于研发的王涛，自然就疏忽了对下属的管理。恰恰这时，公司网络出了问题，而负责网络管理的下属却又不在公司。"作为一个新官，我既要做业务，又要做管理。有时候很难兼顾两头，我真的不知道怎么办。"王涛至今都为这个问题苦恼着。

讨论分析

1. 王涛是不是属于一个管理者？如果是，他属于哪一类的管理者？
2. 你能给王涛什么良好的建议？

第二章 ▶▶▶
管理的基本原理和基本方法

∽∽∽∽∽∽∽∽∽∽∽∽∽∽∽∽∽ **章前导语** ∽∽∽∽∽∽∽∽∽∽∽∽∽∽∽∽∽

　　管理原理是在管理实践过程中,结合各项管理制度和管理方法,通过对管理工作中实际问题的科学分析和总结而形成的具有普遍指导意义的基本规律。它是对现实管理现象的抽象和管理实践经验的升华,反映了管理行为具有的规律性、实质性内容。

　　管理原理必须通过管理方法才能在管理实践中发挥作用。管理方法是管理理论的自然延伸和具体化、实际化,是管理原理指导管理活动的必要中介和桥梁,是实现管理目标的途径和手段,贯穿于管理活动整个过程中,其正确性、系统性和合理性直接影响和制约管理行为的有效性。随着社会的进步,管理方法也是发展和变化的,呈现多样性。

∽∽∽∽∽∽∽∽∽∽∽∽∽∽∽∽∽ **本章导学** ∽∽∽∽∽∽∽∽∽∽∽∽∽∽∽∽∽

学习目标

掌握管理原理的基本理论,能运用管理原理分析和解决实际工作中的问题;
了解常用的管理方法,能正确地选择和运用管理方法为实现组织目标服务。

关键术语

人本原理　系统原理　责任原理　能级原理　权变原理　效益原理　信息原理　法律方法　行政方法　经济方法　教育方法

第一节　管理的基本原理

任何社会活动的进行都必须遵循一定的规律，实施管理更需要科学的理论指导。管理原理是在管理实践过程中，结合各项管理制度和管理方法，通过对管理工作中实际问题的科学分析和总结而形成的具有普遍指导意义的基本规律。认真研究和掌握管理的基本原理对做好管理工作有着普遍的指导意义。

一、人本原理

现代管理科学的核心内容是对人的研究。一切管理活动首先是对人的管理。人是组织中最重要和最活跃的因素。人本，顾名思义就是以人为本，即一种以人为中心或者说以人为核心的管理理念。它要求将组织内的人际关系放在首位，将管理工作的重点放在激发职工的积极性和创造性方面，使人性得到最完美的发展。

（一）人本管理的内涵

作为特殊社会活动的管理，它总是由人去实现的。现代管理中的人，既是管理者，又是被管理者，管理既是由人进行的，又是对人的管理。人始终应当居于管理的中心地位并发挥主导作用。

人本管理把人视为管理的主要对象及组织的最重要资源，通过激励和培训去调动和开发员工的积极性和创造性，引导员工去实现预定的目标。其目的就是运用一切可以运用的手段，发挥和应用好组织中最特殊的要素——人的作用。

人本管理认为，企业是以人为主体组成的，企业存在的价值是为了人；企业依靠人开展生产经营活动，企业竞争的活力和发展的潜力来自人；企业为满足人的需要而生产，企业管理的核心是满足人。因此，"以人为本，以人为核心"是一切管理活动的出发点和落脚点。

（二）人本管理的原则

人是组织最重要的资源，在组织中进行人本管理必须坚持以下原则：

1. 人力资源开发原则

"员工是企业的主人"，人本管理角度上的人力资源开发，集中在对组织成员的培养和激励上，充分发挥人的潜能，不断提高人的素质。只有对组织成员进行培养和激励，充分发挥员工的潜能，不断提高员工的素质，才能提高组织的绩效。因此，使人性得到最完美的发展成为现代管理的核心。

2. 人际关系建设原则

任何一个组织都是由多人组成的协作系统。和谐的人际关系能促进生产效率的提高，培养组织中人与人之间和睦亲善、相互信任的关系，能避免成员之间不团结、内讧等事情的发生，使成员之间的合作更为有效，能够共同完成组织的共同目标；同时，通过深入的沟通和交流，产生一种团队精神，能够最大限度地发挥成员的潜能，在许多特定的时候（如组织困难或危难之时），还将起到特殊的作用。

3. 民主管理原则

民主管理的目的在于通过使组织成员不同程度地参与管理，唤起每个成员的集体意识和为集体努力工作的愿望,以达到组织的目标。民主管理有利于增强组织成员对组织的自豪感、归属感以及应有的责任感,创造一个和谐的气氛,激发组织成员的工作热情。

4.服务第一的原则

服务于人是管理的根本目的。管理者既要为用户服务,又要为员工服务。只有努力为用户服务,满足用户的需求,企业才能赢得市场,增加利润。只有为员工服务,才能调动起员工的积极性和创造性,增加企业的活力和发展动力。

 **管理案例**

在海尔的奖励制度中有一项叫"命名工具"。如工人李启明发明的焊枪被命名为"启明焊枪",杨晓玲发明的扳手被命名为"晓玲扳手"。张瑞敏看到了普通工人创新改革的深远意义,并想出了一个激励员工创新的好措施,即用工人的名字来命名他所改造的创新工具。这一措施大大激发了普通员工在本岗位创新的激情,后来不断有新的命名工具出现,员工以此为豪!最初海尔开始宣传"人人是人才"时,员工反应平淡。他们想:我又没受过高等教育,当个小工人算什么人才?但是当海尔把一个普通工人发明的一项技术革新成果,以这位工人的名字命名,并且由企业文化中心把这件事作为一个故事登在《海尔人》报上,在所有员工中传开之后,工人中很快就兴起了技术革新之风。对员工创造价值的认可,是对他们最好的激励。及时的激励和更大的上升空间,能让员工觉得工作起来有盼头、有奔头,进而也能让员工创造更大的价值。

二、系统原理

组织是由人、财、物、时间、信息等组成的,是一个完整的系统。系统原理是现代管理科学的一个最基本的原理。它是指人们在从事管理工作时,运用系统的观点、理论和方法对管理活动进行充分的系统分析,以达到管理的优化目标,即从系统论的角度来认识和处理企业管理中出现的问题。

(一)系统的概念和特征

"系统"一词原意是指由部分组成的整体(集合)。从管理的角度界定系统,是指由若干个相互联系、相互依存、相互作用的要素所组成的具有一定结构和特定功能的有机整体。该定义包含三层含义:任何系统均由两个以上的要素组成,单个要素不能构成系统;系统中的要素与要素、要素与整体,以及整体与环境之间是相互作用、彼此影响的,并形成了特殊的系统结构;系统具有不同于各组成要素独立功能的新功能。换句话说,系统不是单个要素的简单相加,而是它们有机结合成的一个具有新功能的新整体,这就是系统最本质的特征——整体性。两千多年前,古希腊著名哲学家亚里士多德断言"整体功能大于部分之和",人们形象地把它比喻为1+1>2。系统的整体功能大于各要素功能的简单相加。

系统作为一个有机的整体,首先是由各个子系统组合而成的,因此系统具有集合性;其次,构成系统的子系统和子子系统处于不同的地位,有一定的层次结构,因此系统具有层次性;再次,系统中的各个子系统是相互联系和相互作用的,因此系统具有相关性。

（二）系统原理的内涵

系统是普遍存在的，我们可以把任何一个管理对象看成是特定的系统。组织管理者要实现管理的有效性，就必须对管理进行充分的系统分析，把握住管理的每一个要素及要素间的联系，实现系统化的管理。

管理的系统原理源于系统理论，它认为应将组织作为开放性系统来进行管理。系统原理要求管理从组织整体的系统性出发，按照系统特征的要求从整体上把握系统运行的规律，对管理各方面的前提作系统的分析，进行系统的优化，并按照组织活动的效果和社会环境的变化，及时调整和控制组织系统的运行，最终实现组织目标。

（三）系统原理的要点

1. 整分合原理

整分合原理是指管理必须以整体为目标进行协调，在整体的基础上进行明确分工，在分工的基础上进行整体协作，即要从整体着眼、从部分着手进行统筹安排。具体而言，首先要从整体功能和整体目标出发，对管理对象有一个全面的了解和谋划。其次，要在整体规划下实行明确的、必要的分工或分解。最后，在分工或分解的基础上，建立内部横向联系或协作，使系统协调配合、综合平衡地运行。

运用整分合原理应该注意以下三点：

（1）整体的观点是整分合原理的核心和基础，不从整体出发的分工必然是盲目混乱的。

（2）分工是整分合原理的关键，没有分工的系统是杂乱无章、缺乏效率的系统，没有分工就没有专业化。

（3）对分工的结果进行有效的综合是保障系统目标实现的必经之路。

2. 动态相关原理

动态相关原理是指任何管理系统的正常运转，不仅要受到系统本身条件的限制和制约，还要受到其他有关系统的影响和制约，并随着时间、地点以及人们的不同努力程度而发生变化。

动态相关原理要求管理者要树立动态的观点，把管理系统看作是运动的，防止以静止的眼光看待管理系统。管理者要关注内外部环境的变化，充分认识系统内外各方面的联系，保持良好的应变能力。

动态相关原理要求，对任何一个系统进行考察，都应该把系统的各种要素联系起来，放在一定的动态环境中去研究，不能孤立地分析系统个别要素，要以联系和发展的眼光看待问题。

3. 开放性原理

开放性原理要求管理者必须意识到对外开放是系统的生命，只有不断地与外界进行人、财、物、信息等要素的交流，才能维持系统的活力，绝对不能把本系统封闭起来与世隔绝地去管理。现代企业作为一个系统，如果能实现内部子系统与外部环境要素的不断交流和良性互动，并根据环境的变化调整好系统要素的配置，就可以实现对环境的动态适应，实现可持续发展。

4. 综合性原理

所谓综合性是指系统是由相互联系和作用的多个要素为实现特定功能而组成的综合体。现代科学技术和现代管理系统无不具有高度的综合性，因此，如何选择设计方案与优化系统的功能就是综合性原理的两个重要方面。同时，任何复杂的系统都是可以分解的，都是由许多子系统和子子系统组成的，因此在研究的过程中，要注重对各个基本单元和相关规律的研究，这样就可以化繁为简、化难为易。一个优秀的管理者，不仅要善于以创新思维考虑问题，更要善于把复杂的问题分解剖析,找到其中的规律,以求找到最好的解决办法。

5. *层次性原理*

管理系统的层次性是指组成系统诸要素之间的纵式构造或管理要素结构方式中的等级体系。现代管理要求在设计系统的规模和层次时,一定要从实际出发,因地制宜,掌握好适度原则。管理系统的规模和层次确定之后,管理行为能否获得高效率,很大程度上取决于能否分清各层次的职、责、权。一般来说,同一层次诸要素之间的横向联系由其自身解决,只有发生重大问题时,才由上一层次出面协调解决;从纵向看,管理系统一般分为高、中、低三个层次。管理的层次性原理,要求任何一个层次都直接对上一层次负责,只接受上一层次的指令,以防止系统内部层次混乱、层次之间的职责相互交叉或超越层次等不良现象出现。

三、责任原理

管理是追求效率和效益的过程。管理者为了完成既定的生产或经营任务,就需要为每位员工分配工作任务,在合理分工的基础上确定每个人的职位,明确规定各职位应担负的任务。

(一)分工合理、职责明确

职责的确定是以合理的分工为基础的。没有分工,会造成责任模糊,管理混乱;分工过细,又会使人长期从事单调呆板、枯燥乏味的工作,从而影响积极性和创造性,导致工作效率低下。分工合理,就是既要探索和采用先进的流水线生产,又要扩大和丰富工作内容,以保证高效率工作的同时又激发人的积极性和创造性。

一般来说,分工明确,职责也会明确,但是实际上并不是这样简单。因为分工一般只是对工作范围做了形式上的划分,至于工作的数量、质量、完成时间、效益等要求,分工本身还不能完全体现出来。所以,必须在分工的基础上,通过适当方式明确规定每个人的职责。首先,职责界限要清楚。在实际工作中,工作职位离实体成果越近,职责越容易明确;工作职位离实体成果越远,职责越容易模糊。应按照与实体成果联系的密切程度,划分直接责任与间接责任、实时责任和事后责任。其次,职责内容要具体并明文规定,只有这样,才便于执行、检查和考核。再者,职责中要包括横向联系的内容,在规定某个岗位工作职责的同时,必须规定同其他部门、个人协作配合的要求。只有这样,才能提高组织整体的功效。最后,职责一定要落实到每个人,只有如此,才能做到事事有人负责。没有分工的共同负责,实际上是职责不清、无人负责,必然导致管理上的混乱和效率的降低。

(二)合理的职位设计和权限委授

管理的基本原则是一定的人对所管的一定的工作完全负责。要做到完全负责取决于下列三个因素:

1. *权限*

明确了职责,就要授予相应的权力。实行任何管理都要借助一定的权力,如果没有一定的人权、物权、财权,管理只能是空谈。职责和权限虽然很难从数量上画等号,但责大于权,就会造成任务根本完成不了的结果;权大于责,就会造成渎职乱权的行为。因此,在职责和权限的匹配上要做到责权对等。

2. *利益*

权限的合理委托只是完全负责所需的必要条件之一。完全负责意味着责任者要承担全部风险。任何管理者在承担风险时，都自觉不自觉地对风险与收益进行权衡，然后才决定是否值得去承担这种风险。当然，每个人所追求的利益不仅仅是指物质利益，同时也包括精神上的满足感。

3. 能力

能力是完全负责的关键因素。科学知识、组织才能和实践经验三者构成了管理能力。在给员工分配职责时，要"量力而行"，这个"力"指的就是"管理能力"。在一定时期，每个人的时间和精力有限，管理能力也是有限的，并且每个人的能力并不相同。超过员工能力的职责将给员工带来强烈的挫折感；低于员工能力的职责则没有任何挑战性，这样的职责对员工来说没有任何激励意义。

职责和权限、利益、能力之间的关系遵守等边三角形定理（见图2-1）。职责、权限、利益是三角形的三个等边。能力是等边三角形的高，根据具体情况，它可以略小于职责。这样，就使得工作富有挑战性，同时也能促使管理者自觉地学习新知识。

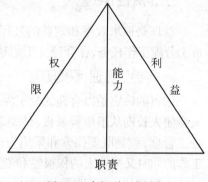

图2-1 责权利三角原理

（三）检查监督和公正及时的奖惩

责任是组织对个人的约束力。在责任确定后，必须有相应的监督，以便于及时纠正错误和疏漏，进一步改进和完善责任制度。同时，应在准确考核的前提下，根据每个人的工作表现和业绩，公正而及时地给予奖励和惩罚，引导组织成员行为向符合组织需要的方向发展。检查、考核、奖惩工作应尽可能规范化和制度化。

四、能级原理

（一）能级原理的概念

"能级"一词是从物理学中借用过来的概念，原意是指原子由原子核和核外绕核运转的电子构成，电子由于具有不同的能量，就按照各自不同的轨道围绕原子核运转，即能量不同的电子处于不同的相应能级。这种物理现象在现代管理中同样存在，组织及其成员同样具有类似的能级结构。因此，管理的能级结构是指为了实施有效的管理，必须在组织中建立一个合理的能级结构，并按照一定的标准将管理的对象置于相应的能级结构中。

能级有以下几方面的对应原则：

1. 各级管理岗位的能级必须对应；

2. 各专业岗位的能级必须对应；

3. 管理组织必须按层次具有稳定的能级形态；

4. 不同能级应该表现出不同的责、权、利；

5. 在其位、谋其政、行其权、尽其责、取其利、获其荣、罚其误。

（二）能级原理的运用

在管理活动中运用能级原理，重点在于如何使人的能量得到最大限度的发挥。首先，需要从组织结构上划分好合理的层次结构；其次，经过科学有效地评估组织成员的能力后，对其运行能级进行划分；最后，通过建立完善的人事管理制度去选人用人，做到人尽其才。正确运用能级原理要注意以下两点：

1. 科学、合理地确定组织的能级结构

在一个四层级的正三角结构图中，第一层为经营层，负责大政方针的制定。第二层是管理层，它是在企业战略指导下，负责各种具体政策的制定。第三层是执行层，贯彻执行各种管理指令。第四层是操作层，从事具体的操作，完成具体的工作任务。管理组织的正三角形态属于稳态能级结构。要以其经营层和管理层令行统一，政出一门，执行层和操作层有章可循，有据可依，能满足管理智力和权力在质上递增、在量上递减的原则，符合现代管理的"投入—产出"法则，做到以最小的投入实现最大的产出，是现代管理较理想的能级结构形态。

2. 按层次需要选人用人，使各种人才处于相应的能级

由于各种层次对人才能级的要求不同，所以不同能级的人就应该安排在相应的职位上。大材小用会浪费人才，小材大用会贻误工作。

按能级配置人员要注意以下四点：

（1）能级与职级配置，使能者有其位。在组织内部建立起为行政管理人员和技术专业人员分别设置的两个相对独立、平等的晋级升迁制度，形成与职务岗位能级阶梯相对应的业务能力。

（2）能级与岗位配置，使能者有其岗。将人的能力与岗位结合，根据人的能力大小和特长，将其安排到最适合的岗位上，且在每种岗位上都力求形成一种最佳的能级结构。

（3）能级与待遇配置，使能者有其利。为不同能级的人考虑相应的待遇，使权、责、利相一致，从而形成一种在其位、谋其政、行其权、尽其责、取其利、获其荣、罚其误的良好环境。

（4）能级与能级交叉配置，实现能力优化组合。通过合理的分工，在同一类岗位中，力求达到能级互补、能力互补和优缺点互补，尽量安排互补型人才搭配，从而保证组织中能力合力的最大化。

五、权变原理

（一）权变原理的含义

权变是指因地制宜、随机应变。管理的权变原理，是指在组织活动环境和条件不断发展变化的前提下，管理应因人、事、时、地而权宜应变，采取与具体情况相适应的管理对策以达成组织目标。

提出管理的权变原理的一个重要依据是权变管理理论。权变理论认为，环境（包括组织的内部因素和外部因素）变化是自变量，管理对策（包括管理模式、方案、原则、方法、措施等）与管理变量之间的函数关系即权变关系，这是权变管理的核心内容。

权变原理的最大特点是：它强调根据不同的具体条件，采取相应的组织结构、领导方式、管理机制；把一个组织看成是社会系统中的分系统，要求组织各方面的活动都要适应外部环境的变化。

（二）权变原理在管理活动中的应用

1. 要正确理解和掌握权变原理

权变原理的核心思想是灵活适应。它要求管理者从思想上明确管理的环境、对象、目的都可能发生变化，不能一成不变地对待，不能用一个不变的框架去简单套用；否则，就可能犯经验

主义的错误。

2. 重视信息收集、反馈, 管理工作要有弹性

管理者要重视信息的预先收集和及时反馈。只有"知己知彼", 才能"百战不殆"。管理者在制定管理对策时须留有调节的弹性, 以便新情况发生时, 能够采取相应的调整对策或补救措施。遇事多准备几种备用方案, 考虑事情周到一些等, 这些都是管理上有弹性的表现。

3. 掌握好"度", 遵循适度管理原则

把度与管理有机地结合起来, 遵循管理活动涉及的有关因素的特点和规律, 使管理达到有效或最佳效果的状态, 这就是适度管理。适度管理是管理工作科学化、有效性的重要途径, 可以防止工作方法上的管理失误。

六、效益原理

（一）效益的基本含义

效益是一个组织存在的根本, 也是管理的基本目标。一个组织必须以获得效益作为其生存和发展的保证。

效益原理的基本含义为: 现代管理的基本目标在于获得最佳管理效益, 实现更好的社会效益。这就要求各项管理活动都要始终围绕系统的整体优化目标, 通过不断地提高效率, 使投入的人力、财力、物力、信息、时间等资源得以充分、合理、有效的利用, 从而产生出最佳的效益。

效益是有效产出与投入之间的一种比例关系。从社会和经济这两个不同角度去考察, 效益被划分为社会效益和经济效益。经济效益是指管理系统所表现出来的内在价值, 它是效益的核心内容。社会效益是指管理系统对环境的价值, 包括对环境的经济、政治、生态、法律、伦理等价值。两者之间既有联系又有区别。经济效益是社会效益的基础, 而社会效益又是促进经济效益提高的重要条件。两者的区别主要表现在: 经济效益较社会效益更直接, 可用若干经济指标来计算和考核; 而社会效益则难以用经济指标表示出来。管理效益实际上是经济效益和社会效益的有机统一。

（二）效益原理的应用

获取效益是管理的根本目的, 管理是对效益的不断追求。影响实现管理效益的因素很多, 主要注意以下几点:

1. 重视经济效益

在实际工作中, 管理效益的直接形态是通过经济效益而得到表现的。因此, 要实现管理效益, 必须首先从管理主体的劳动效益及所创造的价值来考虑。

2. 有正确的管理战略

管理战略正确与否关系到整个管理过程的运动方向。管理战略错了, 无论采用何种科学的方法和手段, 建立怎样合理的机构和制度都是无济于事的, 甚至更糟糕。在现代管理中, 采用正确的管理战略具有全局性的影响, 是实现管理效益的关键。

3. 努力提高管理系统的效率

管理的目标是实现效益最大化, 而提高管理系统的效率是实现这一目标的根本保证。

管理实训

　　有几种提高效率的方法可供管理者借鉴：（1）遇事首先坚持三个"能不能"原则，即能不能取消它，能不能与别的工作合并，能不能用更简便的方法完成它。（2）实行工作ABC分类法，A类事务着重处理，B类事务派他人完成，C类事务可暂缓。（3）科学地确定可供检测的工作效率标准；用精湛的指导艺术代替纯物质刺激；按职位等级区分工作效率，严格、明确地考核，使处于不同能级的员工都充分了解自己和他人的工作效率；坚持定期分析工作效率，以期不断改进并始终维持高效率；建立必要的增援机动部门，集中多余人员，控制"排队"式工作时间的浪费。（4）调动人的积极性和创造性，把精神激励和物质激励、工作内激励和工作外激励有机结合起来。

　　4.追求长期、稳定的高效益

　　面对激烈的市场竞争，如果企业只满足于现状，故步自封，而不对企业的长期发展作出科学的规划，其结果只会被淘汰。现代化的企业应根据市场的需要和发展变化作出正确的判断，以新品种、高质量、低成本迎接新的挑战，从技术、市场、产品、人才等多方面进行改进，不断获得企业发展的动力，保证企业长期稳定的高效益。

管理案例

　　2008年8月1日，河北出入境检验检疫局检验检疫技术中心出具检测报告，确认三鹿集团送检的奶粉样品中含有三聚氰胺。同日，三鹿集团召开集团经营班子扩大会进行商议，在明知三鹿牌婴幼儿系列奶粉中含有三聚氰胺的情况下，仍准许库存产品三聚氰胺含量10毫克／公斤以下的出厂销售，直到被政府勒令停止生产和销售为止。9月11日上午，针对近期多个省份发生婴儿患肾病病例，媒体报道称患病婴儿均食用三鹿奶粉，三鹿集团回应：严格按国家标准生产，产品质量合格，目前尚无证据显示这些婴儿是因为吃了三鹿奶粉而致病。11日晚，卫生部提醒停止使用该品种奶粉。三鹿集团不得不承认700吨奶粉受污染。9月12日，三鹿集团称不法奶农掺入三聚氰胺；三鹿集团全面停产。12月25日上午，河北省石家庄市政府对外通报，石家庄市中级人民法院已经受理银行对石家庄三鹿集团股份有限公司提出的破产清算申请，受理该申请的裁定书已于12月23日送达三鹿。

　　总之，现代管理要求在全面提高经济效益和社会效益的基础上，实现系统的最佳管理效益。这是管理效益原理的实质和核心内容，也是它的典型特征之所在。

七、信息原理

　　信息作为组织的一种重要资源，是现代管理的依据和基础。实践表明，企业要提高管理工作的效率和效果，要在激烈的市场竞争中求得生存和发展，就必须善于获取信息、整理信息、组合信息和利用信息，对信息进行有效的管理，这就是管理的信息原理。

（一）信息的概念

作为反映客观世界的符号，信息的使用始终伴随着人类社会的政治、经济、军事文化等活动的开展。有学者对信息的含义作了狭义和广义的划分。狭义地理解，信息就是一种消息、资料或数据。广义地理解，信息是物质的一种普遍属性，是物质存在方式和运动规律与特点的表现形式。

信息具有事实性、等级性、可压缩性、扩散性、传输性、共享性、储存性、处理性等一般属性。

（二）信息在管理中的作用

信息是管理工作的基础。信息是决策的前提，是协调和控制生产经营活动的依据，是组织的重要资源。在现代社会，人们已越来越认识到信息作为一种资源的重要性。只有具备了准确、灵敏、及时、有效的信息，才能了解并掌握其他资源的情况和动态，并采取一定的措施和方法获得这些资源；同时通过信息的指挥和控制作用，使企业能对资源进行优化配置，以高的生产率、低的成本生产出适销对路的产品，创造出更多的符合社会需要的物质财富，提高企业和整个社会的效益。

（三）管理信息的特征

有效的管理要求对与企业经营及其环境状况有关的信息进行全面的收集、正确的处理和及时的利用。我们把与企业生产经营活动有关的这部分信息称为管理信息。管理信息具有以下基本特征：

1. 价值的不确定性

管理信息价值的不确定性表现在四个方面：一是信息在不同时间的有用性是不同的；二是同一信息在不同地区的有用性是不同的；三是同一信息对不同企业的有用性是不一样的；四是信息价值的不确定性往往与使用者的数量有关。

2. 内容的可干扰性

管理信息内容的客观性在被感知、认识和传送的过程中可能受到干扰，这种干扰可能来自存在着的其他信息。信息的内容在传递过程中也可能受到人们的态度和能力的影响而失真。

3. 内容和形式的更替性

管理信息的内容和形式是随着客观世界本身的变化而不断改变的，企业经营活动及其相关要素始终处在不断发展和变化的动态过程中。随着时间的推移，企业经营及其环境会不断呈现出新的状态，从而不断生成并传送出大量新的信息。

（四）管理信息系统

1. 现代化管理系统必须具有信息系统的功能

管理实践表明，要提高整个管理工作的效率和效果，就必须对信息进行有效的管理。信息管理的主要任务是：识别使用者的信息需要，对数据进行收集、加工、存储和检索，对信息的传递加以设计，将数据转化为信息，并将这些信息及时、准确、适当和经济地提供给组织的各级主管人员以及其他相关人员。这是一项艰巨、浩繁的任务，仅靠人工对信息进行收集、处理已不能满足组织对信息的需求。计算机网络管理信息系统的建立，为完成这一任务提供了强有力的手段。

2. 计算机是处理信息，实现现代化管理的重要工具

建立以计算机网络为基础的管理信息系统，是企业信息管理的有效途径。国内管理信息

系统一词出现于20世纪70年代末。一些学者给管理信息系统下了一个定义：管理信息系统是一个由人、计算机等组成的能进行信息的收集、传送、储存、加工、维护和使用的系统。管理信息系统能实测企业的各种运行情况，利用过去的数据预测未来，从企业全局出发辅助企业进行决策，利用信息控制企业行为，帮助企业实现规划目标。这个定义强调了管理信息系统的功能和性质，强调了计算机只是管理信息系统的一种工具。它说明管理信息系统不只是一个技术系统，而是把人包括在内的人机系统，因而它是一个管理系统、社会系统，具有开放性、随机性、动态性以及历史局限性等特点。

管理信息系统的三要素：系统的观点、数学的方法以及计算机的应用，是管理信息系统的主要特点。

第二节　管理的基本方法

一、管理方法的概念和分类

管理方法是指在管理过程中，为提高管理功效和实现管理目标而采取的各种方式、方法和措施的总和。管理原理必须通过管理方法才能在管理实践中发挥作用。

管理方法是管理理论、原理的自然延伸和具体化、实际化，是管理原理指导管理活动的必要中介和桥梁，是实现管理目标的途径和手段，贯穿于管理活动整个过程中，其正确性、系统性和合理性直接影响和制约管理行为的有效性。随着社会的进步发展，管理方法也是发展和变化的，呈现多样性，但管理方法又是管理原理的具体延伸，呈现稳定性。

管理方法按管理对象的范围分类，可分为宏观管理方法、中观管理方法和微观管理方法；按管理方法的精确程度分类，可分为定性方法和定量方法；按管理方法的作用分类，可分为生产力组织方法、生产关系调节方法和上层建筑调整方法；按管理者的决策方式分类，可分为专制方法、民主方法和民主集中制方法；按管理信息沟通的特征分类，可分为权威性沟通管理方法、利益性沟通管理方法和真理性沟通管理方法。

二、常用的管理方法

（一）法律方法

1. 法律方法的概念

法律是由国家制定或认可的，体现统治阶级意志，以国家强制力保证实施的行为规则的总和。法律方法就是用法律进行管理的方法，是指国家根据统治阶级的利益，通过各项法律、法令、条例和司法、仲裁工作等，调整社会经济的整体活动和各个系统在活动中所发生的各种关系，以保证社会经济正常稳定发展的管理方法。管理的法律方法，既包括国家正式颁布的法律，也包括各级政府机构和各个管理系统所制定的具有法律效力的各种社会规范。法律方法的内容主要包括立法和司法两个方面。

2. 法律方法的特点

法律方法具有以下特点：权威性、规范性、强制性、严肃性、稳定性、利益性、抽象性。

3. 法律方法的作用

（1）保证必要的管理秩序；

（2）调节管理因素之间的关系；

（3）使管理活动纳入规范化、制度化轨道，保证其作用的发挥和管理职能的实现。

4. 法律方法的正确运用

（1）法律规范的制定必须符合客观事物的发展规律。

（2）保持法律规范的稳定性和连续性。如果朝令夕改，随意中断废弃，法律规范就会失去威信，不起作用，甚至产生不良后果。

（3）树立法律规范的权威性。树立"有法可依，有法必依，执法必严，违法必究"的观念。

（4）重视立法和司法人才的培养。如果没有足够数量和称职的立法和司法人才，要运用法律方法进行管理，只能是不切实际的幻想。

（二）行政方法

1. 行政方法的概念和实质

行政方法是指依靠行政组织和领导者的权力，运用命令、规定、指示、条例等行政手段，按照行政系统和层次，以权威和服从为前提，直接指挥下属工作的管理方法。

行政方法的内容根据不同的目的、不同的对象、不同的条件有多种形式，如命令、指示、制度、条例、规定、规则、标准、程序和办法等，都是一个组织为统一某一行政行为所采取的行政方法和形式。

行政方法的实质是通过行政组织中的职务和职位，而非个人的能力或特权进行管理。上级指挥下级行动，而下级必须服从上级，这是由彼此的行政层级决定的。

2. 行政方法的特点

行政方法实际上就是行使政治权威。它的主要特点是：

（1）权威性。行政方法所依托的基础是权威。行政方法的有效性和所发出指令的接受率及上下级之间的沟通效果，在很大程度上取决于管理机关和管理者的权威。管理者权威越高，他所发出的指令接受程度就越高，上下级沟通情况就越正常。提高管理者的权威是提高行政方法有效性的首要前提和重要措施。

（2）强制性。行政权力机构和管理者所发出的命令、指示、规章制度等，对管理对象具有不同的强制性。行政方法就是通过这种强制性来达到指挥与控制管理活动过程的目的。相对于法律的强制性，行政方法的强制程度相对低一些。它要求人们在行动的目标上服从统一的意志，在行动的原则上高度统一，但允许人们在方法上灵活多样。从制约范围上看，行政方法的强制性，一般只对特定部门和对象才有效。

（3）垂直性。行政方法通过行政系统的层次对子系统进行管理。行政命令通常通过纵向直线逐层传达执行，而且下级服从顶头上司，下一层只听上一层的指挥，对横向传来的命令、规定等可以不予理睬。因此，行政方法的垂直性是行政指令得以统一执行的根本保证。

（4）具体性。行政方法的具体性，一方面表现在从行政命令发布的对象到命令的内容都是具体的；另一方面，表现在行政方法在具体的实施方式上是因对象、时间的变化而变化的。所以，任何行政措施往往是在某一特定的时间内对某一特定对象起作用，具有明确的指向性和一定的时效性。

（5）无偿性。运用行政方法进行管理，上级组织对下级组织的人、财、物等的调动和使用可以不遵循等价交换的原则,一切根据行政管理的需要进行。

（6）稳定性。行政方法是对特定组织行政系统范围内适用的管理方法。行政系统一般都具有严密的组织机构、统一的目标、统一的行动,以及强有力的调节和控制能力,对于外部因素的干扰具有较强的抵抗作用。因此,运用行政方法进行管理可以使组织具有较高的稳定性。

3. 行政方法的作用

行政方法是管理的基本方法,它在现代管理中起着重要作用,主要作用表现在以下几个方面：

（1）有利于集中统一,避免各行其是。行政方法的权威性和强制性保证了组织的高度统一,各项指令任务能够被高效地贯彻和执行,从而对全局形成有效地控制。

（2）有利于其他管理方法的实施并取得良好的效果。在管理活动中,经济方法、法律方法、教育方法等,必须通过行政方法高效统一地贯彻和执行,才能发挥其作用。

（3）有利于管理职能的发挥和管理目标的实现。管理的决策、组织、领导、控制等职能要有效地发挥作用,必须依靠行政机关的权威来进行组织和指挥,通过行政组织和行政手段来调整好各个方面之间的关系并解决其中出现的矛盾。

（4）有利于灵活处理特殊问题。行政方法有具体性的特点,因此它对管理中出现的新情况、遇到的特殊问题或紧迫问题,能通过颁布有针对性的行政命令、制定规章制度、采取行政措施等,获得较好而及时的解决。行政方法通过同人、同事打交道,更能灵活多样地处理各种特殊问题。

4. 行政方法的正确运用

行政方法是实现管理功能的一个重要手段。只有正确运用,不断克服其局限性,才能发挥它应有的作用。

（1）行政方法的管理效果直接受领导者水平的制约。由于行政方法强调领导的权威性,行政命令的效果与管理的好坏很大程度上取决于行政领导者的素质和水平。这就要求行政领导不断努力提高自己的领导水平和能力。

（2）管理者必须充分认识行政方法的本质是服务。管理的实质、生产的社会化以及社会主义公有制决定了服务是行政的根本目的。行政不以服务为目的,必然导致官僚主义、以权谋私、玩忽职守等现象的出现。

（3）行政方法要求有一个灵敏、有效的信息传输系统。管理者必须及时获得组织内外有用的信息,才能作出正确的决策,避免指挥失灵。

此外,行政方法不能代替法律,管理也不能单纯依靠行政方法,而是要在客观规律的基础上,把行政方法和管理的其他方法有机结合起来。行政方法的运用也有其缺点,如借助职位的权威,单向强制地发布命令可能导致漠视下级的观点和意见,助长官僚主义作风,不利于充分调动各方面的工作积极性。

（三）经济方法

1. 经济方法的概念和实质

经济方法主要是根据客观经济规律,运用经济手段来调节各方面不同的经济利益关系,以提高经济效益和社会效益的一种方法。具体地讲,经济方法就是通过以诸如价格、税收、信贷、利息、工资、奖金、罚款以及经济责任制、经济合同等这些经济手段为杠杆,组织调节和影响管理对象的活动,提高工作效率,促进社会经济效益的提高。

经济方法的实质是把国家、集体、个人三者利益有机地结合起来,最大限度地调动各方面的积极性、主动性、创造性和责任感,促进经济发展和社会进步。

2. 经济方法的特点

（1）利益性。这是经济方法最基本的特征。经济方法应符合物质利益原则,利用经济手段管理经济,核心是把经济责任和物质利益有效地结合起来,把劳动集体及个人的利益与工作成果相联系。

（2）非直接性。它是指依靠经济手段和经济方式,通过经济利益的得失来指挥、调节、控制经济活动,而不是依靠权威、强制性命令直接干预经济活动。

（3）有偿性。它是指各个企业和部门之间的经济往来应遵循等价交换的原则,进行有偿交换,互相计价。

（4）灵活性。指经济方法的具体措施和做法可以因时、因地、因人制宜,随机应变,根据外部环境和操作对象的不同,以不同的方式方法加以应对。

（5）平等性。经济方法承认被管理的组织或个人都有平等获取经济利益的权利。社会按照统一的价值尺度来计算和分配经济成果,所采用的各种经济手段对情况相同的经济单位应起同样的经济制约作用,不允许有特殊性。

3. 经济方法的作用

（1）有利于所有权和经营权的分离,利用经济方法可给各级组织较多的自主权,使其积极性得到发挥,使领导机关减少主观主义和官僚主义,提高工作效率。

（2）有利于促使各级组织主动利用自身的条件,挖掘潜力,适应环境的变化,灵活开展生产经营活动,提高经济效益。

（3）有利于调动企业和员工的积极性、主动性和创造性。使企业和员工的权、责、利有机结合,明确各自的目标,激励员工从物质利益上关心组织目标的实现,保证生产任务的完成。

（4）有利于提高信息接收率。一方面,由于经济方法直接建立在物质利益原则基础之上,与管理对象的切身利益息息相关,有利于提高他们对信息接收的自觉性,从而提高信息接收率;另一方面,改变了过去企业只听上级信息,不关心市场和社会需求的模式,克服了过去行政方法只注重纵向联系的局限性和上下信息传递的迟缓、失真的状况,从而重视市场信息和横向经济联系。

4. 经济方法的正确运用

（1）多种经济手段的统一。一方面,要运用各种经济杠杆,促进管理的重点——产业政策的实现,通过国家掌握的财政、金融等宏观调控手段来促进改革,促进竞争,正确处理中央与地方、企业与个人的经济利益关系;另一方面,企业要根据实际情况,通过发挥工资、奖金、罚款、合同等的作用来促进企业内部的完善,严格、科学管理,调动企业和个人的积极性、创造性。

（2）经济方法要同其他管理方法结合起来运用,不能以经济方法作为调动人们积极性的唯一方法。这是由生产力发展水平,人们的觉悟程度及其需要的多层次性、差异性所决定的。单纯地运用经济方法和滥用经济方法,将削弱这种方法对促进生产发展的作用,甚至在某些情况下会产生反作用。

（3）注意人们的物质需要和精神需要。随着社会生产力的发展和人们生活水平的提高,人们对精神方面的需求将日益加强,物质的激励作用将有所减弱。

在巴黎欧莱雅总部,对刚生完孩子的女性员工,除了政府规定要给的4个半月的薪水外,欧莱雅公司还给这些职工多加1个月的薪水,并可以在2年之内的任何时候领取。欧莱雅的8 000名经理中,2 000名已有购股权。如此优厚的员工福利,使欧莱雅的人才流失率保持在很低的水平,每名欧莱雅员工平均在公司工作14年。欧莱雅负责人力资源关系的副总裁Francois Vachey说:"员工的忠诚度对公司来说非常重要。他们来了,加入了我们,然后留了下来。"

（四）教育方法

1. 教育方法的内涵

教育方法是指通过传授、宣传、启发、诱导等方式,提高人们的思想认识、科学文化水平和专业知识,发挥人的主观能动作用。提高人的素质,调动人的主观能动性是教育方法的主要任务。

2. 教育方法的特点

（1）长期性。思想意识的提高,正确的人生观、价值观的建立,科学文化知识的积累,都需要较长的时间,而不是一朝一夕能做到的。

（2）间接性。教育方法不直接干预人的经济活动,也不直接干预经营单位经济利益的分配。它对人们的具体经济行为没有约束力。它先作用于人,通过提高人的素质,然后作用于经济活动,是一种间接的管理方法。

（3）启发性。教育方法不是强制,而是通过激励、启发人们自觉指向组织的目标并采取行动。

（4）广泛性。教育方法广泛地用于管理的各个方面和各个环节,贯穿于管理工作过程的始终,并涉及每个成员。

（5）灵活性。教育方法因人、因事、因时而异,方式方法比较灵活。

3. 教育方法的作用

（1）教育方法是提高人的素质的根本手段。

（2）教育方法是其他管理方法发挥作用的先导和前提,任何其他管理方法的实施都离不开宣传教育,它能解决其他管理方法所不能解决的问题。

（3）教育方法是激励人的动机,培养人的责任感和纪律性,调动人的积极性的重要方面。人的认识水平、科学文化水平一旦提高,正确的人生观、价值观一经确立,就会成为长期起作用的因素。

（4）教育方法有利于实现各级组织的现代化,能不断提高职工的科学文化水平,为各级组织的现代化创造条件。

4. 教育方法的正确运用

（1）教育方法的形式和内容要有科学性。要尊重、培养、关心、爱护人,不能强加于人。要坚持从实际出发,适应需要,恰如其分地选择和安排内容。

（2）讲究方式方法。要坚持不懈,长期进行,逐渐积累,不能操之过急。具体做法因人、因事、因时而异,采取多种多样的方式。

（3）不能脱离各项具体的生产经营活动,孤立地运用教育方法,要把它同解决实际问题、提高工作效率、增进物质利益联系起来。

◇◇◇◇◇◇◇◇◇◇◇◇◇◇◇◇◇◇◇◇ **本章小结** ◇◇◇◇◇◇◇◇◇◇◇◇◇◇◇◇◇◇◇◇

管理原理就是在管理实践过程中,结合各项管理制度和管理方法,通过对管理工作中实际问题的科学分析和总结而形成的具有普遍指导意义的基本规律。管理原理主要有人本原理、系统原理、责任原理、能级原理、权变原理、效益原理和信息原理,各原理都有自己的内容与特征及在管理实践中的作用。

管理方法是指在管理过程中,为提高管理功效和实现管理目标而采取的各种方式、方法和措施的总和。本章重点讲述了法律方法、行政方法、经济方法和教育方法,并强调了各方法在管理实践中运用时应注意的问题。

 **思考与探究**

1.何为"以人为中心的管理"？如何实现"以人为中心的管理"？

2.系统有哪些基本特征？管理者可以从系统原理中得到哪些启示？

3.如何理解责任原理？责任原理的本质是什么？管理者可从责任原理中得到哪些启示？

4.结合实际谈谈企业如何做到经济效益和社会效益的有机统一。

5.经济方法是调动人们积极性的唯一方法吗？

6.谈谈实践中如何运用管理的基本原理和基本方法。

💬 **案例分析**

案例分析一

"海底捞"的管理哲学

海底捞是起家于四川简阳的一家火锅店,现在全国有60多家连锁店。去过海底捞的顾客有几个最直观的感受:第一,顾客多。排队两个小时才吃上一顿火锅很常见。第二,服务好。排队时有人帮你擦鞋;饭桌上刚准备做手势,服务员已经心领神会地跑过来了。第三,服务员总是保持微笑。是什么让他们的员工如此敬业而又快乐地工作呢?

第一,海底捞员工的价值观——"双手改变命运"。大多数员工都来自农村,与其他同行比,海底捞待遇较好成为这些渴望城市生活的低学历者们的归宿追求。"靠墙,墙会倒;靠人,人会跑;靠父母,父母会老;靠自己才最好。用自己的双手改变命运。我们不能选择出身,但我们能选择不断学习改变命运。"这是海底捞人坚持的写照。

第二,海底捞的授权。对一个人的信任是对他最大的尊敬,而信任的标志就是授权。海底捞从总经理到区域经理,从店长到服务员,他们都有不同的权力。比如因正当理由给顾客赠送菜品,因正当理由给顾客免单等。正因为这样的授权,与顾客直接打交道的服务人员能更好地掌握顾客的需求,及时满足顾客的需要。

第三,海底捞将员工当作顾客来服务成为其鲜明的企业文化。海底捞为员工提供有暖气的楼房,并有阿姨专门负责住宿管理;建立寄宿学校,让员工的孩子能够安心学习;对有贡献的员工奖励全家旅游;为员工的父母发养老金以代员工表示孝心和谢意等。"攘外必先安内",滴滴温情渗透在员工的生活中,解决其后顾之忧,把员工当作顾客一样来服务。或许是细小的事情,对员工的激励却起到了关键性作用。

总之一句话,"把员工当人对待"成为海底捞的成功要诀!

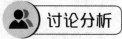

讨论分析

企业应如何坚持以人为中心的管理?

案例分析二

90后员工的困惑与期望

互联网时代下的商业潮流,"85后"以及"90后"占据了核心。同时,这些新生代也越来越成为企业的生力军。广州向日葵心理咨询中心创始人胡慎之先生深入剖析了新生代员工的心理及思维模式,告诉企业家如何管好用好新生代。

新生代员工缺少什么? 看看"90后"的特质后我们就知道了。

第一,关注。他们要的关注不是说你是个好孩子,而是实实在在的存在感、价值感。他到这个企业里打工,你要告诉他的是什么? 跟他说企业离不开,你在企业中非常重要。这是他的价值感。有的老板说我给你那么多的工资你不好好干,你想干什么? 这样的老板就完蛋了,这些老板要反思一下。我们要给他们需要的关注。

第二,尊重。尊重是必需的,你要是再高高在上很多问题就麻烦大了。给予他们尊重就是给他们一个机会展现自己。当他们取得业绩的时候,他们才不需要你说"到年底给你发奖",他们要的就是马上。你必须马上给予他一个肯定。

第三,陪伴。孤单的人特别需要陪伴。为什么现在很多社交媒体如此盛行? 实际上现在很多人都很孤单。他们的陪伴是什么? 团队合作。他们感觉到这个团队跟他们不止是有息息相关的利益关系,更多的是团队成员间有一种情感上的陪伴,他对于这个团队是很依恋的,所以"90后"的人对于团队更依恋。

第四,理解和接纳。如果你还带着他们是"卫星生物"的概念去面对他们,那麻烦就大了。在这里边,新生代员工缺失的东西,我们要给予他一些理解。

作为管理者的角色,有时候你会发现前二十年家长制或者说是权威制的管理都可以,但是现在的管理不是这样子的,因此我们要看一下管理者的角色。你们选择一下:

首先,你是法官还是律师。法官对于我这类人是有用的,因为我在意,在意什么? 我在意别人说我好,我在意说我是对的,我很害怕别人说我错了、我不好。所以我很尊重法官,如果有人说我不好,我会很难过。但是现在的"90后"不在意这些东西,他不是要做一个好人,他要做一个真实、坦诚、鲜活、有个性、独自存在的人。所以，当他做错了一些事情的时候我们千万不要跟他说"你为什么做错了这件事情，你做错了就没有机会了"这类话，因为没有意义。我们要给予他一个机会，让他自我辩解的机会。我们甚至做他的律师，你判他有罪的时候也要让他有申诉的机会。现在有一句话很流行，"你要让我死，也要让我死得很明白"。

其次，你是裁判还是运动员。作为裁判，我们会判定他们的输赢。其实很多时候我们要跟他一起做一个运动员，有不懂的时候我们还可以去问他。我们要掌握新新人类的语言，理解各式各样的人，成为跟他一起学习、运动的运动员。

再次，演员还是观众。当你的员工在你的企业做一个舞台表演的时候，我们要做一个非常非常好的观众，一方面不要去打扰他太多，另一方面当他演得好的时候要给予鼓励、鼓掌，肯定他。但是有一些老板、管理者自己做演员，希望别人做观众，那就麻烦了。

最后，老板还是伙伴，这是一个大问题。我们在管新生代员工的时候，有很多的问题要经常问自己：他们是从哪里来，为什么是这样，他们对于这个社会的意义、对于我这个企业的意义到底是什么？当我们理解清楚了这些问题后，我们先改变一下自己，也许对于我们新生代员工的管理就有一个积极而且和谐的影响。

第五，榜样、引路人和心理咨询师。新生代员工的困惑包括哪些？起码有以下四点：

一是现实检验。现在的家长告诉孩子的是真实的世界，现在的孩子现实的检验能力一方面比较强；另一方面也会弱一点点，因为他们在家里相对被保护得很多。在这种情形下，我们也要去告诉他们一个现实检验，不要告诉他们一个坏的社会或者一个好的社会，而是要告诉他们真实的世界。

二是理想与梦想。梦想还是要有的，如果实现了怎么办，对吧？但是像我这个年代的人，很多人是没有理想的，因此我们为的是一日三餐、为的是眼前利益，我们一般没有资格去全力想太远的东西。像我这个年龄想很远的人现在非常成功了。一类人理想和梦想实现了，一类人是被理想和梦想耽误了。

三是存在感和自我价值。我站在这里，如果在座的都跟我有眼神交流，我就很有存在感；如果你们都在看手机，我就很没有价值感，因为我觉得我的分享一点都不精彩。也许我们这一代人忽略了存在与价值感，其实我们内心特别渴望。但是对于"90后"来说，你们要时时刻刻确定他们的存在，认同他们的存在。

四是沟通问题。沟通问题也是可以培训的。总体来说，一个管理者管理新生代员工的大忌是说教。对现在的孩子说教是没有意义的，因为对他们来说是言传不如身教。

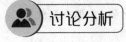 讨论分析

对于"新生代"员工的管理，我们可以采用哪些管理的基本原理和基本方法？

第三章

管理道德与企业责任

章前导语

2001年的"南京冠生园"事件、2008年的"三鹿奶粉"事件以及近年来更多的类似事件时时刻刻在提醒着人们,企业的经营管理活动和人的活动一样,必须接受道德的约束,企业必须承担相应的社会责任。什么是管理伦理,企业如何进行伦理管理,需要承担哪些社会责任,这在目前理论界和企业管理实践中都是一个热点话题。

美国管理学家弗雷德里克说:"如果管理者能更多地注意他们的价值观、社会准则和伦理规范,并把它们运用于决策,就能够改善决策。如果决策时能考虑到社会伦理的分析和选择,那对管理者、企业和社会都是有益的。"

管理道德与企业社会责任课题的提出,是经济社会和管理理论走向成熟的标志。对管理道德与企业社会责任问题的自觉思考,同样是管理者走向成熟的重要标志之一。因而,它们应当成为管理理论的重要内容。

本章导学

学习目标

明确什么是管理道德,理解影响管理者道德素质的因素;
了解企业社会责任的内涵及发展历程,明确企业社会责任的具体体现。

关键术语

管理道德 企业伦理 企业社会责任

第一节 管理道德

一、什么是管理道德

（一）管理道德的概念

道德是一定社会调整人与人之间以及人与社会之间关系的行为准则和规范的总和。管理道德是管理者行为准则与规范的总和，是在社会一般道德原则基础上建立起来的职业道德规范体系，它通过规范管理者的行为从而实现调整管理关系的目的，并在管理关系和谐、稳定的前提下进一步实现管理系统的优化，提高管理效益。

知识拓展

20世纪70—80年代，美国一系列经济丑闻事件不断发生和频频曝光。如美国洛克希德飞机公司为争夺日本市场的贿赂案，美国国际电话电报公司、海湾石油公司、埃克森公司、格鲁曼宇航公司、默克公司等在国外的贿赂事件，海湾石油公司、布兰尼弗和美国航空公司非法捐款资助尼克松竞选连任，美国牛奶生产商为提高联邦牛奶价格而贿赂前总统尼克松等。除此以外，还有非法操纵市场和股票交易，随意处置有毒化学物质，严重污染环境，生产有毒或危险产品，无视工人和顾客生命安全，甚至致使化学工厂有毒气体大爆炸等事件。这些丑闻直接导致经济管理中的企业伦理危机、公众信任危机和企业生存危机，迫使管理者们开始清醒地思考棘手的道德问题。由于通货膨胀，钢铁、石油涨价引起社会不满，人们纷纷指责哈佛商学院只会培养赚钱的机器。当时的解决办法就是，在企业管理中引入道德观，各社会组织纷纷建立自身的道德标准，道德教育被纳入工商管理教学大纲。

管理道德主要涉及以下几个方面的内容：

1. 管理理念

道德直接涉及管理理念与管理品质，具体体现为管理道德直接为管理目的服务，管理道德在深层上对管理活动进行价值导向。管理道德是管理理念的重要组成部分。有什么样的管理理念就有什么样的管理道德，有什么样的管理道德就有什么样的管理理念。道德不仅为管理提供价值理念和价值导向，而且其本身就是管理理念的重要组成部分，它对管理是如此的重要以至形成一种特别的管理模式。

2. 管理效益

效益最大化是任何企业必须追求的根本原则。管理道德与管理效益并不是绝对对立的，它们之间有着不可分割的联系。管理道德问题与对管理中的各种伦理关系的处理、企业的道德形象和社会信誉相联系，因而它与管理效益之间也就存在着某种必然的联系。

知识拓展

一些西方学者通过对西方七国的100多个企业的研究发现,文化价值体系才是创造财富的源泉,是企业竞争力、国家竞争力的源泉。在调查中他们发现,顾客挑选某种商品,实际上首先是对公司的道德观的肯定;对某种商品的评价事实上首先是对生产这种商品的公司的道德观的评价。

3.管理者品质

管理道德直接受到管理者品质的影响。一般来说,生意人与企业家是有区别的。企业家必须具备多种素质,人文素质特别是道德素质,是企业家最重要的特征之一。

知识拓展

有学者认为,并不是所有创造了利润的人都能称为企业家,企业家的桂冠并不能由钞票买到。从根本上说,它代表的是一种素质层次。如果经营者的道德败坏,他获得的利润越多,也许对社会造成的危害越大。企业家代表着一种素质和境界。以利润为唯一取向,永远只能是生意人,而不能成为企业家。无论如何,赚钱不是企业家的唯一的乃至最重要的特征,这一点是肯定的。严格准确地区分生意人与企业家,对现代中国管理与中国经济社会发展都具有重大的意义。

(二) 管理道德的作用

管理的目的是使企业达到预定的目标,管理的本质是协调。管理道德有协调、激励、教育的功能。事实证明,管理道德能有效提升管理的有效性。管理道德的作用主要体现在以下四个方面:

首先,管理者的道德素质是其综合素质的核心并影响着其他素质的形成和发展。

现代管理者应当是全面发展的综合素质较高的人才。综合素质中道德素质是核心。真正优秀的管理者是德才兼备的。德是做人之本。健康的、向上的道德认识和情感在一定程度上能启迪智慧,对于企业管理者更是如此。

其次,管理道德是调节管理领域各种重叠交叉复杂的利益关系的基本杠杆。

管理道德是企业内部各部门之间,企业与企业之间,社会之间,特别是企业利益、国家利益与个人利益之间关系的调节器。通过管理道德的调节保证国家利益和广大群众的根本利益不受损失,保证管理领域各部门工作正常运行,限制和约束管理者不符合企业健康发展的行为发生,保证企业与社会协调发展。

再次,管理道德是促使企业发展,获得经济效益与社会效益相统一的重要保证力量。

企业能否健康发展,能否赢得顾客的信任和社会的信誉,是其最终能否获得经济效益和社会效益的关键。管理道德是塑造企业的良好形象、促进企业的健康发展并赢得效益的坚强有力的保证。

最后,管理道德是直接影响经济发展的关键环节。

现代的企业是相对独立的实体,企业管理者的责任是极为突出的。企业管理者的素质是企业发展的核心因素,而管理者的道德素质及其发挥管理道德职能的能力则是关键的条件。从这个意义上讲,管理道德是直接影响经济发展的关键环节。

二、现代管理的道德选择

（一）管理道德的困境

 管理实训

> 在实际生活中,我们常会遇到这样一些问题:推销员贿赂采购代理人以诱使其作出购买的决定,这是道德的吗? 如果推销员用自己的佣金进行贿赂,情况又会怎样呢? 这中间有什么不同吗? 如果一份工作无须拥有高学历的人去做,而一个人为了获得它压低了自己的学历,这是道德的吗? 公车私用是道德的吗? 用单位电话打私人长途是道德的吗? 请单位的秘书发私人信件是道德的吗?

在现代管理过程中,经常出现应该遵守的道德规范与实际上不道德经营的高度分裂,由此产生了企业管理的道德失衡。管理道德面临着明显的困境,表现在以下几个方面:

1. 企业与顾客的关系方面

企业进行欺骗性的广告宣传,在营销和推广上夸大其词,生产不安全或有损健康的产品等。有些经营者明知产品含有危害人体健康的成分,但故意向消费者隐瞒真相,而大力宣传其对消费者有利的方面,或信口开河、擅自夸大产品的功效。

2. 企业与竞争者的关系方面

企业假冒其他企业的商标,生产假冒伪劣产品,侵犯他人商业秘密,损害竞争对手商业声誉;不遵守市场游戏规则,不讲信誉,拖欠和赖账,不履行合同等。

3. 企业与员工的关系方面

有些企业盲目追求利润,不顾员工的生存和工作环境,侵犯员工的健康权利;有些企业在招聘、提升和报酬上采取性别、种族歧视,侵犯个人隐私;有些企业对员工的工作评价不公正,克扣薪水等。

4. 企业与政府的关系方面

主要表现为财务欺诈、偷税漏费、权力腐败、商业贿赂、地方保护主义等。

5. 企业与自然环境的关系方面

企业为追求高利润,对治理污染采取消极态度。对排放"三废"等造成的污染不实施治理,特别是一些化工、印染、造纸等工厂,它们规模小,对废水缺乏较好的处理措施,严重污染环境。

（二）影响管理道德选择的因素

管理者的行为是否合乎道德,是管理者个人道德发展阶段与个人特征、结构变量、组织文化和道德问题强度之间复杂的相互作用的结果。其中,管理者个人道德发展阶段与个人特征、结构变量、组织文化和道德问题强度等都是管理者道德行为的调节因素。即使是缺乏强烈道德感的人,如果他们受规则、工作规定或文化准则的约束,他们做错事的可能性也很小。相反,非常有道德的人,也可能被一个组织允许或鼓励非道德行为的文化所腐蚀。此外,管理者更可能对道德强度高的问题制定出符合道德的决策。

影响管理者道德选择的因素一般有以下几种:

1.道德发展阶段

国外学者的研究表明,道德发展要经历三个层次,每个层次又分两个阶段。随着阶段的上升,个人的道德判断越来越不受外部因素的影响。道德发展所经历的三个层次和六个阶段如表3-1所示。

表3-1　道德发展的层次与阶段

层　　次	阶　　段
1. 前惯例层次:只受个人利益的影响。决策的依据是个人利益,这种利益是由不同的行为方式带来的奖赏和惩罚	1. 严格遵守规则以避免物质惩罚 2. 只在符合其直接利益时才遵守规则
2. 惯例层次:受他人期望的影响。包括遵守法律,对重要人物的期望作出反应,并保持对人们期望的一般感觉	3. 做周围的人所期望的事 4. 通过履行自己所赞同的义务来维持平常的秩序
3. 原则层次:受自己认为正确的个人道德原则的影响。这些原则可能与社会准则或法律一致,也可能不一致	5. 尊重他人的权利,支持不相关的价值观和权利,而不管其是否符合大多数人的意见 6. 遵守自己选择的道德原则,即使这些原则违背了法律

道德发展的最低层次是前惯例层次。在这一层次,个人只有在其利益受到影响的情况下才会作出道德判断。道德发展的中间层次是惯例层次。在这一层次,道德判断的标准是个人是否维持平常的秩序并满足他人的期望。道德发展的最高层次是原则层次。在这一层次,个人试图在组织或社会的权威之外建立道德准则。

有关道德发展阶段的研究表明:第一,人们一步一步地依次通过这六个阶段,而不能跨越;第二,道德发展可能中断,可能停留在任何一个阶段上;第三,多数成年人的道德发展处在第四阶段上,他们被束缚于遵守社会准则和法律;第四,一个管理者达到的阶段越高,就越倾向于采取符合道德的行为。

2.个人特征

一个成熟的人一般都有相对稳定的价值准则,这些准则既是个人早年发展起来的,也是教育与训练的结果,它们是关于对与错、善与恶的基本信条。管理者通常有不同的个人准则,它构成道德行为的个人特征。

由于管理者的特殊地位,这些个人特征很可能转化为组织的道德理念与道德准则。这是管理者的个性特征影响组织行为的最典型的方面。

人们还发现有两个个性变量影响着个人行为,这两个变量是自我强度和控制中心。

(1)自我强度

自我强度用来度量一个人的信念强度。一个人的自我强度越高,克制冲动并遵守其信念的可能性越大。这就是说,自我强度高的人更加可能做他们认为正确的事。对于自我强度高的管理者,其道德判断和道德行为会更加一致。实验表明,自信心高的人比自信心低的人更能克制冲动,也更能遵循自己的判断,去做自己认为正确的事,从而在道德判断与道德行为之间表现出更大的一致性。

（2）控制中心

控制中心用来衡量人们在多大程度上是自己命运的主宰。它实际上是管理自我控制、自我决策的能力。控制中心区分为内在与外在两个方面:

具有内在控制中心的人,自信能控制自己的命运。从道德的角度看,具有内在控制中心的人,更可能对其行为后果负责任,并依据自己的内在标准指导行为,从而在道德判断与道德行为之间表现出更大的一致性。

具有外在控制中心的人则常常是听天由命。从道德的角度看,具有外在控制中心的人不大可能对其行为后果负个人责任,而是更可能依赖外部的力量。

3. 结构变量

结构变量的核心是组织设计,其中最重要的内容是对个体道德行为是否具有明确的指导、评价、奖惩的原则。

（1）结构变量的关键在于减少模糊性,因为模糊性最小的设计有助于促进管理者的道德行为。减少模糊性最重要的要求是正式的规则和制度,明文规定的道德准则可以促进行为的一致性。

（2）上级的行为具有很强的示范作用,人们由此确定什么是可接受的和上级期望的行为标准。

（3）合理的绩效评估系统也是结构变量的重要因素。奖赏或惩罚越依赖于特定的结果,管理者所感到的取得结果和降低道德标准的压力越大。

（4）报酬的分配方式、赏罚的标准是否合理也是影响管理道德行为的重要方面,因为它直接与道德的一个重要标准相联系,这就是公正。公正的程度关系着人们的道德选择,也关系着人们对道德的坚持。

此外,在不同的结构中,管理者在时间、竞争和成本等方面的压力也不同。压力越大,越可能降低道德标准。

4. 组织文化

组织文化的内容和强度也会影响道德行为。最有可能产生高道德标准的组织文化是那种有较强的控制能力以及风险和冲突承受能力的组织文化。处在这种文化中的管理者,具有进取心和创新精神,意识到不道德行为会被发现,并且对他们认为不现实或个人所不合意的需要或期望进行自由、公开的挑战。与弱组织文化相比,强组织文化对管理者的影响更大。如果组织文化是强的并支持高道德标准,它就会对管理者的道德行为产生重要的和积极的影响。而在弱组织文化中,管理者更有可能以亚文化准则作为行为的指南。工作小组和部门标准会对弱文化组织中的道德行为产生重要影响。

5. 道德问题强度

影响管理者道德行为的最后一个因素是道德问题本身的特征,这些特征决定了问题的强度。与决定问题的强度有关的六个特征是:

（1）某种道德行为对受害者的伤害有多大或对受益者的利益有多大?例如,使1 000人失业的行为比仅使10人失业的行为伤害更大。

（2）有多少人认为这种行为是邪恶的（或善良的）?例如,在盗版软件泛滥的情况下,很多人都会对使用盗版软件感到心安理得。

（3）行为实际发生后，将会引起可预见的伤害（或利益）的可能性有多大？例如，把枪卖给武装起来的强盗，比卖给守法的公民更有可能带来危害。

（4）在该行为和其预期后果之间，时间间隔有多长？例如，减少目前退休人员的退休金，比减少目前年龄在40—50岁的雇员的退休金带来的直接后果更加严重。

（5）你觉得行为的受害者（或受益者）与你（在社会上、心理上或身体上）挨得多近？例如，自己工作单位的人被解雇，比远方城市的人被解雇对你内心造成的伤害更大。

（6）道德行为对有关人员的影响的集中程度如何？例如，担保政策的一种改变（拒绝给10人提供每人10 000元的担保），比担保政策的另一种改变（拒绝给10 000人提供每人10元的担保）的影响更加集中。

综上所述，受伤害的人数越多，越多的人认为这种行为是邪恶的；行为发生后造成实际伤害的可能性越高，行为的后果出现越早，观测者感到行为的受害者与自己挨得越近，问题强度就越大。这六个因素决定了道德问题的重要性。道德问题越重要，管理者越有可能采取道德行为。

（三）管理道德行为的改善

当管理者感觉到组织中有不道德行为存在并试图去减少或消除这些行为时，就应该想办法采取一些措施。对于管理道德行为的改善，我们可以从如下几点入手：

1. 员工的甄选

组织在员工特别是管理人员的甄选过程中，就必须进行道德考察，剔除道德上不符合要求的求职者和候选人。

2. 建立道德准则和决策规则

在一些组织中，员工对"道德是什么"认识不清，这显然于组织不利。建立道德准则可以缓解这一问题。道德准则既要相当具体以便让员工明白以什么样的精神来从事工作，以什么样的态度来对待工作，也要相当宽泛以便让员工有判断的自由。管理者对道德准则的态度（是支持还是反对）以及对违反者的处理办法对道德准则的效果有重要影响。如果管理者认为这些准则很重要，经常宣讲其内容，并当众给违反者指明，那么就能为道德准则产生效果提供坚实的基础。

3. 管理者以身作则

道德准则要求管理者尤其是高层管理者以身作则。实际上，在组织中，是高层管理者建立了道德基调。这种基调主要从两个方面建立：

（1）言传身教

在言行方面，高层管理人员是表率，他们所做的比所说的更为重要。他们作为组织的领导者要在道德方面起模范带头作用。如果高层管理者公车私用，无度挥霍，这等于向员工暗示，这些行为都是被允许的；如果高层管理人员把公司资源据为己有、优待好友或虚报支出项目，那么这无疑向员工暗示，这些行为都是可接受的。

（2）奖罚机制

高层管理人员可以通过奖罚机制来影响员工的道德行为。选择什么人和什么事作为提薪和晋升的对象，会向员工传递强有力的信息。靠拉关系能获得提升，这就表明这种不正当的方法不仅是可取的，而且是有效的，于是"关系文化"就可能盛行，人们的注意力就可能不集中于工作实绩的创造，而集中于人际方面的钻营。当众惩罚投机者，也就向员工传递了一个信息：投机是不受欢迎的，行为不道德是要付出代价的。

鉴于此，管理人员在发现错误行为时，不仅要严惩当事人，而且要把事实公布于众，让组织中所有人都认清后果。这就传递了这样的信息：做错事要付出代价，不道德行为不是你的利益所在。

以上两点之中，高层管理者的以身作则更为重要。领导者必须在道德上严格要求自己，以自己的道德行为为员工作示范。所谓"上行下效"，道理就是如此。

4. 设定合理的工作目标

员工应该有既明确又现实的目标。如果目标对员工的要求不切实际，即使目标是明确的，也会产生道德问题。在不现实的目标的压力下，即使是道德素质较高的员工也会感到迷惑，很难在道德和目标之间作出选择，有时为了达到目标而不得不牺牲道德。而明确又现实的目标可以减少员工的迷惑，并能激励员工而不是惩罚他们。

5. 综合的绩效评估

一个组织如果想使它的成员坚持道德标准，它必须在绩效评价过程中既包含对现实的效果的评价，也必须把道德方面的要求包括进去。例如，在对管理者的年度评价中，不仅要考查其决策带来的经济成果，还要考查其决策带来的道德后果。

6. 独立的社会审计与监察

改善管理道德的重要手段，是进行独立的社会审计与社会监察。有不道德行为的人都有害怕被抓住的心理，被抓的可能性越大，产生不道德行为的可能性就越小。独立的社会审计与监察，会使发现不道德行为的可能性增大。

审计可以是例行的（如同财务审计），也可以是随机的，并不事先通知。有效的道德计划应该同时包括这两种形式的审计。审计员应该对公司的董事会负责，并把审计结果直接交给董事会，以确保客观、公正。

7. 进行有效的道德教育

越来越多的组织意识到对员工进行适当的道德教育的重要性，它们积极采取各种方式（如开设研修班、组织专题讨论会等）来提高员工的道德素质。

8. 正式的保护机制

组织应向员工提供正式的保护机制，使面临道德困境的员工在不用担心受到斥责的情况下自主行事。例如，组织可以任命道德顾问，当员工面临道德困境时，可以从道德顾问那里得到指导。道德顾问首先要成为那些遇到道德问题的人的诉说对象，倾听他们陈述道德问题、产生这一问题的原因以及自己的解决方法。在各种解决方法变得清晰之后，道德顾问应该积极引导员工选择正确的方法。另外，组织也可以建立专门的渠道，使员工能放心地举报道德问题或告发践踏道德准则的人。

综上所述，组织可以采取多种措施来提高员工的道德素质。在这些措施中，单个措施的作用是极其有限的，但若把它们中的多数或全部结合起来，就很可能收到较好的效果。

三、企业伦理管理

（一）企业伦理管理的含义

在当今世界，一个组织要想维持足够长的生命力，不仅需要遵守法律，还需要遵守道德规范和讲究伦理。这就要求管理者在管理活动中要正视由组织的行为引起的伦理问题。

企业伦理是企业在处理企业内部员工之间,企业与社会、企业与顾客之间关系的各种道德准则的总和。企业伦理管理,就是要求企业管理者在经营全过程中,应主动考虑社会公认的道德规范,使其经营理念、管理制度、发展战略、职能权限设置等符合伦理道德的要求,处理好企业与员工、股东、顾客、厂商、竞争者、政府、社会等利益相关者的关系,建立并维系合理、和谐的市场经济秩序。

（二）企业伦理管理的发展阶段

按发展时间顺序可将企业伦理管理发展阶段分为三个阶段,如表3-2所示。

表3-2　企业伦理管理阶段比较

区别 ＼ 阶段	第一阶段 企业伦理管理萌芽阶段	第二阶段 企业伦理管理演进阶段	第三阶段 企业全面伦理管理阶段
出现时间	1960年左右	1990年左右	2003年左右
主要标志	被迫服从政府和民众的监督,处理环境污染、不合理使用工具等问题	制定企业伦理准则	符合伦理管理认证标准
外部要求	相对不高	有一定要求	要求比较全面且严格
企业自身觉悟程度	被动、不自觉	具有一定的自觉性	高度自觉
管理内容	内部无明确条文要求	内部有明确制度（伦理准则）要求,但不全面	包含广泛内容、要求全面（全过程、全员）的伦理准则,与其他专项管理（如质量管理、财务管理）较好地融合,并通过伦理管理论证
方法	简单,增加环保投资或人道对待员工等	方法开始增多,定性为主	复杂多样,定量和定性方法结合

其中,全面伦理管理阶段是建立在企业全面管理理论的基础上,它要求企业在处理与相关利益方（员工、供应商、顾客、政府、社区等）关系时全方位地体现企业伦理的要求。伦理管理是企业管理水平成熟度的标志之一,而企业全面伦理管理阶段则是企业伦理管理的高级阶段。世界各国企业伦理管理发展具有不均衡性,目前美国上市企业伦理管理已进入企业伦理管理演进阶段。特别是在2002年7月发布"Sarbanes-Oxley Act"（起源于美国安然公司倒闭后引起的美国股市剧烈动荡。为防止普通民众免于企业统计错误和欺骗行为,由美国参议员Sarbanes和美国众议员Oxley联合提出的一项法案,该法案即以他们的名字命名）后,美国企业伦理管理日益受到重视,少数企业已进入企业全面伦理管理阶段。而我国大多数企业伦理管理尚处于第一阶段。美国学者弗兰西斯·福山曾预言:21世纪是信誉的世纪,哪个国家的伦理程度最高,哪个国家就会赢得更广阔的市场。各种数据显示,伦理管理已经越来越多地被企业认可和使用。

（三）企业伦理管理的意义

1. 伦理管理有助于增强组织的竞争力

古人云："衣食足，礼仪兴。"在基本的物质生活有保障后，人们更乐于接受具有社会责任感、重视消费者权益的企业的产品，人们对高质量生活环境的追求强烈要求组织切实履行起社会责任。现代组织对社会的影响力日益增大，在组织享受了许多权利后社会有理由要求组织承担起与其享受权利相称的责任和义务，如此，管理才能体现其基本的公平理念。同时，现代社会信息传播媒介的迅速发展，使社会舆论的监督力量大为增强，组织行为的一举一动都被置于公众的眼光之中。当人们知道某家企业的不道德行为之后，一方面，可能因对该企业产品质量及各项承诺产生疑问而拒绝购买；另一方面，还可能因自我道德要求而不愿购买该企业的产品以免成为不道德行为的帮凶。更有甚者，组织的行为还将遭受人们的道德制裁，甚至法律制裁，而导致管理的效益追求得不偿失。

因此，为了在激烈的市场竞争中取得胜利，除了提高产品质量和服务质量外，管理者还必须进行伦理管理，树立良好的企业伦理形象。

2. 伦理管理有助于提高组织的凝聚力和战斗力

现代社会越来越重视人的价值，强调"以人为本"，这些都与伦理息息相关。正是这些因素使得伦理在管理中的地位越来越重要，使伦理成了管理追求的应有境界。

企业对伦理规范的重视和是否按伦理规范行事对员工会产生很大的影响。根据心理契约理论，员工在与企业确定正式的劳动合同之外，还会形成自己的心理契约。员工的心理契约受很多因素的影响。除了正式合同中的条款外，企业的各种行为都是影响员工心理契约的重要因素。如果员工感觉到企业讲究社会公德、公平地对待员工、尊重员工的人格和权利、对员工负责，员工就容易形成关系型的心理契约。员工对企业的信任感、归属感和忠诚感将大大增强。员工会感觉"有责任"回报企业，自发地努力工作。在关系型心理契约下，员工将更重视与企业的长期合作关系，更愿意与企业长期共同发展，不过分看重短期物质利益。

3. 伦理管理能够为企业的发展营造良好人文环境

任何企业都是在一定环境中从事活动的，伦理管理对企业营造良好的人文环境具有重要意义。在正确的企业伦理观的指导下，能够建立一个竞争有度、互助合作、积极进取的工作环境，使个人的生活、工作、事业、理想等和整个组织统一起来。任何企业都是社会的组成部分，为了使企业的发展和社会的发展相一致，管理者往往会使企业内部的伦理和社会的伦理相适应，使企业内部和外部建立一致的伦理关系而保持和社会的协调，这样，就有利于社会的全面发展。当企业内部的伦理与社会伦理相一致时，也有利于企业塑造自己良好的社会形象。伦理管理是促成个人、企业、社会相互促进、共同发展的强有力的纽带和桥梁。

4. 伦理管理可帮助组织降低成本、提高运作效率

经济学理论假定人们在个人利益的驱动之下，追求最大效用。企业在经营管理中既要充分利用这一点以调动人们的积极性，又要采取很多措施来防止个人利益与企业整体利益不符可能引发的各种问题。企业通过加强伦理管理，建立共同的价值观，提高道德修养水平，增强相互信任，可大大降低成本，提高企业的运作效率。例如，企业中各种繁琐的报告制度、审批程序既增加了管理成本又占用了各级管理人员的大量时间，还降低了企业的响应速度。通过加强伦理管理，可以有效地精简管理环节，提高企业经营活动的效率和效果。

5. 伦理管理是企业依法经营的守护神

任何企业和个人都必须在法律许可的范围内行动。法律是人类社会中强制性的行为规范,实际上是社会可接受的行为规范的最低标准。伦理管理强调的也是一种行为规范,却要比法律规范的要求高。因此,遵守法律是伦理规范的最低要求。一般来说,违反法律的行为一定违反了伦理道德原则,而违反伦理原则的行为却不一定违法。企业重视伦理管理,加强培训,一方面,可使员工理解和遵守正确的价值观和行为准则,提高员工的伦理和法律意识,促使员工在工作中自觉地遵守法律和伦理规范,大大降低经营活动中出现违法活动的可能性;另一方面,可促使员工在工作中及时发现可能存在的违反法律或伦理问题的行为,并通过向企业内外的专家咨询来确保所有的行为符合法律的要求。

第二节　企业社会责任

在20世纪60年代前,企业的社会责任问题很少引起人们的注意。后来,在美国,公众对诸如机会平等、污染控制、能源和自然资源消耗、消费者和员工保护等问题日益关注,企业发展的政治和社会环境问题变得越来越重要,企业社会责任的概念由此提出。这一概念认为作为社会的成员,组织应当在更大的环境中积极地、负责任地参与社会。也有些人认为,企业的社会责任行为能够为组织带来长远的利益,如改善公众印象、提供更多的商业机会等。时至今日,企业的社会责任问题已引起人们的普遍关注。

知识拓展

2003年,全球CEO聚首的世界经济论坛认为,企业公民包括四个方面:一是良好的公司治理和道德价值,主要包括遵守法律、现存规则以及国际标准,防范腐败贿赂,其中包括道德行为准则问题以及商业原则问题;二是对人的责任,主要包括员工安全计划、就业机会均等、反对歧视、薪酬公平等;三是对环境的责任,主要包括维护环境质量,使用清洁能源,共同应对气候变化和保护生物多样性等;四是对社会和经济福利的贡献,例如,传播国际标准、向贫困社区提供要素产品和服务(如水、能源、医药、教育和信息技术等),这些贡献在某些行业可能成为企业的核心战略的一部分,成为企业社会投资、慈善或者社区服务行动的一部分。

企业是社会的细胞,社会是企业利益的源泉。企业在享受社会赋予的条件和机遇时,应该以符合伦理道德的行为回报社会,奉献社会。"企业公民"这一概念蕴含着社会对企业提出的要求,意味着企业是社会的公民,应承担起对社会各方的责任和义务。"企业公民"不仅仅是为了行善,而是首先要把本职工作做好,确保企业遵纪守法,不骗人,不做假账,不搞伪劣产品等。实际上,倡导做一个合格的企业公民体现了一个企业的价值取向和长远追求。

一、企业社会责任的内涵及发展历程

(一)企业社会责任的内涵

企业的责任包括企业的法律责任、经济责任和社会责任。企业的法律责任是指企业应当遵守所在国家和地区的法律法规,遵守本国参加并认可的国际公约;企业的经济责任是指企业应当为投资者实现资产保值增值；企业的社会责任是指企业在承担法律责任和经济责任之外，还应当承担保护和增进社会公共利益与长期利益的义务。

企业是社会的一个分系统，因此，不可避免地受到社会系统的影响，社会责任的内涵也随着利益相关者队伍的扩大和这些利益相关者的期望值的变化而发展。企业的利益相关者的范围从早期的股东，拓展到员工，再扩大到具体环境的各种组成部分，如消费者、供应商，进一步发展到社会整体。这些利益相关者的期望成为更广泛、更高的要求，即企业要为整个社会的生存、发展和繁荣负责。

目前国际上普遍认同的企业社会责任理念是：企业在创造利润、对股东利益负责的同时，还要承担对员工、对社会和环境的社会责任，包括遵守商业道德、生产安全、职业健康、保护劳动者的合法权益、节约资源等。因此，企业的社会责任要求企业必须超越把利润作为唯一目标的传统理念，强调在生产过程中对人的价值的关注，强调对消费者、对环境、对社会的贡献。

（二）"企业社会责任"观的发展历程

人们对企业社会责任的认识，并不是一步到位的，而是经历了一个艰难的历程。

1. 20世纪50—70年代：盈利至上

这一阶段有两种截然相反的观点。一是纯经济观，二是社会经济观。

（1）纯经济观（或古典经济观）

社会责任概念的最早含义是最大利润，即一个企业的社会责任在于通过有效生产，制造消费者需要的产品并以适宜的价格出售产品从而合理地利用它的财力和设备。社会责任的内涵和最大利润这个经济目标相重合，企业实现了它的经济目标就被认为满足了社会的需要。一般情况下很少有人支持企业参与社会问题。

（2）社会经济观

持这种观点的人开始对企业的单一经济目标提出异议。他们认为，利润最大化是企业的第二目标，企业的第一目标是保证自己的生存。为了实现这一点，它们必须承担社会义务以及由此产生的社会成本。它们必须以不污染、不歧视、不从事欺骗性的广告宣传等方式来保护社会福利，它们必须融入自己所在的社区及资助慈善组织，从而在社会中扮演积极的角色。

2. 20世纪80—90年代：关注环境

20世纪80年代，企业社会责任运动开始在欧美发达国家逐渐兴起，它包括环保、劳工和人权等方面的内容，由此导致消费者的关注点由单一关心产品质量，转向关心产品质量、环境、职业健康和劳动保障等多个方面。一些涉及绿色、和平、环保、社会责任和人权等的非政府组织以及舆论也不断呼吁，要求社会责任与贸易挂钩。很多欧美跨国公司纷纷制定对社会作出必要承诺的责任守则（包括社会责任），或通过环境、职业健康、社会责任认证应对不同利益团体的需要。

3. 20世纪90年代至今：社会责任运动兴起

企业"生产守则运动"促使企业履行自己的社会责任。

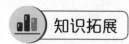 知识拓展

20世纪90年代初期，美国劳工及人权组织针对成衣业和制鞋业发动"反血汗工厂运动"。因利用"血汗工厂"制度生产产品的美国服装制造商Levi-Strauss被新闻媒体曝光后，为挽救其

公众形象,制定了第一份公司生产守则。在劳工和人权组织等非政府组织和消费者的压力下,许多知名品牌公司也都相继建立了自己的生产守则,后演变为企业"生产守则运动",其直接目的是促使企业履行自己的社会责任。生产守则运动由跨国公司"自我约束"的"内部生产守则"逐步转变为"社会约束"的"外部生产守则"。2000年7月《全球契约》论坛第一次高级别会议召开,参加会议的50多家著名跨国公司的代表承诺,在建立全球化市场的同时,要以《全球契约》为框架,改善工人工作环境,提高环保水平。2002年,联合国正式推出《联合国全球协约》。协约共有十条原则,联合国恳请企业对待其员工和供货商时都要尊重其规定的十条原则。

(三)SA8000企业社会责任九项标准

SA8000(Social Accountability 8000 International Standard)是1997年美国经济优先权委员会(现改名为社会责任国际,SAI)制定的社会责任认证标准。作为全球首个企业社会责任认证体系,其宗旨是确保供应商所提供的产品符合社会责任的要求。对于企业的社会责任,SA8000从九个主要的方面来界定。现行标准涉及童工使用、强迫性劳动、健康与安全的工作和生活环境、工作时间、工资报酬、管理体系等九个方面的内容。自2004年5月1日起,该认证在欧美一些国家强制推行。随着公众对企业履行社会责任情况的日益重视和"企业是利益相关者共同契约"观的形成,这一新的企业认证体系在西方发达国家开始出现,并已对我国企业的生产和出口产生了实质性影响,需加以研究和认真应对。

二、企业社会责任的表现

(一)企业社会责任的表现形式

1. 企业对环境的责任

企业对环境的责任表现在:

(1)防止环境污染

企业生产经营需要耗费大量物资和能源,产生的废水、废气、废料极易污染环境。企业有责任在项目筹划和决策时,同步考虑防污治污问题,避免先污染后治理。确保"三废"排放达到国家规定的标准,把污染降到最低限度。同时积极运用生态环保技术,开发绿色产品。

(2)治理受污染的环境

对环境造成污染的企业有责任采取切实有效的措施治理被污染的环境。根据"谁污染谁治理"的原则,承担治污费用,不能推诿。企业污染环境给他人造成损失的,应负责足额赔偿。

(3)提高环境保护的系统性

企业应当对承担环境保护的责任做系统安排,把环境保护的要求贯穿到企业的输入、生产、输出、产品的使用与回收等全过程。从经营管理角度看,企业应在业务计划中尽可能削减对环境不安全的业务,开发并扩大环境清洁业务;使每一新产品在环境性能上优于上一产品;要选择有卓越环境绩效的供应商;在废弃物的处理上,不与无信用的公司打交道;鼓励采用绿色工艺和降低污染的技术;加强环保宣传教育;使用全部成本会计核算系统和聘请外部中介机构对企业进行环保审计等。

2. 企业对员工的责任

企业对员工的责任主要有以下几项:

（1）尊重每一位员工的人格，认真听取员工建议。在与员工交流中应诚实，共享信息。产生矛盾时应诚恳协商，避免在性别、年龄、宗教等方面的歧视行为，保证员工拥有平等待遇和机会。

（2）关心每个员工的身体健康和劳动安全，保护员工，避免他们在工作中受伤和生病。特别要做好从事特殊工种易受到伤害的员工的保护工作。

（3）为员工提供合适的工作岗位和相对公平的报酬。重视员工的利益，按时足额支付工资，按当地政府规定为员工缴纳失业、养老和医疗保险，努力改善员工的工作条件和物质待遇。

（4）鼓励并帮助员工掌握相关技术和知识，对工作表现出色的员工予以奖励。

（5）发生处罚和解雇行为，应当严格按法律法规、企业章程和劳动合同办理。

3. 企业对顾客的责任

（1）尊重顾客。尊重顾客的人格，虚心听取顾客的意见，尊重顾客的文化和民族风俗习惯，禁止用任何方式对顾客进行侮辱、诽谤、歧视。在交易中应尊重顾客的选择权，不能强买、强卖和硬性搭售。

（2）对顾客安全负责。企业为顾客提供产品和服务，必须保证顾客安全。顾客因使用产品或接受服务在人身或财产方面受到伤害的，企业应予以相应赔偿。对有安全隐患的产品，企业有责任及时召回。

（3）提供正确的产品信息。企业应当为顾客提供正确的产品信息，尊重顾客知悉有关产品和服务真实情况的权利，不弄虚作假欺骗顾客和误导顾客。

（4）提供必要的指导。企业不仅有责任说明产品本身，而且有责任引导顾客正确使用其产品，为顾客着想，降低产品使用成本，提高使用效果。

（5）确保产品和服务的质量和数量。顾客的利益主要体现在所购买产品和服务的数量和质量上。企业有责任向顾客提供计量正确、质量合格的产品和服务。

（6）提供良好的售后服务。企业销售产品包括其售后服务。企业有责任设立专门的售后服务点，听取顾客意见，及时解决顾客在使用产品时遇到的问题和困难，负责退回、调换和修理工作。

4. 企业对合作者和竞争者的责任

（1）与合作者平等相待，互助互利，恪守信用。企业之间通过市场不断扩大分工合作关系，是现代社会化生产发展的要求。忠实履行合作者的责任是实现企业优势互补、取得双赢的必要条件。为此，企业必须与合作方平等相处，恪守商业信用，互相支持，互相帮助，禁止以强凌弱、欺诈、胁迫等不道德行为。

（2）与竞争者公平竞争，反对垄断和不正当竞争。市场经济既是竞争经济，也是法制经济。如果企业竞争中不遵守竞争法规和公认的商业道德，竞争的结果必将是假冒伪劣得逞，先进企业和名牌产品受损，破坏生产力发展和社会精神文明建设。因此，企业在竞争中必须做到：不谋求垄断和限制竞争，不仿冒产品及品牌，不侵犯他人商业秘密，不诋毁竞争对手，不搞商业贿赂，不低价倾销，不串通投标，不作虚假宣传和误导，抵制和揭发不正当竞争，维护健康有序的市场秩序。

5. 企业对投资者的责任

在投资者单一或数量较少的情况下，企业管理者对投资者的责任是企业的经济责任而非社会责任。但随着生产的社会化，投资主体的社会化程度也在不断提高，包括政府的投资和广大股民的投资。因此,现代企业管理者对投资者的责任,也成了企业社会责任的一部分。

投资者是企业最终财产的终极所有者,企业管理者受聘经营企业就必须对投资者负责,施以专业、勤勉的管理,保证向投资者提供公正而又有竞争性的投资回报,保护投资者的财产并使其增值。那种只想从投资者手中获取资金,却不愿或无力给投资者以合理回报的企业管理者,是对投资者的不负责任。

6. 企业对所在社区的责任

企业应密切与所在社区的关系:一方面,为所在社区的居民提供劳动就业机会,增加地方财政资源;另一方面,应关心社区发展,积极参与社区公益活动,尊重社区文化,帮助维护社区公共秩序,在力所能及的条件下支持社区公共设施建设,为增进社区公共福利作贡献。

（二）社会责任与经营业绩

管理案例

> 1982年,因有人做手脚,导致芝加哥7人服用泰诺（Tylenol）死亡,政府要求收回该地区的药。泰诺公司收回全国各地货架3 100万瓶该种药品;把药囊被污染事件告知全国50多万名医生;危机第一周开通顾客免费热线电话;免费调换药剂;与公众开诚布公,及时发布准确信息;董事长出现在媒体回答提问,其他官员接受采访。此次事件虽然导致泰诺损失了5 000万美元,但公众感受到了企业强烈的社会责任感反而对公司越发信赖,公司一年内销量回升。

尽管在社会责任和经营业绩的范围及其度量方面存在一些困难,但是大多数研究及实证表明,组织的社会参与和经营业绩之间有正的相关关系。没有确凿的证据可以表明,公司的社会责任行为会明确损害其长期经营业绩。

担心企业承担社会责任而损失其经营业绩,表面看来有一定道理。其实,企业在力所能及的范围内参与一些社会活动,承担必要的社会责任,既有利于社会,又有利于企业自身。因为企业由此改善了在公众中的形象,得到了广大消费者的认可和赞同,吸引了大量人才。这些收益足以补偿企业参与社会活动所支付的成本。

也有人提出,企业有了利润,才能够广泛参与社会活动,而不是相反。实践中不能否认有这种情况。但是,企业参与社会活动毕竟反过来又会推动企业取得更好的经济效益,由此形成良性循环,这是企业和社会的共同期望。社会责任与经营业绩的正相关性,说明两者并非对立,在多数情况下它们是相互促进的。

本章小结

管理道德是管理者行为准则与规范的总和,是在社会一般道德原则基础上建立起来的职业道德规范体系,它通过规范管理者的行为从而实现调整管理关系的目的,并在管理关系和谐、稳定的前提下进一步实现管理系统的优化,提高管理效益。

管理者的行为是否合乎道德,是管理者个人道德发展阶段与个人特征、结构变量、组织文化和道德问题强度等调节因素之间复杂的相互作用的结果。组织可以采取多种措施来提高员工的道德素质。

企业的社会责任是指企业在承担法律责任和经济责任之外，还应当承担保护和增进社会公共利益与长期利益的义务。

 思考与探究

1. 企业管理中为什么要引入道德观？
2. 影响管理者道德素质的因素有哪些？
3. 可以从哪些方面来促进管理者道德行为的改善？
4. 请说说企业伦理管理的作用。
5. 什么是企业社会责任？有哪两种社会责任观？
6. 企业是否应当承担社会责任？请谈谈你的理由。

 案例分析

案例分析一

浙江工商发布2016年度消费维权典型案例

在3·15国际消费者权益日来临之际，浙江省工商局发布了2016年度消费维权典型案例。据统计，当年，浙江省工商系统共接受消费者投诉举报咨询等诉求总计72.3万件，创历史新高；查处各类侵害消费者权益案件5 309件。

浙江省工商局从中选择具有典型性的案例向社会公布，这些案例涉及：汽车4S店废机油重复使用案、强制推销数字电视案、网店刷信誉虚假交易案、教育培训机构买卖学生个人信息案、高价推销老年保健品案、参展商跑路举办者先行赔付案、钻戒傍名牌案、难以交付的汽车合格证案、房产公司"学区房"违法宣传案、高端婚介名不符实案等。案例均属当前消费投诉的热点难点问题，值得一提的是，很多案例是工商机关通过"诉转案"机制发现案源，运用新消法严查的消费侵权案件。通过案情介绍和点评相结合的方式，以起到公开曝光和消费警示作用。

4S店废机油重复使用——以次充好

2016年10月13日，浙江省金华市市场监管局金华山旅游经济区分局12315消费者投诉中心接到消费者李某投诉，称其于10月13日在浙江金华顺铃汽车销售服务有限公司4S店进行车辆保养时，店内员工将仓库新领出的机油藏起来，将发动机里放出来的废机油再次加到车里面。

经过调查处理，由浙江金华顺铃汽车销售服务有限公司赔偿消费者：1. 给予消费者发动机机油润滑系统延保一年或五万公里（先到为准）；2. 赠送消费者车辆常规保养一年或十次（先到为准）；3. 现金补偿3 000元。同时，金华市市场监管局金华山分局启动"诉转案"机制，对4S店予以立案查处，认定当事人为消费者提供有偿服务时，以次充好，违反《浙江省实施〈中华人民共和国消费者权益保护法〉办法》有关规定，责令其停止违法行为，没收违法所得31 293.15元并处以5 000元罚款，合计罚没36 293.15元，上缴国库。

【案例点评】该案中4S店以次充好的行为属于典型的侵犯消费者权益行为，侵犯了消费者的合法权益，扰乱了正常的市场秩序。通过"诉转案"，不仅维护了消费者的合法权益，同时有效制止了企业的违法行为，做到了消费投诉调解与行政执法有效衔接，有效保护了消费者合法权益。

网店刷信虚假交易——新不正当竞争

2016年4月，浙江省湖州市吴兴区市场监管局执法人员根据线索，发现当事人湖州麻麻爱服饰有限公司、湖州俊博电子商务有限公司、湖州织里贝丝蒂服饰有限公司等三家企业分别在其经营的网店麦迪熊麻麻爱专卖店、阿咔萌特旗舰店、摩卡贝蒂旗舰店中存在以虚构交易的形式，为自己提升商业信誉的行为。

经湖州市吴兴区市场监管局执法人员查明：三家当事人在2016年1—4月期间，通过QQ软件购买刷单服务，雇人进行虚假网络交易，制造虚假交易量和好评，以获取消费者信任感。截至查获之日，三家当事人分别雇人刷单253、280和101笔。三个当事人的上述行为，违反了《网络交易管理办法》、《中华人民共和国反不正当竞争法》的相关条款，属于利用广告或者其他方法，对商品作引人误解的虚假宣传，根据《反不正当竞争法》对当事人分别作出以下行政处罚：责令停止违法行为，消除影响；处罚款人民币30 000元。

【案例点评】该案中当事人在其经营的网店中以虚构交易的形式，为自己提升商业信誉的行为，属网络交易市场典型新颖性不正当竞争行为，误导了消费者的购买意向，扰乱了公平竞争的市场秩序，理应受到法律惩处。

纳思教育买卖学生个人信息被重罚

浙江省宁波市市场监管局执法人员对宁波市海曙区纳思教育科技有限公司的办公场所开展检查，在当事人办公现场发现了记载有学生及学生家长联系电话等信息的文档资料。经查，当事人为增加培训的学生人数，在没有征得学生及学生家长同意的情况下，通过个人等渠道买到含有宁波地区学生姓名、学校、年级、家长姓名、联系电话、家庭住址等内容的详细个人信息，并使用这些信息进行联络，从而增加教育培训业务获得利益。

经宁波市市场监管局执法人员查明，当事人为争取更多的顾客资源，购买他人个人信息，并未经他人同意用于营销，从而获得经济利益。当事人的上述行为属于《中华人民共和国消费者权益保护法》第五十六条第一款第（九）项规定之情形，构成侵犯消费者个人信息得到保护的权利的行为。2016年2月2日被处以责令改正、罚款250 000元的行政处罚。

【案例点评】随着全球范围内大数据产业的全面推进，公民隐私及个人信息保护问题也日益凸显。《消费者权益保护法》规定经营者收集使用消费者个人信息应遵循合法、合理、正当的原则。侵害消费者个人信息权应承担停止侵权、消除影响、赔礼道歉、赔偿损失的民事法律责任。

老年人警惕！——讲座形式的推销

2016年5月3日，浙江省湖州市安吉县市场监管局执法人员在安吉某酒店内查获约有200人参加的"老年健康讲座"，该讲座参加者均为来安吉旅游的中老年旅游团，内容为讲解老年保健知识以及推销西藏某公司生产的梅邦虫草精。经查询，上述梅邦虫草精批准的保健功能为"免疫调节、抗疲劳、抑制肿瘤、调节血脂（降低总胆固醇）"，但是其产品描述为："本品精选西藏纯正冬虫夏草为原料……，本品可增强细胞免疫，体液免疫和巨噬细胞的吞噬功能……，本品还可以降低运动后的血乳酸和血尿素氮含量。"明显将已批准的保健功能作了引人误解的夸大宣传，其行为违反了《中华人民共和国反不正当竞争法》第九条的规定，构成了虚假宣传的行为。

根据《中华人民共和国反不正当竞争法》第二十四条以及《中华人民共和国行政处罚法》第二十三条的规定，安吉县市场监管局执法人员对当事人作出责令改正违法行为，并处以180 000元罚款的行政处罚。

【案例点评】该案中王某销售虫草精时将保健功能作了引人误解的夸大，进行虚假宣传，欺骗中老年人，社会影响恶劣，侵犯了消费者的知情权、公平交易权，误导了消费者的消费意向，扰乱了正常的市场秩序，应当依法予以处罚。

难以交付的汽车合格证——商家要担责

2016年6月27日，消费者呼先生向嘉善县市场监管局12315中心反映，汽车购买了快两个月，因为没有汽车合格证，上不了牌照，向销售汽车的4S店索要汽车合格证，4S店却一拖再拖，导致临牌过期，不能上路，要求12315中心帮助其解决难题。

嘉善县市场监管局执法人员接到投诉后，立即向双方了解情况。原来2016年5月1日，呼先生在嘉善源通汽车销售服务有限公司全款购买了一辆高尔夫，但是买车到现在已经快两个月时间，因为没有拿到合格证，车辆一直挂临牌在行驶，而临牌最多只能领取三张，现在第三张临牌都快到期了，按照有关规定，已经不能再申请临牌上路行驶。嘉善县市场监管局工作人员核实情况后，马上和销售方进行协调，在拨打电话的第二天，呼先生终于在12315的帮助下拿到了合格证。

【案例点评】汽车合格证是机动车整车出厂合格证明，是机动车生产企业印制并随车配发的唯一证明汽车整车合格的法定文件。新车合格证如果没能随新车一起交给消费者，一般情况下是经销商拿到银行作抵押了。如果经销商的经营情况不佳，资金紧缺时，可能不能立刻偿还银行贷款，消费者自然不能及时拿到合格证了。

宣称就读知名小学——房产公司被查

2016年3月21日，杭州市余杭区市场监管局执法人员根据举报，对杭州景航置业有限公司位于杭州余杭区世纪大道与汀兰路交叉口的杭州景瑞·御华府楼盘进行检查，发现当事人在销售广告牌上宣称"子女直接入读天长小学。学区房分两类，一类是购买之后可以直接入读，另一类是在附近，托关系或缴纳费用才可入读，御华府则属于第一类"。

经余杭区市场监管局执法人员核查，该公司的上述行为已违反《房地产广告发布规定》第十八条的规定：房地产广告中不得含有广告主能够为入住者办理户口、就业、升学等事项的承诺。余杭区市场监管局依法对当事人处以下行政处罚：警告，责令改正；罚款8 000元。

【案例点评】该案是典型的房地产广告案件，在现今房地产市场波动较大的背景环境中非常具有代表性，反映了房地产商在推销房产的过程中，为了达到吸引眼球和客源的效果，采取了诸多手段,其中也包括了一些违法违规的方法。由于子女就学问题是不少购房者考虑的一个重要因素,此类问题一旦无法兑现,极易引起群体性投诉,故对此类房地产违法广告的查处,既体现了市场监管部门执法维权的刚性,又促进了房地产业的健康发展。

讨论分析

1. 你认为市场中频频发生上述问题的根本原因是什么?
2. 企业应该如何处理好道德管理与追求利润最大化之间的关系?

案例分析二

销售员的两难境地

有一位销售人员,正在为其所在公司筹备一个展销会。该公司主要生产螺母和螺杆。这位销售人员希望能与正在本地区一条大河上修建一座大桥的建筑商签订一笔大合同。但本公司生产螺杆有3%的缺损率,尽管这在工业使用中还可以接受,但在某些工程项目中却不适合,如那些需要承受巨大压力的项目。

该新桥位于历史上有过最大地震的中心地带,地震曾给该地区造成严重的毁坏,致使大河改道。震中心离大桥所在地仅200英里。地震专家预计近几年,发生里氏7级以上地震的概率有50%。然而在该地区建桥不受地震法规的制约。如果这位销售人员能够赢得这笔生意,除工资以外他将获得25 000美元的佣金。但如果他把螺杆的缺损率告诉合同方,公司就可能失去生意,从而输给螺杆生产质量更好的竞争者。因此,该销售人员处于两难境地。

讨论分析

1. 这位销售人员该如何办?是否该撒谎?撒谎总是错的,还是在某种条件下是可以接受的?
2. 如果你是这位销售人员,碰到上述情况,该如何应对?

第四章 ▶▶▶
管理理论的发展

◇◇◇◇◇◇◇◇◇◇◇◇◇◇◇◇◇◇◇◇◇ **章前导语** ◇◇◇◇◇◇◇◇◇◇◇◇◇◇◇◇◇◇◇◇◇

　　人类进行的管理实践已有几千年的历史。从原始人类的集体狩猎到氏族公社的集体劳作与分配，从早期的战争到国家的出现，从埃及金字塔的建设到中国万里长城的修筑，无一不是管理活动的结晶。管理活动源远流长，从零散的思想到形成一套比较完整的理论，管理经过了一个漫长的历史发展过程。管理科学直到19世纪末20世纪初才逐渐形成，并随着管理实践的发展和社会生产力的提高不断丰富和完善。

◇◇◇◇◇◇◇◇◇◇◇◇◇◇◇◇◇◇◇◇◇ **本章导学** ◇◇◇◇◇◇◇◇◇◇◇◇◇◇◇◇◇◇◇◇◇

学习目标

了解中国古代的管理思想；
了解西方早期管理思想及其代表人物；
了解古典管理理论的主要内容和代表人物；
了解行为科学理论的主要内容和代表人物；
了解现代管理理论的不同流派；
了解现代管理理论的新思潮。

关键术语

科学管理之父　有差别的计件工资制　例外原则　霍桑实验　经济人　社会人　需求层次理论　X-Y理论　现代管理理论丛林　知识管理　企业再造　学习型组织　虚拟组织　体验经济

第一节　中外早期管理思想

一、中国古代的管理思想

中国是世界上历史最悠久的文明古国之一。早在五千年前，中国已经有了人类社会最古老的组织——部落和王国，有了部落的领袖和首领，因而也就有了管理。李冰父子主持修建的集分洪、灌溉、排沙诸功能于一体的都江堰水利工程，秦大将蒙恬"役40万众"建造的万里长城，隋唐人工挖建的京杭大运河等伟大工程，无不凝聚了我们祖先的管理才能和光彩夺目的管理思想。翻开浩瀚的史卷，中国古代关于管理的精彩论述比比皆是。那些经史子集和文学作品如《论语》、《易经》、《老子》、《孙子兵法》、《三十六计》、《资治通鉴》、《史记》、《三国演义》、《西游记》、《水浒》、《菜根谭》、《曾国藩家书》等著作中所包含的管理思想，至今仍备受世界各国管理界的推崇。《孙子兵法》中关于"用兵之道"和"用人之道"的论述，不仅在军事上，而且在管理上也有重要的参考价值，"知己知彼，百战不殆"这样的名句直到今天仍为人津津乐道。儒家思想中的"仁、义、礼、智、信"也成为东方企业文化的精髓。下面简要介绍其中的一小部分。

（一）经济管理思想

孔子主张重义轻利，要"知命"、"安贫"。老子、庄子主张寡欲，对财富要有知足感。孟子认为劳动分工是非常重要的，"且一人之身，而百工之所为备，如必自为而后用之，是率天下而路也"（见《孟子·滕文公上》）。一个人什么事都自己去做，就会疲惫不堪。而通过"通工易事"，以自己之有余以换不足，则大家都受益。进一步地，孟子把劳动分工加以引申，得出"劳心者治人，劳力者治于人"的结论。荀子认为人的需求是无止境的，需要用礼来调节；人类生产要满足群体的欲望，就必须分工；富国必须富民，"下贫则上贫，下富则上富"（见《荀子·富国》）。

（二）运筹与决策思想

我们的祖先很重视运筹与决策，在长期的生产、战争实践中形成了较完整的运筹与决策思想体系。例如，《孙子兵法》中认为，运筹和决策：一要有预见性，"知己知彼"；二要有系统性，要考虑到各方面的因素，上下左右要协调；三要有严密性，建制科学，纪律严明；四要有权威性，令行禁止，军令如山；五要有灵活性，随机应变，用兵如神；六要有科学性，要知天文、识地理、懂民情。

把运筹方法作为处理问题的手段也早已见于我国古代军事、建筑、商业诸领域。"田忌赛马"就是2300年前的孙膑运用运筹思想的生动反映。我们的祖先也很重视决策问题，强调"凡事预则立，不预则废"，主张"三思而行"。三国时期的诸葛亮是一位杰出的政治家和军事家，其《隆中对》就是一个高瞻远瞩、善于分析形势和未来的决策典范。

（三）关于人的心理和行为的思想

我国古代有许多关于人的心理和行为的精辟学说。例如，关于人性，荀况认为"人之性恶，其善者伪也"（见《荀子·性恶》），认为人的本性是恶的，即使有善的行为，那也是人为的。而孟轲则认为"人性之善也，犹水之就下也。人无有不善，水无有不下。今夫水，搏而跃之，可使过颡，激而行之，可使在山。是岂水之性哉？其势则然也。人之可使为不善，其性亦犹是也"

（见《孟子·告子上》），认为人的本性是善良的，就像水向下流一样；人之所以会干坏事，并非出于人的本性，而是由于环境的影响，就像击水能使水跃起、堵水能使它倒流一样。

三国时期的诸葛亮，在《知人性》一文中对人的个性和怎样了解这些个性有过很好的论述：夫人之性，莫难察焉。美恶既殊，情貌不一，有温良而为诈者，有外恭而内欺者，有外勇而内怯者，有尽力而不尽忠者。然知人之道有七焉：一曰，问之以是非而观其志；二曰，穷之以辞辩而观其变；三曰，咨之以计谋而观其识；四曰，告之以祸难而观其勇；五曰，醉之以酒而观其性；六曰，临之以利而观其廉；七曰，期之以事而观其信。

关于人的需求，管仲指出"仓廪实而知礼节，衣食足而知荣辱"（见《管子·牧民》）。关于奖惩，管子认为"赏不可以不厚，禁不可以不重"，"赏薄则民不利，禁轻则邪人不畏"（见《管子·正世》），主张重赏重罚。韩非子也认为"赏莫如厚，使民利之；誉莫如美，使民荣之；诛莫如重，使民畏之；毁莫如恶，使民耻之"（见《韩非子·八经篇》）。

（四）关于领导艺术

古人在很多著作中都有关于领导艺术的研究，例如，《孙子兵法》中说"将能而君不御者胜"（见《孙子·谋攻篇》）。如果将军是有能之人，那么其上级对这个将军的领兵作战就不要多加干预；为保证指挥系统的令行禁止，要"令之以文，齐之以武"（见《孙子·行军篇》），用规章制度和必要的纪律统一步伐等。其中最主要的治国思想是主张顺"道"、重"人"、重"和"、守"信"。所谓顺"道"，是指管理要顺应客观规律；重"人"，是指看重人心向背、人才归离；重"和"即为重视"人和"，孟子认为"天时不如地利，地利不如人和"（见《孟子·公孙丑下》），把"人和"看成是办好一切事情的关键；守"信"即重视"信誉"，管子认为"不行不可复"，"言而不可复者，君不言也；行而不可再者，君不行也。凡言而不可复，行而不可再者，有国者之大禁也"（见《管子·形势》），把守"信"看作是人们之间建立稳定关系的基础，国家兴旺和事业成功的保证。

二、西方早期的管理思想和代表人物

（一）西方早期的管理思想

国外有记载的管理实践和管理思想可以追溯到六千多年前至约三千年前，一些文明古国如古埃及、古巴比伦、古罗马等在组织大型工程的修建、指挥军队作战、管理教会组织和治国施政中都体现出了大量的管理思想。

 管理故事

古埃及人在公元前2575—前2465年建造的金字塔，是世界上最伟大的管理实践之一。其中最大的胡夫金字塔，高143.5米，底边各长230米，共耗用两吨半重的大石块230多万块，动用了10万多人力，费时20年得以建成。巨大的方石如何采集、搬运、堆砌，众多人员如何安排吃、住、行等，都对计划和管理能力提出了很高的要求。现代著名管理学家德鲁克认为，那些负责修建埃及金字塔的人是历史上最优秀的管理者，因为他们当时在时间短、交通工具落后及科学手段缺乏的情况下创造了世界上最伟大的奇迹之一。

公元前2000年左右，古巴比伦国王颁布的《汉谟拉比法典》中，有许多条款都涉及了控制借贷、最低工资、会计和收据等经济管理思想。

罗马天主教会早在2世纪，就按地理区域划分基层组织，并在此基础上采用了高效的职能分工，成功解决了大规模活动的组织问题。

《圣经》中记载了希伯来人进行管理的许多故事。在《旧约全书》的《出埃及记》中体现了管理的公权原则、授权原则和例外管理等管理思想。

古罗马帝国建立了层次分明的中央集权组织，按地理区域划分基层组织，并采用效率很高的职能分工，还在各级组织中配备了参谋人员。古罗马帝国的兴盛反映了组织思想的进一步深化。

15世纪，意大利的著名思想家马基雅维利在他著名的著作《君主论》中阐述了许多管理思想，其中影响最大的是他提出的四项领导原理：（1）群众的认可，领导者的权威来自群众；（2）凝聚力，领导者必须维持并加强组织的凝聚力，否则组织不可能长期存在；（3）生存的意志，领导者必须具备坚强的生存意志力，以免被推翻；（4）领导能力，领导者必须具有崇高的品德和非凡的能力。这些领导原理，与现代管理学尤其是领导科学理论有高度的相关性与一致性。

另外，15世纪世界最大工厂之一的威尼斯兵工厂，当时采用了流水线作业，并建立了早期的成本会计制度，实行了管理分工。工厂的管事、指挥、领班和技术顾问全权管理生产，而工厂的计划、采购、财务事宜由市议会通过一个委员会来负责。这些都体现了现代管理思想的雏形。

（二）西方早期管理的代表人物

18世纪末19世纪初，欧洲逐渐成为世界的中心。英国等一些西欧国家相继进行产业革命。资本主义生产方式在席卷式的革命中压倒了封建制度，随之诞生的新型组织形式——工厂逐渐替代手工作坊。机器大生产和工厂制度的普遍出现，使得人们对管理有了新的认识高度。这一时期的管理思想代表人物主要有以下几位：

1. 亚当·斯密

亚当·斯密（1723—1790），英国古典经济学家和哲学家，他在1776年出版了《国富论》一书，系统地阐述了劳动分工理论及"经济人"观点。

亚当·斯密在分析增进"劳动生产力"的因素时，指出劳动分工能提高劳动生产率。他以工人制造大头针为例，指出，如果一名工人没有受过专门的训练，恐怕一天也难以制造出一枚针来，但如果把制针的程序分为若干专门操作，平均"一日也能成针十二磅（大约48 000枚）"。他认为，分工的益处主要是：（1）劳动分工可以使工人提高劳动熟练程度；（2）劳动分工可以减少由于变换工作而损失的时间；（3）劳动分工可以使劳动简化，使工人更熟悉自己的工作，有利于发现比较方便的工作方法并改进工具。他的上述分析和主张，不仅符合当时生产发展的需要，而且也成为以后企业管理理论中的一条重要原理。

亚当·斯密还提出了"经济人"的观点，认为人的行为动机根源于经济诱因，人都要争取最大的经济利益，工作是为了取得经济报酬。亚当·斯密的分工理论和"经济人"观点，对后来西方管理理论的形成有巨大而深远的影响。

2. 罗伯特·欧文

罗伯特·欧文（1771—1858），19世纪初期英国卓越的空想社会主义者。他早年经营一家大纺织厂,并以在该厂进行了前所未有的试验而闻名于世。他在其管理的工厂中采取了一系列措施,包括:改善工厂的劳动条件;缩短工人的劳动时间;为雇员提供厂内膳食;建立学校;开设夜晚文娱中心等。由于欧文在人的管理方面的实践,后人称之为"人事管理之父"。

3. 查尔斯·巴贝奇

查尔斯·巴贝奇(1792—1871),英国著名的数学家和机械专家,在科学管理方面做了许多开创性工作。他曾用多年时间对英、法等国的一些工厂进行考察研究,于1832年出版了《论机器和制造业的经济》一书。其中对专业分工、作业方法、机器与工具的有效使用和成本记录与核算等问题都进行了深入论述。他发展了亚当·斯密的劳动分工思想,第一次指出脑力劳动和体力劳动一样,也可以进行劳动分工。他还对劳动报酬问题进行研究,提出"固定工资加利润分享"的新型工资制度。

以上这些先驱者尽管从不同角度提出了当时看来新颖先进的管理思想,但并没有形成一种系统的理论体系,当时社会的整个管理活动仍以传统的管理方式为主。

第二节　古典管理理论

一、西方古典管理理论的产生

19世纪末,随着资本主义自由竞争逐渐向垄断过渡,科学技术水平以及生产社会化程度不断提高,西方国家的工业出现了前所未有的变化:工厂制度日益普及,生产规模不断扩大,生产技术更加复杂,生产专业化程度日益提高,劳资关系也随之恶化。在这种情况下,传统的经验管理方法已经不能适应客观上的要求,一些有识之士开始致力于总结经验,进行各种试验研究,并把当时的科技成果应用于企业管理。因此,从19世纪末到20世纪30年代,这一期间所形成的管理理论,被称为"古典管理理论"。古典管理理论的主要代表人物有泰勒、法约尔和韦伯。他们三人分别反映了那个时代在管理理论发展中的三个重要方面,即"科学管理"理论、"一般管理"理论和"行政组织"理论。这些理论成为现代管理学的创始基础,对现代管理思想有很大影响。

二、泰勒与科学管理理论

(一)科学管理理论的产生

科学管理理论由美国的弗雷德里克·泰勒(1856—1915)首先提出,并在他和他的追随者的不断努力下形成一个理论体系。科学管理理论的诞生是管理发展史中的重大事件,是管理走向科学的第一步。正是由于科学管理理论的产生,才能使管理逐渐发展成为一门学科。因此,在很多管理学著作中,泰勒被称为"科学管理之父"。

泰勒在长期的工厂管理实践中逐渐认识到,企业劳动生产率低下与工人"磨洋工"有关。之所以出现工人"磨洋工"的现象,一方面是因为人的天性是懒惰的,另一方面是因为管理的落后。泰勒认为,只有通过科学的管理才能解决工人"磨洋工"的问题,从而提高劳动生产率。

泰勒认为，科学管理也不过是一种节约劳动的手段而已。也就是说，科学管理只是能使工人取得比现在高得多的效率的一种适当的、正确的手段而已。这种手段并不会大量增加比工人现在的负担更大的负担。这就是说，科学管理是使工人不用增加劳动而能增加工效的一种手段。

（二）科学管理理论的主要内容

1. 工作定额

泰勒认为，提高工人劳动生产率的潜力非常大。工人之所以"磨洋工"，是由于雇主和工人对一个人一天究竟能做多少工作心中无数，而且工人工资太低，多劳也不能多得。为了发掘工人的劳动生产潜力，就必须制定出科学的操作方法和有科学依据的"合理的日工作量"。为此，必须进行"时间—动作"的研究。方法是挑选合适且技术熟练的工人，把他们的每一个动作、每一道工序及所使用的时间记录下来，进行分析研究，消除其中多余的不合理的部分，得出最有效的操作方法作为标准。然后，累计完成这些基本动作的时间，加上必要的休息时间和其他延误时间，就可以得到完成这些操作的标准时间，据此制定一个工人的"合理的日工作量"。

2. 标准化

"合理的日工作量"是建立在标准化的前提之下的，因为工人的合理的日工作量是按照在标准化的作业环境之中，使用标准的工具、机器和材料，掌握标准的操作方法制定出来的，如果不合乎这些标准，工人就无法完成日工作量。因此，必须对这些标准做出明确的规定，使一切制度化、标准化和科学化，这就是所谓的标准化原理。

📖 管理故事

1898年，泰勒受雇于伯利恒钢铁公司期间，进行了著名的"搬运生铁试验"和"铁锹试验"。

"搬运生铁试验"得出的是工作定额原理。这一试验是在这家公司的五座高炉的产品搬运班组大约75名工人中进行的。他们把92磅重的生铁搬运30米的距离并装到铁路货车上，每人每天平均搬运12.5吨，日工资1.15美元。泰勒找了一名工人进行了试验，试验搬运的姿势、行走的速度、手放的位置对搬运量的影响以及休息多长时间为好。经过分析确定了装运铁块的最佳方法，并得出57%的时间用于休息，这样能使每个工人日搬运量达到47—48吨（提高了四倍），同时使得工人的日工资提高到1.85美元。

"铁锹试验"是工具标准化的典型事例。当时各公司的铲运工人拿着自家的铁锹上班，这些铁锹各式各样，大小不一。堆料场中有铁矿石、煤粉、焦炭等，每个工人的日工作量为16吨。泰勒经过观察发现，由于物料的密度不一样，每铁锹铲运的重量也不一样。如果是铁矿石，一铁锹有38磅；如果是煤粉，一铁锹只有3.5磅。那么，一铁锹到底负载多少才合适呢？经过反复试验，最后确定一铁锹21磅对工人是最适合的。根据试验的结果，泰勒针对不同的物料设计不同形状和规格的铁锹。以后，工人上班时都不用自带铁锹，而是根据物料情况从公司领取特制的标准铁锹，工作效率大大提高。这一研究的结果是非常杰出的，堆料场的劳动力从400—600人减少为140人，平均每人每天的操作量从16吨提高到59吨，每个工人的日工资从1.15美元提高到1.88美元。

3. 挑选和训练"第一流的工人"

泰勒认为，为了提高劳动生产率，必须挑选第一流的工人，以改变过去由工人自由选择工作的做法。第一流的工人包括两个方面：一方面该工人的能力最适合做这项工作，另一方面该工人又最愿意做这项工作，这样，工人和工作才能实现最佳的结合。因为人的禀赋和才能不同，他们所适合做的工作也不同。只要工作对某个人合适，他就能成为第一流的工人。如身强力壮的人干体力活可能是第一流的，但干精细活就不一定是第一流的；而心灵手巧的女工虽然不能干重活，但干精细活却可能是第一流的。所以要根据人的能力和天赋将他们进行匹配，而且还要对他们进行培训，教会他们科学的工作方法，激励他们尽最大的力量来工作。

4. 实行有差别的计件工资制

泰勒认为，原有的工资制度是不合理的，必须在科学制定劳动定额的前提下，实行刺激性的工资制度。他主张"差别计件工资制"，即根据工人完成定额的不同情况采取不同的工资率。如果工人没有完成定额，就按"低"工资率付给工资，为正常工资率的75%；如果工人超过了定额，就按"高"工资率付给工资，为正常工资率的125%，以此来鼓励工人完成和超过定额。实行差别计件制的前提是制定出科学合理的工作定额或标准。这种工资制度的目的很明确，就是刺激工人的劳动积极性，提高劳动效率。

5. 计划职能和执行职能相分离

为了提高劳动生产率，泰勒主张将计划职能与执行职能分开，即实行专业分工。计划由管理当局设立专门的计划部门来承担，把分散在工人手中的手工艺知识和实践经验集中起来，使之条理化、系统化、标准化，然后由工人执行，而且对工人执行计划的情况进行控制。而工人服从管理当局的命令，从事执行的职能，并且根据执行的情况领取工资。

6. 实行职能工长制

泰勒主张实行职能管理，即把管理工作进行细分，使每一管理者只承担一两种管理职能。例如，工长对工人的管理，泰勒提出一种"职能工长制"，即将管理工作予以细分，一个工长只承担一项管理职能，每个工长在其业务范围内有权监督和指导工人的工作。

7. 例外原则

泰勒认为，规模较大的企业组织及其管理，需要运用例外原则，即企业的高层管理人员为了减轻处理纷繁事务的负担，把例行的一般日常事务授权给下级管理人员去处理，自己只保留对例外事项（重大事项）的决策权和监督权。"例外原则"对于帮助经理人员摆脱日常具体事务，以集中精力对重大问题进行决策监督是必要而有利的。

8. 劳资双方的"精神革命"

泰勒认为，雇主和工人两方面都必须来一次"精神革命"，认识到提高效率对双方都是有利的。双方应把原来的相互对立变为互相协作，共同为提高劳动生产率而努力。双方应把注意力从过去注意剩余的分配转移到如何增加剩余上来。

（三）科学管理理论的评价

泰勒的管理理论使企业管理掀起了一场声势浩大的革命，开创了科学管理的新阶段。从此，企业管理从只凭经验管理走上了科学管理的道路。泰勒科学管理原理的诞生是人类社会发展史上的重大事件，其意义绝不亚于蒸汽机的发明所导致的工业革命。它不仅为当时的资本主义发展作出了巨大贡献，而且也对当代乃至未来的经济发展产生重大而深远的影响。现代管理学家德鲁克评价说：泰勒的发现是一个转折点，在泰勒以前人们认为取得更多产出的唯一途径是增加劳动强度和劳动时间，但是泰勒发现，要取得更多产出的方法是工作得更聪明一些，也就是更具有生产力。他发现使工作具有生产力的责任不在于工人，而在于管理人员。

这一时期，对科学管理作出贡献的还有另一些人，如吉尔布雷斯夫妇创立的动作研究；甘特发明的用于制订生产作业计划和控制计划执行的"甘特图"；福特创立的汽车工业的流水线生产，促进了生产组织工作的进一步标准化，并为生产自动化创造了条件。

但是，泰勒的科学管理也不是完美无缺的。这一时期泰勒等人所研究的科学管理，以工厂内部的生产管理为重点，以提高生产效率为中心，主要研究和解决生产组织方法的科学化和生产程序的标准化问题，没有超出车间管理的范围。受到历史条件和个人经历的限制，泰勒的科学管理也存在诸多缺陷：如他把人仍看成是单纯的"经济人"，认为人的一切活动都出于经济动机；只重视技术的因素，不重视人的行为；只注重解决作业效率，而不注重研究整体效率等。

三、法约尔与一般管理理论

与科学管理理论不同，法约尔的一般管理理论以组织的整体利益为研究对象。他的代表作《工业管理与一般管理》于1916年出版，这本著作是法约尔一生的管理经验和管理思想的总结。法约尔在管理学上的贡献，主要是把企业经营划分为六类不同的活动，提出了管理的五大职能和管理的14项原则，从而确立了管理普遍性的概念和一个全面的管理理念。

法约尔的管理理论主要体现在三个方面：

（一）明确区分经营和管理

通过对企业经营活动的长期观察和总结，法约尔提出，所有工业企业的经营都包括技术、商业、财务、安全、会计及管理六大类基本活动，管理只是经营六项活动中的一项活动。在经营的六项基本活动中，管理活动处于核心地位，不但企业本身需要管理，而且其他五项活动也需要管理。各种人员应按照他在管理等级中所处的地位和所承担的活动具备相应的能力，这些能力由于职位高低和企业规模大小的不同而各有所侧重。

（二）管理的五大职能

法约尔指出，管理是一种普遍存在于各种组织的活动，这种活动对应着计划、组织、指挥、协调和控制等五种职能，并对这五大职能进行了详细的分析和讨论。

计划：对有关事件进行预测，并以预测结果为根据，拟订出一项工作方案。

组织：为各项劳动、材料、人员等资源提供一种结构。

指挥：使组织为达成目标而行动的领导艺术。

协调：联结、调和所有的活动和力量，使组织的各个部门保持一致。

控制：根据实际执行情况对计划和指示进行检查，保证计划得以实现。

（三）管理的一般原则

法约尔在《工业管理与一般管理》中提出了14项原则：

1. 分工

通过专业化分工使人们的工作更有效率。

2. 权力与责任

法约尔认为，权力即"下达命令的权力和强迫别人服从的力量"。他特别强调权力与责任的统一，凡是行使职权的地方，就应当承担相应的责任。

3. 纪律

用统一、良好的纪律来规范人们的行为可以提高组织的有效性,人们必须遵守和尊重组织的规则,违反规则的行为应受到惩罚。

4. 统一指挥

每一个下属应当只接收来自一位上级的命令。

5. 统一领导

围绕同一目标的所有活动,只能有一位管理者和一个计划,多头领导将造成管理的混乱。

6. 个人利益服从整体利益

任何个人或小群体的利益,不应当置于组织的整体利益之上。当两者不一致时,主管人员必须想办法使他们一致起来。

7. 报酬要公平

报酬与支付方式要公平合理,对工作成绩和工作效率优良者给予奖励,但奖励应有一个限度,尽可能使职工和公司双方都满意。

8. 集权

集权与分权反映的是下属参与决策的程度。集权的程度应视管理人员的个性、道德品质、下级人员的可靠性以及企业的规模、条件等情况而定。

9. 等级链

从组织的最高层管理到最低层管理之间应建立关系明确的职权等级系列,它是组织内部权力等级的顺序和信息传递的途径。但当组织的等级太多时,会影响信息的传递速度,此时同一层级的人员在有关上级同意的情况下可以通过“跳板”(“法约尔桥”)进行信息的横向交流,以便及时沟通信息,快速解决问题。

10. 秩序

秩序包括“人”的秩序和“物”的秩序,要求每个人和每一物品都处在恰当的位置上。管理人员首先要了解每个工作岗位的性质和内容,使每个工作岗位都有称职的职工,每个职工都有适合的岗位;同时还要有条不紊地精心安排物资、设备的合适位置。

11. 公平

管理者应当公平善意地对待下属。

12. 人员稳定

人员的高流动率会导致组织的低效率,为此,管理者应当制订周密的人事计划,当发生人员流动时,要保证有合适的人接替空缺的职务。

13. 首创精神

首创精神指人们在工作中的主动性和积极性。当组织允许人们发起和实施他们的计划时,将会调动他们的极大热情。

14. 团体精神

提倡团体精神,在组织中建立起和谐、团结、协作的氛围。职工的融洽、团结可以使企业产生巨大的力量。

法约尔强调,这些原则不是死板的概念,而是灵活的,是可以适应于一切需要的,关键是要懂得如何根据不同的情况灵活运用。

法约尔的一般管理理论对管理科学的形成与发展作出了重要贡献,主要体现在以下三个方面:

第一，提出了"管理"的普遍性。法约尔不再把管理局限于某一个特定的范围内，即不是仅看成是某一类组织的活动，而是认为所有的组织都需要实行管理。同时，他把管理活动从经营中单独列出来，作为一个独立的功能和研究项目。这种对管理"普遍性"的认识和实践，在当时是一个重大的发现。

第二，提出了更具一般性的管理理论。由于泰勒是以工厂管理这一具体对象为出发点的，因此，泰勒的科学管理理论非常富有实践性，但缺乏一般的理论性。与泰勒的科学管理理论相比较，法约尔的管理理论是概括性的，所涉及的是带有普遍性的管理理论问题，其形式和对象均是在极其普遍的条件下得出的有关管理的一般理论，所以更具理论性和一般性。

第三，为管理过程学派奠定了理论基础。法约尔的主张和术语在现代的管理文献中使用得很普遍，这说明一般管理理论对现代管理理论有重要的影响。他所开创的一般管理理论，后来成为管理过程学派的理论基础。

四、马克斯·韦伯与行政组织理论

行政组织理论是科学管理的一个重要组成部分，它强调组织活动要通过职务或职位而不是个人或世袭地位来设计和运作。这一理论的创始者是德国社会学家马克斯·韦伯（1864—1920），他从社会学的研究中提出了所谓"理想的"行政组织，被后人称为"组织理论之父"。

韦伯认为，权力是任何一个组织存在的前提和基础，如果没有某种形式的权力来指导组织，组织就无法实现其目标。权力能消除混乱，带来秩序。韦伯把支撑组织存在的权力分为三种：

一是合理合法的权力。这是一种按职位等级合理地分配，经规章制度明确规定，并由能胜任其职责的人依靠合法手段而行使的权力。

二是"世袭"的权力。这是一种由于个人占据着特殊职位而产生的权力。

三是"神授"的权力。这是一种由于信徒对某个人的信任和信仰而产生的权力。

在韦伯看来，理想的行政组织应当以合理合法的权力为基础。因为合理的权力表明，管理人员的权力是按照其完成任务的能力分配的；管理人员具有行使权力的法律手段；合理合法的权力都有明确的规定。相比之下，"世袭"的权力将不那么有效，因为组织的领导人不是根据其能力挑选出来的，而且还会采取行动来维护过去的传统。同样，"神授"的权力太感情用事和太不合理了，因为它回避规章制度和程序。

韦伯研究的重点是大型组织和大规模企业的管理问题。他认为，越是庞大的社会经济组织，越需要严密精细的管理。而对大型组织进行严密精细管理的关键在于建立一种理想的行政组织。这种组织具有分工明确、等级清晰、规章制度详尽等特征。在韦伯看来，运用这种理想的行政组织模式，就可以实现小规模企业向大规模企业管理的过渡。

韦伯提出的理想的行政组织模式如下：

（1）明确的分工：每个职位的权力和义务都应有明确的规定，人员按职业专业化进行分工。

（2）清晰的等级关系：各种职位均按权力等级组织起来，形成一个指挥链或自上而下的等级系统。

（3）人员的任用：人员任用应通过正式选拔，按照职务的要求，通过考试和教育训练来实行。

（4）职业导向：组织中的管理人员是专业的公职人员，而不是该组织的所有者。这些管理人员有固定的薪水和明文规定的升迁考核制度。

（5）正式的规则和纪律：管理人员必须严格遵守组织中规定的规则和纪律，明确办事的程序。

（6）非人格化：组织中成员之间的关系以理性准则为指导，只受职位关系而不受个人情感的影响。这种公正不倚的态度，不仅适用于组织内部，而且也适用于组织与外界的关系。

韦伯的行政组织理论是对泰勒和法约尔的理论的一种补充，对后来的管理学家，特别是组织理论家产生了很大的影响。

五、古典管理理论评析

（一）古典管理理论的特点

1. 以提高生产效率为主要目标

泰勒等人从事的一系列企业管理科学研究，都是以提高生产效率为目标的。

2. 以科学求实的态度进行调查研究

科学管理这一名称本身就蕴含了泰勒等人对企业管理问题研究的科学求实的精神。为了提高劳动生产率，泰勒等人运用科学方法对生产方法的改进做了长时间的、大量的调查研究。例如泰勒进行了著名的"铁块搬运试验"、"金属切削试验"，吉尔布雷斯对砌砖工人动作与效率的关系进行了大量的调查研究。

3. 强调以物质利益为中心，重视个人积极性的发挥

泰勒认为，生产效率的提高主要取决于工人个人积极性的发挥，而物质利益则是刺激工人劳动积极性的唯一有效手段。

4. 强调规章制度的作用

泰勒等人在企业管理实践中，通过大量调查研究总结出一套科学管理的方法，如职能分工、劳动定额、操作规程、作业标准化、计件工资等，并主张把科学管理的措施形成企业规章制度，以约束工人在生产经营活动中的行为，并区别表现的好坏，给予一定的奖励；强调组织中上下级的关系必须遵从规章制度，把规章制度作为企业组织重要的管理工具。可见，在企业管理工作中，应当重视规章制度对职工行为的约束功能和导向功能。

（二）古典管理理论的贡献与局限性

1. 古典管理理论的贡献

古典管理理论家们建立了管理研究和实践的科学基础。他们把提高组织效率作为研究的目标，把科学的方法运用到管理活动和管理过程中，使管理学成为一个独立的研究领域，使管理活动能够在科学的基础上进行，从而使管理者能够管理大型的复杂的组织。

2. 古典管理理论的局限性

无论是泰勒的科学管理理论，还是法约尔的组织管理理论以及韦伯的行政组织理论，虽然他们研究的侧重点各不相同，但他们却有两个共同的特点：一是把人看成"经济人"，认为人的一切行为都是为了获得物质利益，忽视对人的需要及行为的研究，基本上是一种见物不见人的管理；二是着重研究组织内部的管理问题，没有涉及组织与外部环境的联系，属于一种封闭系统的管理。

第三节　人际关系与行为科学理论

一、行为科学理论的产生

行为科学的产生是生产力和社会矛盾发展到一定阶段的必然结果，也是管理思想发展的必然结果。科学管理理论尽管在提高劳动生产率方面取得了显著的成效，但由于它片面强调对人进行严格的控制和动作的规范，在管理中，把人当作机器的附属品，不是人在使用机器，而是机器在使用人，这就激起了工人的强烈不满。到了20世纪20年代前后，一方面，随着工人的日益觉醒，工人与企业主之间的矛盾越来越大；另一方面，随着工人收入水平的不断提高，金钱刺激的作用也开始下降。在这种情况下，科学管理已难以适应新的形势的要求，需要有新的管理理论和方法来进一步调动工人的积极性，从而提高劳动生产率。于是，一些学者开始从生理学、心理学、社会学等方面研究组织中有关人的问题，如人的工作动机、情绪、行为与工作之间的关系等，由此导致了行为管理理论的产生。

行为管理理论始于20世纪20年代，早期被称为人际关系学说，以后发展为行为科学。一般认为，行为管理理论产生的标志是著名的霍桑实验以及梅奥的人际关系学说。

二、霍桑实验与人际关系理论

人际关系理论建立在霍桑实验的基础上，而霍桑实验又因为有了梅奥等人的参加而得以成功地进行。

（一）霍桑实验

工作的物质环境和职工福利的好坏，同工人的劳动生产率有没有明显的因果关系？ 1924年，美国科学院派调查委员会到芝加哥西部电气公司下属的霍桑工厂，对两个继电器装配小组的女工进行工作场所照明、工间休息、点心供应等物质条件的变化与工人生产率之间的关系进行了实验研究，这就是"霍桑实验"。但因为研究缺乏专业人员的指导，实验没有取得什么进展。从1927年起，以梅奥教授为首的一批哈佛大学心理学工作者将实验工作接管下来，继续进行，直到1932年结束。霍桑实验共分四个阶段。

1. 照明实验（1924—1927）

照明实验以泰勒科学管理为指导思想，研究照明情况对生产效率的影响。专家们选择了两个工作小组：一个为实验组，变换工作场所的照明强度，使工人在不同光照度下工作；另一个为对照组，工人在照明强度不变的条件下工作。两个小组被要求一切工作按照平时那样进行，不需做任何额外的努力。实验组的光照度不断变化，而对照组的光照度始终不变。但最终的实验结果出人意料，两个小组的产量并没有因工作条件的变化而有较大的差异。而且，对实验组来说，当工程师把工作场所的光照度一再降低时，工人的生产率并没有按预期的那样下降。实验表明：影响生产率的不是物质条件的变化，而是其他方面的因素——心理因素和社会因素。

2. 观察实验（1927—1928）

为了测定工作条件、工作日长度、休息时间的次数与长度，以及有关物质环境的其他因素对生产率的影响，梅奥等人对六个装配电话的女工进行了一系列的观察研究。研究人员担任管理者，他们力图创造一种"更为自由愉快的工作环境"，这些管理者改变了传统的严格命令和控制的方法，就各种项目的实验向工人提出建议，征询意见。随着研究工作的进行，他们发现，不管物质条件、休息时间、计件方法等有多大变化，生产率仍然提高。这说明研究人员的出现影响了实验结果，因为工人们可以自由发表意见，得到关心的工作环境使工人感觉自己受到重视，士气和工作态度也随之改善，喜欢成为被关注和被研究的对象，他们乐于与研究人员合作，精神状态得到巨大的改变。于是研究人员决定进一步研究工人的工作态度和可能影响工人工作态度的其他因素。

3. 访谈实验（1928—1931）

研究人员在上述实验的基础上进一步在全公司范围内进行访问和调查，访问调查达2万多人次。他们最初设想，如果工人的态度取决于他们对工作环境的喜爱或厌恶，那么改善环境就能提高他们的满意度或激发积极性。因此，研究者原先访谈的内容，大多是有关管理方面的，如询问职工对管理条例或规章制度的看法等。在执行访谈计划的过程中，研究人员发现，职工对这类设计好的问题并不感兴趣，而更愿意宣泄他们对工厂的各项管理制度和方法的不满。谈话使工人把这些不满都发泄了出来，因而变得心情舒畅。结果，虽然劳动和工作条件并没有提高，但是工人普遍感到自己的处境比以前好多了，工作上的后顾之忧也少了，情绪得到了较好的调节，从而使产量大幅度上升。实验发现，需要对管理人员进行训练，使他们能够倾听并理解工人的想法，能够重视人的因素，这样才能促进人际关系的改善、工人士气的提高以及产量的增加。

4. 群体实验（1931—1932）

梅奥等人在这个实验中选择14名男工人在单独的房间里从事绕线圈、焊接和检验工作，对这个班组实行特殊的工人计件工资制度。研究人员原来设想，实行这套奖励办法会使工人更加努力工作，以便得到更多的报酬。但观察的结果发现，产量只保持在中等水平，每个工人的日产量平均都差不多，而且工人并不如实地报告产量。研究小组发现，该工作室大部分成员都故意自行限制产量，自己确定非正式标准。工人们一旦完成了自己认定的标准以后，即使还有时间和精力，他们也会自动停工或上报他们认为的"合理工作量"。他们认为，如果生产得太多，工厂可能会提高工作定额，这样就有可能使工作速度慢的人吃亏甚至失业。但是如果生产得太少，又会引起监工的不满。深入调查发现，这个班组为了维护他们的群体利益，自发地形成了一些规范。他们约定，谁也不能干得太多突出自己，谁也不能干得太少影响全组的产量，并且约法三章，不准向管理当局告密，如有人违反这些规定，轻则受到挖苦谩骂，重则遭到拳打脚踢。进一步调查发现，工人们之所以维持中等水平的产量，是担心产量提高，管理当局会改变现行奖励制度，或裁减人员，使部分工人失业，或者会使干得慢的伙伴受到惩罚。梅奥据此提出"非正式群体"的概念，认为在正式组织中，存在着一些自发形成的非正式群体，他们具有既定的行为准则，对人们的行为起着调节和控制作用。

霍桑实验的结论：改变工作条件和劳动效率没有直接关系；提高生产效率的决定因素是员工情绪，而不是工作条件；关心员工的情感和改善员工的不满情绪，有助于提高劳动生产率。

（二）人际关系理论

通过霍桑实验，梅奥等人提出了人际关系理论，其主要论点如下：

1. 人是"社会人"，而非"经济人"

梅奥等人认为在古典管理理论中将人视为"经济人"，即认为金钱是刺激人的唯一动力的假设是不对的,工作条件和环境以及工资的支付方式等都不是影响产量的主要原因。梅奥等人提出了与"经济人"观点不同的"社会人"观点。其要点是:人重要的是同别人合作,个人是为保护其集团的地位而行动,人的思想行为更多的是由感情来引导。工作条件和工资报酬并不是影响劳动生产率的唯一原因。对职工的新的激励重点必须放在社会、心理方面,以使他们之间更好地合作并提高生产率。

2. 发现并证实了"非正式组织"的存在

所谓"正式组织"是指为了有效地实现组织的目标,规定组织各成员之间相互关系和职责范围的一定组织体系,其中包括组织结构、组织目标和规章制度等。而"非正式组织"是建立在梅奥等人的人是"社会人"观点基础之上的,他们认为由于人是社会动物,所以在相互交往中会自发地形成一种共同的感情、倾向,进而构成一个无形的体系,这就是所谓的"非正式组织"。霍桑实验的结果表明,非正式组织对人起着两种作用:首先,它保护工人免受内部成员忽视所造成的损失,如生产得过多或过少;其次,它保护工人免受外部管理人员的干涉所造成的损失,如降低工资或提高产量标准。至于非正式组织形成的原因,并不完全取决于经济发展情况,而是同更大的社会组织有联系。不能把这种在正式组织中形成的非正式组织看成是一种坏事,而必须看到它是必需的。它同正式组织相互依存,并对生产率的提高有很大影响。

3. 生产效率主要取决于员工的工作态度和人们的相互关系

泰勒认为生产效率主要取决于工作方法、条件和工资制度等,因此,只要采用恰当的工资制度、改善工作条件、制定科学的工作方法就能提高生产效率。梅奥则认为,在决定劳动生产率的诸因素中,置于首位的因素是工人的满意度,而生产条件、工资报酬只是第二位的。员工的满意度越高,其士气就越高,从而生产效率就越高。高的满意度来源于工人个人需求的有效满足,不仅包括物质需求,还包括精神需求。因此,新的领导能力在于提高工人的满意度。也就是说,管理者不仅要具有解决技术、经济问题的能力,而且还要具有与被管理者建立良好的人际关系的能力。管理者应力求了解员工行为产生的原因,认识到满足员工各种需求的重要性;要改变传统的领导方式,使员工有机会参与管理,建立和谐的人际关系。

（三）人际关系理论的评价

在人际关系理论中,强调个人行为、组织行为对组织成败的重要作用;强调不仅要注意工作的物质环境,而且要更多地关心工作的社会环境,从而引起对"人"的重视,促进对组织中人的行为的一系列研究。这些都极大地推动了行为科学管理理论的发展。在此之后,从事行为科学管理理论研究的学者大量出现,其中包括社会学家、心理学家、人类学家和经济学家等,从而使行为科学管理理论进入了蓬勃发展的阶段。

人际关系理论创立以后曾遭到不少人的反对。古典管理理论的"经济人"观点过于简单,而人际关系理论的"社会人"观点也同样过于简单。它过分强调人受感情逻辑的影响;过分强调非正式组织对个人行为的决定性影响;过分强调人的社会因素而轻视经济因素等。虽然如此,人际关系理论运用多学科的理论真正地开始了对"人的行为"的研究,这不仅为行为科学管理理论的发展奠定了基础,而且为管理理论开创了一个崭新的领域。

三、行为科学理论的发展

20世纪40年代以来,随着人际关系理论的产生,人际关系运动便在实践界和理论界得到了蓬勃发展,致力于人的因素的研究成果也不断涌现。1949年,一批哲学家、社会学家、心理学家、生物学家、精神病学家等,在美国芝加哥大学研究讨论有关组织中人的行为的理论,并将这种研究人的行为的理论正式定名为行为科学。

行为科学理论主要集中在以下四个领域:对个体行为的研究——人的需要、动机和激励等要素;对人性假设理论的研究;对团体行为的研究;对领导行为的研究。行为科学理论具有以下特点:一是行为科学的研究重点是人的行为和动机,其主要目的都在于调动人的积极性和创造性;二是行为科学理论的研究方法具有科学性;三是行为科学的理论基础是:管理就是通过别人来做工作,管理实际上是行为科学的运用。

下面介绍最具代表性的马斯洛的需求层次理论、赫茨伯格的双因素理论、麦格雷戈的X-Y理论。

(一)马斯洛的需求层次理论

美国心理学家和行为科学家亚伯拉罕·马斯洛(1908—1970),1943年在其所著的《人类动机的理论》一书中提出了"需求层次理论"。这一理论多年来广为流传,并且成为行为科学管理理论中揭示需求规律的主要理论。

马斯洛的需求层次理论有两个基本论点:

1. 人是有需求的动物,其需求取决于他已经得到了什么,还缺少什么。只有尚未满足的需求能够影响行为。

2. 人的需求都有轻重层次,某一层次需求得到满足之后,另一层次需求才出现。马斯洛认为,在特定点时刻,人的一切需求如果都未能得到满足,那么满足最主要的需求就比满足其他需求更迫切。

马斯洛把人的各种需求归纳为生理需求,安全、保障需求,社交、归属需求,尊重需求,自我实现需求五大类,并且按其重要性和先后次序排列成一定等级。

马斯洛的需求层次理论对激励工人的主动性和创造性、提高劳动生产率具有重要的促进作用。该理论一经提出,便得到了人们的广泛关注和认同。但是,马斯洛的需求层次理论也有一定的局限性,如他只是揭示了需求、动机与行为之间的相互关系,并没有提出激励人们行为的具体方法;对人的需求层次也仅是做了一种机械性的排列,并没有考虑其多样性等。

(二)赫茨伯格的双因素理论

美国心理学家弗里德里克·赫茨伯格(1923—2000)在广泛调查的基础上,在1959年出版的《工作的激励因素》以及1966年出版的《工作与人性》两书中,提出了"激励因素—保健因素理论",也称为双因素理论。他认为,影响人们积极性的因素有两类:一类是与工作性质或工作内容有关的因素,称为激励因素;另一类是与工作环境或工作关系有关的因素,称为保健因素。

激励因素包括六个方面的内容:工作上的成就感、职务上的责任感、工作自身的性质、个人发展的前景、个人被认可与重用、提职与升迁。

保健因素包括十个方面的内容:公司的政策与行政管理、技术监督系统、与监督者个人的关系、与上级的关系、与下级的关系、工作的安全性、工作环境、薪金、人的生活、地位。

激励因素以工作为中心,具有调动积极性的功能;保健因素与工作以外的环境相关联,具有增强满意感的功能。当激励因素具备时,会对人产生很大的激励作用,使人的积极性提高;当激励因素缺乏时,人的积极性就会下降,但不一定产生不满意感。当保健因素具备时,会使人产生满意感,但不一定能调动其积极性;当保健因素缺乏时,则会使人产生很大的不满意感。

由此看出,在影响人的行为的两类因素中,不管是激励因素还是保健因素,缺少其中的任何一个,都会对工作及人的行为产生不利的影响,要么积极性低下,要么不满意感增加。只有当激励因素和保健因素同时具备时,才能既调动积极性又增强满意感,才能使人们积极主动且又心情愉快地投入工作之中。

(三)麦格雷戈的X-Y理论

美国心理学家麦格雷戈(1906—1964)在他1957年出版的《企业的人性面》一书中,首次提出了"X-Y理论"。

1. X理论

麦格雷戈把传统管理对人的"经济人"假定叫做"X理论",其要点如下:人的本性是坏的,一般人都有好逸恶劳、尽可能逃避工作的特性;由于人有厌恶工作的特性,因此对大多数人来说,仅用奖赏的办法不足以战胜其厌恶工作的倾向,必须进行强制、监督、指挥,并进行惩罚和威胁,才能使他们付出足够的努力去完成给定的工作目标;一般人都胸无大志,通常满足于平平稳稳地完成工作,而不喜欢具有"压迫感"的创造性的困难工作。

2. Y理论

与X理论相反的是Y理论。麦格雷戈认为,Y理论是较为传统的X理论的合理替换物。Y理论的主要观点是:人们并不是懒惰的,他们对工作的喜欢和憎恶决定于这一工作对他是一种满足还是一种惩罚;在正常情况下人愿意承担责任;人们都热衷于发挥自己的才能和创造性。

行为科学家认为,Y理论是对于人的乐观主义看法,而这种乐观主义的看法是争取工人的协作和热情支持所必需的。但是,奉行X理论的管理人员对此表示不同意见。有人指出,Y理论有些过于理想化了。所谓自我指导和自我控制,并非人人都能做到。人固然不能说生来就是懒惰而不愿负责任的,但在实际生活中的确有些人是这样而且坚决不愿改变。对于这一些人,采用Y理论进行管理,难免会失败。同样,对于那些能够做到自我指导和自我控制的人来说,X理论也未必奏效。

X理论和Y理论,究竟哪个更好呢?要视具体情况而定,这两种理论都有存在的理由。这一点,已被后来的美国管理学家约翰·莫尔斯提出的"超Y理论"所证实。莫尔斯认为,X理论并非全错,Y理论也并非全对,实施管理方式要根据管理对象的性质和特点进行选择,有些管理对象适合使用X理论,而有些对象则适合使用Y理论。一般说来,文化素质较低的人,适合采用X理论的管理方式,文化素质较高的人,则适合采用Y理论的管理方式。

第四节　现代管理理论丛林

第二次世界大战以后,管理学研究掀起了热潮,许多学者提出了新的管理理论和学说,形成了各种不同的流派。1961年12月,美国管理学家哈罗德·孔茨发表了名为《管理理论的丛林》的文章,将当时管理理论的各个流派称为"管理理论丛林"。然而,过了20多年,这个"丛林"似乎越来越茂密了。据孔茨的研究,至20世纪80年代,有代表性的管理理论学派至少有11个之多,为此孔茨又写出一篇名为《再论管理理论丛林》的论文,在该文中他概要地叙述并分析了这11个学派。

一、主要管理学派理论介绍

（一）管理过程学派

管理过程学派又称作业学派。该学派早期的代表人物是亨利·法约尔，后来的主要代表人物是美国管理学家孔茨和奥唐奈。由于该学派的特点是把管理理论与管理人员从事工作的过程联系起来，所以称为管理过程学派。该学派认为，不论组织的性质如何，所处的环境如何，管理人员的职能都是相同的。因此，该学派首先研究的是管理职能，并将这些职能作为管理理论的基础，如法约尔把管理划分为计划、组织、指挥、协调、控制五项职能。之后，各管理学家对管理职能的划分虽不完全一致，但也大同小异。孔茨与奥唐奈把管理解释为"通过别人使事情做成的职能"。管理人员的职能有计划、组织、人事、指挥、控制五项，并按此来分析研究管理理论。管理过程学派认为，一切最新的管理思想都能纳入上述结构中去。管理理论就是围绕这样的结构，把通过长期的管理实践积累起来的经验、知识综合起来，提炼出管理的基本原则。这些原则对于改进管理实践是有明显的价值的。同时，孔茨等人还认为，管理理论要吸收社会学、经济学、生理学、心理学、物理学和其他科学技术和知识，它们是与管理工作有关的。

（二）社会系统学派

社会系统学派认为，人的相互关系就是一个社会系统，它是人们在意见、力量、愿望以及思想等方面的一种合作关系。管理人员的作用要围绕着物质的、生物的和社会的因素去适应总的合作系统。社会系统学派最早的代表人物是美国的巴纳德。巴纳德的主要贡献有如下几点：

1. 提出了社会的各种组织都是一个协作系统的观点。他认为，组织的产生是人们协作愿望导致的结果。个人办不到的许多事，人们通过协作就可办到。

2. 分析了正式组织存在的三种要素，即成员协作的意愿、组织的共同目标及组织内的信息交流。

3. 提出了权威接受理论。过去的学者是从上到下解释权威的，认为权威都是建立在等级系列组织地位基础上。而巴纳德则是从下到上解释权威，认为权威的存在必须以下级的接受为前提。至于怎样才能接受，需具备一定的条件。

4. 对经理的职能进行了新的概括。经理应主要作为一个信息交流系统的联系中心，并致力于实现协作努力工作。

（三）决策理论学派

决策理论学派是以统计学、系统论和行为科学为基础发展起来的一种现代管理理论。它强调决策和决策者在管理中的作用，认为决策贯穿于管理的整个过程，一旦决策失误，企业的生产效率越高，造成的损失也就越大。因此，企业必须采用一套制定决策的新技术，以实现决策的科学化，减少决策失误。该学派的主要代表人物是美国的西蒙。决策理论的主要观点如下：

1. 强调了决策的重要性。该理论认为，管理的全过程就是一个完整的决策过程，即决策贯穿于管理的全过程，管理就是决策。

2. 分析了决策过程中的组织影响。上级不是代替下级决策，而是提供给下级决策前提，包括价值前提和事实前提，使之贯彻组织意图。价值前提是对行动进行判断的标准，而事实前提是对能够观察的环境及环境作用方式的说明。

3. 提出了决策应遵循的准则。主张用"令人满意的准则"去代替传统的"最优化原则"。

4. 分析了决策的条件。管理者决策时，必须利用并凭借组织的作用，尽量创造条件，以解决知识的不全面性、价值体系的不稳定性及竞争中环境的变化性问题。

5. 归纳了决策的类型和过程。把决策分成程序化决策和非程序化决策两类。

（四）权变管理理论学派

权变管理理论是20世纪70年代在美国形成的一种管理理论。该理论认为，世界上不存在最好的、能适应一切情况的、一成不变的管理理论、方法和模式，每一种管理理论和方法的提出都有其具体的适应性。这就意味着，管理者在管理实践中，要根据所处的内外部环境条件和形势的发展变化而随机应变，依据不同的具体情况寻求最适宜的管理方法和模式。美国尼勃拉斯加大学教授卢桑斯在1976年出版的《管理导论：一种权变学》一书中系统地概括了权变管理理论。其主要观点如下：

1. 权变管理把环境对管理的作用具体化，并使管理理论与管理实践紧密地联系起来。

2. 在某种环境条件下，要采用与之适宜的管理原理、方法和技术，这将有利于组织目标的实现。

3. 环境变量与管理变量之间的函数关系是权变关系，这是权变管理理论的核心内容。

权变管理理论的最大特点：一是把组织看作社会系统中的分系统，要求组织各方面的活动都要适应外部环境的变化；二是强调根据不同的具体条件，采取相应的组织结构、领导方式、管理机制。

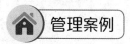 管理案例

> 在一般管理工作中，条例总是规定迟到、早退都应受到处罚，可是在上海有一家企业却规定工人上班迟到30分钟以内不作任何处罚，而早退则要重罚。这是为什么呢？
>
> 该厂领导认为，工人早晨上班时要受到各种环境的影响，尤其是交通的拥挤是造成工人上班迟到的直接原因，特别是路途较远的职工，常常提前一两个小时从家里出发，可还不能保证按时到厂。如果迟到一会儿就要受罚，肯定会影响他们的情绪。这样的规定，使工人体会到领导的关心，事实上不但没有出现人人迟到、天天迟到的现象，而且生产积极性还有了一定程度的提高。

（五）经验学派

经验学派又称经理学派。这一学派中，有管理学家、经济学家、社会学家、统计学家、心理学家、大企业董事长、总经理及其顾问等。其代表人物主要有德鲁克、戴尔、纽曼、斯隆等。该学派把管理看作经验性很强的实务，认为科学管理和行为科学都不能完全适应企业发展的实际需要，而应该从企业管理的实际出发，收集各类企业管理的成功经验与失败教训，并把这些经验加以概括和理论化，从而为企业经理人员从事管理活动提出更为实际的建议和方法。经验学派通过案例研究，向一些大企业的经理提供在相同情况下管理的经验和方法。其基本观点是，否认管理理论的普遍价值，主张从"实例研究"、"比较研究"中导出通用规范；由经验研

究来分析管理。他们特别重视关于某个公司组织结构、管理职能和程序等方面的研究。

（六）人际关系学派

人际关系学派主张以人与人之间的关系为中心来研究管理问题。该学派把社会科学方面的许多理论、方法和技术用来研究人与人之间以及个体行为的各种现象，研究内容从个体的个性特点到文化关系，范围广泛，无所不包。该学派注重个体、注重人的动因，把人的动因作为一种社会心理现象。其中有些学者强调处理人际关系的重要性，有些学者强调管理就是领导，还有不少人则着重研究人的行为与动机之间的关系，以及有关激励和领导的问题等。

（七）群体行为学派

群体行为学派同人际关系学派关系密切，但它所研究的是组织中的群体行为，而不是一般的人际关系和个体行为；它以社会学、人类文化学和社会心理学为基础，而不是以个体心理学为基础。该学派着重研究各种群体的行为方式，从小群体的文化和行为方式到大群体的行为特点，均在研究之列。有人把该学派的研究内容称为"组织行为"研究。该学派的最早代表人物和研究活动是梅奥和霍桑实验。20世纪50年代，阿吉里斯提出了"不成熟—成熟交替循环的模式"。

（八）系统理论学派

系统理论学派认为，一个组织的管理人员必须理解构成整个动作的每一个系统。所谓系统即相互联系或相互依存的一组事物，各部分在动作时像一个整体一样，来达成特定的目标，或按计划与设计发挥其功能。

系统理论学派的代表人物是理查德·约翰逊、卡斯特和罗森茨·韦克。该学派强调管理的系统观点，要求管理人员树立全局观念、协作观念和动态适应观念，既不能局限于特定领域的专门职能，也不能忽视各自在系统中的地位和作用。

（九）社会技术系统学派

这是较新的学派，其创始人是英国的特里斯特。该学派认为，要解决管理问题，只分析社会系统是不够的，还必须分析研究技术系统对社会系统以及对个体心理的影响。组织的绩效甚至管理的绩效，不仅取决于人们的行为态度及其相互影响，还取决于人们工作所处的技术环境。管理者的主要任务之一就是确保社会系统与技术系统的相互协调。该学派特别注重对工业工程、"人—机工程"等方面问题的研究。

（十）管理角色学派

管理角色学派是一个较新的学派，同时受到学者和实际管理人员的重视，其推广得力于亨利·明茨伯格。这个学派主要通过观察管理者的实际活动来明确管理者工作的内容，也有人对管理者（从总裁到领班）的实际工作进行研究。明茨伯格系统地研究了不同组织中五位总裁的活动，得出结论，即总裁们并不按传统的职能划分行事，如从事计划、组织、领导和控制，而是进行许多别的工作。明茨伯格根据自己和别人对管理者实际活动的研究，认为管理者执行着十种职务或扮演了十种不同的角色。

（十一）管理科学学派

"二战"期间，运筹学的方法在组织和管理大规模的军事活动，特别是军事后勤活动中，取得了巨大成功。运筹学家认为，管理基本上是一种数学程序、概念、符号以及模型等的演算和推导。他们自称为"管理科学家"，因此出现了管理科学学派。管理科学学派也被称为管理数理学派或管理计量学派。这一学派的主要代表人物是美国的伯法等人。该学派认为，"管理"就是用数学模型及其符号来表示计划、组织、控制、决策等合乎逻辑的程序，求出最优解，以达到企业目标。因此，他们认为管理科学就是制定用于管理决策的数学和统计模型，并将这些模型通过电子计算机应用于管理实践中。

二、现代管理的主要特点

与传统科学管理相比，现代管理已发生了很大变化，主要表现出以下几个特点：

（一）现代管理的中心由物向人转变，管理方式由刚性向柔性发展

在传统管理中，大生产以机器为中心，工人只是机器系统的配件，因此人被异化为物，管理的中心是物。但是，随着社会的发展和生产力水平的提高，个人因素（如创造性、个性、才能等）在生产活动中越来越显出重要作用。这就促使管理部门日益重视人的因素，管理工作的中心也从物转向人。在管理方式上，现代管理则更强调用柔性的方法，注重强调职工参与管理、民主管理，以及人力资源开发和员工激励。例如，实行"民主化管理"、"扩大工作范围和内容"、"弹性工作时间"、"提案制度"、"目标管理"、"培育企业文化"，重视非正式组织，重视员工的培训和继续教育，用情感手段和办法去做人的工作，协调人际关系，想方设法激发员工的工作干劲。这种尊重个人的价值和能力，通过激励人、关心人，以感情调动员工积极性、主动性和创造性的管理方法，充分体现了现代管理"以人为本"的管理新理念。

（二）现代管理理论十分强调系统、权变、创新等管理观点

现代管理理论认为，管理的对象是一个系统，因此必须运用系统思想和系统分析方法来指导管理实践活动，解决和处理管理的实际问题。管理所处的环境系统是十分复杂和多变的，没有一套固定的管理模式能适应各种组织的发展，每个组织必须根据自己的特点，根据现代管理的基本法则创造性地形成自己的管理特色。这就要求管理者必须具有权变和创新的思想，不断丰富管理实践，不断推动管理理论、方法和手段的发展。

（三）现代管理的组织形式呈现多样化、扁平化发展趋势

现代管理的组织形式多样化，并且随着社会经济的发展进行着不断的变革和完善。在组织形式上，一些新的组织形式不断推出，如事业部制、矩阵制、立体三维制、柔性化经营管理特征的"虚拟组织"，以及与资产重组和一体化相适应的控股、参股等管理组织模式等；在组织的结构方面，借助于信息技术，组织的层次逐渐减少，从金字塔型组织结构逐步向扁平化、柔性化的组织结构转变，柔性化的组织结构的有形界限逐渐模糊，有利于借用外力和整合外部资源；在组织成员的配备上，组织中各类人员的比例发生了明显的变化，管理者和业务专家的比例大大提高，他们对组织的影响力也越来越强。

（四）现代管理的目标由传统的单纯追求利润转向追求各方利益的共同满足

被誉为"经营之神"的日本松下电器公司董事长松下幸之助曾说："如果要扩大自己的公司，仅想赚钱是不够的，着眼点要放在更高的地方，要与社会共同发展，或对社会有所裨益。只有如此，才会产生梦想与希望的力量。"实践证明，企业发展与履行社会职责，从长远看是一致的。仅仅谋求最大利润的管理目标已经显得过时。与社会共同发展，重视员工和顾客的利益，越来越成为企业经营的强有力信念。

（五）现代管理十分重视对组织环境的研究，以提高管理者的工作成效

组织不是一个封闭的系统，它必然要与周围各种环境发生相互作用。管理者的工作成效通常取决于他们对周围环境的了解、认识和掌握程度，取决于他们是否能够正确、及时地作出反应。现代管理理论，特别是权变管理理论，十分强调环境对管理决策和管理行为的重要性，并对影响管理的环境因素进行了探讨。

（六）现代管理广泛运用现代自然科学新成果和现代化管理工具

现代管理广泛运用运筹学、数学、统计学以及电子计算机等现代科学技术和工具，来提高管理工作的效率和经济效益。例如，运用概率论、线性规划、排队论、对策论、网络技术、预测技术、价值工程等，将经营管理中的复杂问题编制成数学模型，通过计算求解、定量分析，作为制定各种可行的较为满意方案的依据；运用电子计算机进行工资管理、成本核算、存贮控制、订货管理、编制生产计划等。20世纪70年代后出现的管理信息系统（MIS）、人工智能技术、分布式数据库技术、虚拟技术、办公自动化系统（OAS）、专家系统（ES）、决策支持系统（DSS）、经理信息系统（EIS）、计算机集成制造系统（CIMS）等管理手段得到不断的发展和完善，并在管理各个领域中得到更加广泛和深入的应用。

三、21世纪管理新趋势

与20世纪相比，在21世纪，由于竞争的不断加剧、科学技术的突飞猛进和人们生活水平的不断提高，管理的理论与实践也将发生重大的变化。归纳进入21世纪以来的变化，21世纪的管理呈现出以下几个新趋势：

（一）信息化导致管理规则重构

21世纪人类所面临的变化之快是史无前例的，其所可能发生的变化不仅比以往更加迅猛，更加捉摸不定，而且更加彻底。从21世纪的管理实践看，大致有三股主要的力量在推动着变化的加速，那就是信息技术的发展、人类需求的多样化和全球化进程。而其中对管理影响最大的是信息技术的发展。

信息技术的发展正在彻底改变着人类的生产经营方式和管理方式。由于信息技术的发展，组织之中以及组织之间的信息处理方式发生了翻天覆地的变化。以前一些不言自明的道理，在信息技术高度发展的今天，往往变得不堪一击。在企业中，不管规则成不成文，当它们被制定或被普遍认可时，多少有其道理存在，而规则中蕴藏着的往往是前人的理论与经验的结晶，但在互联网和智能化技术广泛运用之后，这些规则就有待我们仔细商榷。

信息技术的发展是20世纪最伟大的成果，它使人类的生产方式和生活方式都发生了根本性的变化。工业化时代给我们带来了汽车、冰箱、洗衣机、电脑等有形产品，而信息时代的特点是无形的存在物，即用于收集、分析、传输和综合处理信息的才智与能力，其结果是新公司和新产业如互联网公司、软件系统、机器人、电子商务等的诞生。在工业化时代，企业得以繁荣发展是因为它们能得到并开发利用原材料、拥有标准化产品和服务及大批量生产能力。而随着科技的进步，产品变为商品的速度大大加快，新产品一旦问世，几个月甚至几天内具有类似特性的无牌产品立即就会出现在市场上。除非消费者能从商标中认出价值，否则很多人购物时只考虑价格。因此，只有当我们善于利用无形资产时，才能将自己与其他竞争者相区别，并超价出售商品。这意味着在21世纪，最有价值的商品是无形资产，而不是有形物，有形物只不过是

无形物的载体而已，无形资产成为现代企业管理的重要内容之一。

知识拓展

信息技术对企业固有规则的影响

旧　规　则	运用的信息技术	新　规　则
资料只能出现在一处地方，人员需要办公室或档案室，接收、储存、修正并传送、查寻资料	云盘、互联网、搜索引擎、云计算、智能手机	资料可以不受限制，同时出现在许多地方；各地人员可随时随地搜索查寻、上传和共享使用
只有专家才能处理复杂的工作	专家系统、人工智能	一般人也能做专家的事
企业必须在集权与分权之间选择其一	移动信息网络、数据信息平台、即时交互通信系统	企业能取长补短，同时享有集权与分权的好处
由经理人作一切的决定	决策支持工具（大数据、云计算、智能模拟系统）	每个人都可以只作最终的选择
和潜在客户联络的最好方式，便是面对面亲自接触	多样化的即时交互通信系统	客户联络的最好方式，便是有效的接触
你必须找出东西在哪里，考虑如何合理配置各种资源	物联网、自动辨识与追踪技术、智能软件	东西会告诉你它们在哪里，并自动生成最佳配置方案
计划必须定期修订，控制需要专人负责	高效能软件、在线跟踪系统和报警系统	计划可即时修订，控制可以自动化

（二）创意经济引发知识管理

根据现在的发展趋势，与信息技术的广泛运用相联系的另一个未来变化就是我们将从工业经济走向创意经济时代，在这个社会中最基本的经济资源不再是资本、自然资源和劳动力，而是知识和创意：机器人将取代大部分体力劳动，智能技术的发展也将取代大部分的程序化工作，企业的发展将更多地依赖于是否能在知识基础上形成与众不同的创意。与创意经济相对应，将出现一个全新的管理领域——知识管理。

知识管理的核心是运用集体的智慧提高应变和创新能力。在知识型企业中，难免会出现某些员工为了自己的工作成效而隐瞒知识和信息，使信息和知识不能被共享的情况。这种"信息利己主义者"是对知识型企业管理的挑战。知识管理就是要重新调整公司的管理重心，把它建成知识型公司，并建立有利于员工彼此进行合作的环境，开发员工的知识创新能力。企业未来的生存空间就是创意的空间，有效的知识管理要求企业的领导层把集体知识共享和创新视为赢得竞争优势的支柱。在传统的企业中，员工是作为机器的补充而参与生产的，每一个人就像一架机器中可替换的零件，企业关心的是员工做了多少重复的动作，整个企业就像重复操作的机器，管理者的任务只是为它的运作建立秩序；知识型企业将更加注重人的核心作用，员工作为知识的创造者和载体，成为企业的主体，机器只是他们的工具，企业关心的是员工能为企业创造什么,他们的智慧才是企业最看重的,企业就像一个知识库,企业的价值也主要取决于知识的价值,企业的任务就是管好这个知识库。

值得关注的是,在以知识为基础的经济中,新的知识不断涌现,随后大部分知识很快就变得陈旧过时。企业不能等着自己的知识被竞争对手的创新所淘汰,而是要主动地淘汰旧产品和旧知识,以争取走在变革的前面,自己建立"游戏规则",领导新潮流。在知识管理中,最难处理的旧知识不是那些已经证明是错误或不适用的知识,而是曾经很成功但未明确证明已过时的知识。人们往往把过去成功的经验不假思索地搬到未来使用,这就难免招致失败。

（三）环境变化促发网络化组织

信息技术促使经营范围、方式发生着急剧的变化,新产业、新需求、新模式层出不穷,知识经济使得组织的资源重心从劳动力、土地、资本转向知识、信息和创意,物质生活的丰富和个体能力的崛起使大众从经济人向社会人、自我实现人转变,自然环境的恶化则促使组织更多地关注社会整体的利益和发展的可持续性。由于21世纪以来组织的经营环境发生了巨大的变化,未来组织的管理模式也必然会随之发生变化。根据詹姆斯·吕佩等人的总结,未来的组织将不再是传统的金字塔型,而是各种适应性网络型组织形式。

在信息社会中,企业不再仅仅追求单纯的庞大和复杂,而是必须极其高效地运作。今后的企业必然以大量的信息交流为基础,管理也必然是富有创造力和综合性的、灵活而迅速的。在网络型组织中,除了一些常规性的工作由常设的职能部门完成外,大部分的工作主要将由一些有不同专业知识的员工组成的跨职能工作组完成,并由一些临时性的应急小组负责解决一些特殊问题和满足顾客的临时需要;决策将尽可能由基层作出,依靠技术手段、丰富的信息足以使智慧型员工完全不必再等上层管理者的指示就可作出自己的判断;按照客户的具体要求提供个性化定制生产或服务,即时生产技术取代以前的批量流水线作业,生产过程将变成公司、合作伙伴与顾客之间同时互动的过程;非正式组织将在网络组织中发挥主导作用,权威的建立更大程度上取决于个人的品质、专长和创造性而不是正式职位;这种结构的最大特点在于它能充分发挥个人的能力,同时赋予组织以快速反应的能力。

第五节　现代管理理论的新思潮

自20世纪90年代以来,经济全球化、信息化和知识化迅猛发展,使现代组织所面临的经营环境日益复杂多变。众多管理者不断探索,提出了许多新的管理观念、原则和方法。

一、知识管理

20世纪90年代,美国经济的高速发展,引发了对知识推动经济增长作用的新认识。利用知识资本获得真正的竞争优势正在成为一种全新的管理理念。因此,对知识的管理变得日益重要。

知识管理是使信息转化为可被人们掌握的知识并以此提高特定组织的应变能力和创新能力的一种新型管理形式。知识管理重在培养集体的创造力并推动组织的创新。创新是知识经济的核心内容,是企业活力之源。技术创新、制度创新、管理创新、观念创新以及各种创新的相互结合、相互推动,将成为企业经济增长的引擎。

从国内外知识管理的实践来看,知识管理项目可分为四类。一是内部知识的交流和共享,这是知识管理最普遍的应用。二是企业的外部知识管理,这主要包括供应商、用户和竞争对手等利益相关者的动态报告,专家、顾客意见的采集,员工情报报告系统,行业领先者的最佳实践调查等。三是个人与企业的知识生产。四是管理企业的知识资产,这也是知识管理的重要方面,它主要包括市场资产（来自客户关系的知识资产）、知识产权资产（纳入法律保护的知识资产）、人力资产（知识资产的主要载体）和基础结构资产（组织的潜在价值）等几个方面。

 **知识拓展**

知识管理方法

设置专门的知识管理部门。该部门的职责就是对知识进行有效的收集、分类,建立面向知识的基础,并监督知识的流向和使用。

推行全面知识管理。知识的价值只能通过生成、利用和共享的过程得到体现。知识这种资源越是普及,它所创造的价值越大。

建立知识档案、进行产权管理。新知识结构的形成,是许多人智慧的结晶。而现代社会人员经常处于流动之中,很容易把技术从一个组织带到另一个组织。而知识是一种有价值的资源,所以必须加强知识档案管理,从法律上界定知识产权的归属。同时,也需要通过知识管理及时更新知识。

通过合作实现知识共享。应打破传统企业在分工上的等级制度,以信息管理为中心重新设计企业的价值流程和结构,重新对不同岗位的员工和领导进行定位,主动合作,共享知识资源,在共享知识中实现企业快速发展。

建立能为知识共享和信息交流提供方便的基础设施——网络。为了使组织中的每一个成员能共享企业知识,并利用企业所特有的知识创造出更大的价值,要充分利用现代信息技术,构造一个能够实现知识共享和信息即时交流的网络系统。

二、企业再造

从20世纪80年代初到90年代,一方面,西方发达国家及日本的经济发展经过短暂复苏后又纷纷跌进衰退和滞胀的泥潭,国际竞争已达白热化程度;另一方面,企业规模越来越大,组织机构臃肿,生产经营过程复杂,最终导致“大企业病”产生并日益严重。1993年美国的迈克尔·哈默和詹姆斯·钱皮提出了“企业再造”理论。所谓企业再造即指“从根本上重新思考,彻底翻新作业流程,以便在现今衡量表现的关键上,如成本、品质、服务和速度等,获得戏剧化的改善”。

企业再造理论认为,亚当·斯密创立的劳动分工论是建立在大量生产基础上的,而现在是“后工商业”时代,市场需求多变,企业不能再以量求胜,而是应该以质、以品种求胜。由于社会大生产的发展,劳动分工越来越精细、协作越来越紧密,相应的企业行政管理结构和生产经营组织结构也越来越复杂,从而导致管理及生产经营成本不断上升,管理效率不断下降,企业应付市场挑战的能力越来越呆滞。因此,按劳动分工论组建起来的公司无法发挥高度的弹性和灵活性以及市场应变能力,所以要求"彻底抛弃亚当·斯密的劳动力分工论,而面对市场需要,在拥有科技力量的状况下,去重新组织工作流程和组织机构"。在重组中,强调将过去分割开的工作按工作流程的内在规律并在良好的企业文化基础上重新整合和恢复,通过水平和垂直压缩,合并工作、扁平组织、简化流程、提高效率、节约开支,从而达到企业"减肥"和增强竞争能力的作用。

三、学习型组织

彼得·圣吉于1990年出版了名为《第五项修炼——学习型组织的艺术与实践》的著作。彼得·圣吉用全新的视野来考察人类群体危机最根本的症结所在,认为人们片面和局部的思考方式及由此所产生的行动,造成了目前切割而破碎的世界,为此需要突破线性思考的方式,排除个人及群体的学习障碍,重新就管理的价值观念、管理的方式方法进行革新。

彼得·圣吉提出了学习型组织的五项修炼,认为这五项修炼是学习型组织的技能。

第一项修炼:自我超越。自我超越的修炼是指学习不断深入,加深个人的真正愿望,集中精力,培养耐心,并客观地观察现实。它是学习型组织的精神基础。自我超越需要不断认识自己,认识外界的变化,不断地赋予自己新的奋斗目标,并由此超越过去,超越自己,迎接未来。

第二项修炼:改善心智模式。心智模式是指根深蒂固于每个人或组织之中的思想方式和行为模式,它影响人或组织如何了解这个世界以及如何采取行动的许多假设、成见,或是图像、印象。个人与组织往往不了解自己的心智模式,故而对自己的一些行为无法认识和把握。第二项修炼就是要把镜子转向自己,先修炼自己的心智模式。

第三项修炼:建立共同愿景。如果有任何一项理念能够一直在组织中鼓舞人心,凝聚一群人,那么这个组织就有了一个共同的愿景,就能够长久不衰。如宝丽来公司的"立即摄影"、福特汽车公司的"提供大众公共运输"、苹果电脑公司的"提供大众强大的计算能力"等,都是为组织确立共同努力的愿景。

第四项修炼:团体学习。团体学习的有效性不仅在于团体整体会产生出色的成果,而且其个别成员学习的速度也比其他人的学习速度快,团体学习的修炼是"深度汇谈"。"深度汇谈"是一个团体的所有成员提出心中的假设,从而真正实现一起思考的能力。

第五项修炼:系统思考。组织与人类其他活动一样是一个系统,受到各种细微且息息相关的行动的牵连而彼此影响着,这种影响往往要经年累月才完全展现出来。作为群体的一部分,置身其中而想要看清整体的变化,非常困难。因此,第五项修炼是要让人与组织形成系统观察、系统思考的能力,并以此来观察世界,从而决定正确的行动。

管理案例

微软公司的学习型组织

比尔·盖茨和他的微软公司从创业开始就敏锐地把握到电脑行业的发展命脉,并持续不断地推陈出新。为使创新成为微软公司生存发展的内在动力和活力,必须首先解决学习型组织的问题。盖茨认为，越是拥有大量聪明人的公司，越是容易退化成一个由傲慢的、极端独立的个人和小组组成的混乱集体。为此，团队必须学习，团队应该成为一个学习型组织，所以进行不断学习和交流是非常必要的，并且学习是创新的基础，一个学习型的团队才能是创新的团队。

微软创建的学习型组织遵循三大理念：自我批评、信息反馈、交流共享。同时，微软大力提倡在非正式场合下的学习，如相同职能部门的经理层人员把每日的午餐会作为学习交流的场所。微软员工还利用电子邮件进行频繁交流，一本新书、一篇好文章、一种灵感创意，都是员工们通过电子邮件交流的内容，这种形式被他们形象地称为"东走西瞧"。

四、虚拟组织

虚拟组织是指两个以上的独立的实体，为迅速向市场提供产品和服务，在一定时间内结成的动态联盟。它不具有法人资格，也没有固定的组织层次和内部命令系统，而是一种开放式的组织结构。因此可以在拥有充分信息的条件下，从众多的组织中通过竞争招标或自由选择等方式精选出合作伙伴，迅速形成各专业领域中的独特优势，实现对外部资源的整合利用，从而以强大的结构成本优势和机动性，完成单个企业难以承担的市场功能，如产品开发、生产和销售。

不同于一般的跨国公司，虚拟组织中的成员可以遍布在世界各地，也许彼此并不存在产权上的联系，相互之间的合作关系是动态的。这完全突破了以内部组织制度为基础的传统的管理方法。虚拟组织的特征表现在以下几个方面：

一是虚拟组织具有较强适应性，在内部组织结构与规章制度方面具有灵活性和便捷性。

二是虚拟组织共享各成员的核心能力。

三是虚拟组织中的成员必须以相互信任的方式行动。

随着信息技术的发展、竞争的加剧和全球化市场的形成，没有一家企业可以单枪匹马地面对全球竞争，所以由常规组织向虚拟组织过渡是必然的。虚拟组织日益成为公司竞争战略"武器库"中的核心工具。这种组织形式有着强大的生命力和适应性，它可以使企业准确有效地把握住稍纵即逝的市场机会，对于小型企业来说尤为重要。

五、商业生态系统理论

长期以来，人们形成了一种商场如战场的观念。在这个没有硝烟的战场上，企业与企业之间、企业的部门之间乃至顾客之间、销售商之间都存在着一系列的冲突。

美国学者詹姆士·穆尔1996年出版的《竞争的衰亡》一书，标志着竞争战略理论的指导思想发生了重大突破。穆尔提出了"商业生态系统"这一全新的概念，打破了传统的以行业划分为前提的竞争战略理论的限制，力求"共同进化"。穆尔站在企业生态系统均衡演化的层面上，把商业活动分为开拓、扩展、领导和更新四个阶段。商业生态系统在作者理论中的组成部分是非常丰富的。他建议高层经理人员经常从顾客、市场、产品、过程、组织、风险承担者、政府与社会七个方面来考虑商业生态系统和自身所处的位置；系统内的公司通过竞争可以将毫不相关的贡献者联系起来，创造一种崭新的商业模式。在这种全新的模式下，作者认为制定战略应着眼于创造新的微观经济和财富，即以发展新的循环来代替狭隘的以行业为基础的战略设计。

商业生态系统能有效地利用生态观念制定企业的策略：

一是鼓励多样化。具有多种生命形态的生态系统是最坚强的生态系统。同样地，多样化的公司是最有创造力的公司。这种多样化不仅表现在公司业务内容与业务模式上，而且表现在用人政策上。

二是推出新产品。在生态系统中，生命靠复制来繁衍，每一代生产下一代，以确保物种生存。产品寿命有限，不论今天多么成功，终将被下一代产品取代，因此需要不断地推出新产品。

三是建立共生关系。共生是指两种或多种生物互相合作，以提高生存能力。传统企业视商业为零和竞争，从不考虑互利或共生关系，主张"绝对别把钱留在桌面上"。新型企业总是寻求双赢的共生关系，既在合作中竞争，又在竞争中合作，由此产生了一个新词汇：竞合。例如，苹果公司与微软公司的关系就是一种竞合关系。

六、企业整体策略理论

美国耶鲁大学企业管理学教授戴维·科利斯与哈佛大学企业管理学教授辛西娅·蒙哥马利在《哈佛商业评论》双月刊上撰文指出，有些企业在多元化的发展上一帆风顺，而有些企业则惨遭失败，其成败关键就在于企业整体策略。他们在"资源竞争论"的基础上，进一步提出"以资源为核心的企业整体策略，指导企业创造更大的整体竞争优势"。卓越的企业整体策略能够通过协调多元事业来创造整体的价值，让"1+1＞2"，而不仅是零散的事业集合。企业要制定卓越的整体策略，首先要有整合观念。制定卓越的策略，是许多企业经理人努力的目标。有些人从核心能力着手，有些人重整事业组合，有些人则努力建立学习型组织。但是，这些做法都只是在单一要素上着力，而没有将资源、事业与组织三项因素合为一个整体。以策略创造企业整体协作优势的精髓，就是将资源、事业与组织这三项构成"策略金三角"的要素合为整体。

在卓越的整体策略中，资源是串联事业与组织结构的线，是决定其他要素的要素。企业的特殊资产、技术、能力都是企业的资源。不同的资源需要不同的分配方式（转移或是共享），也需要配合不同的控制系统（财务表现控制或是营运过程控制）。卓越的企业整体策略不是随意的组合，而是精心设计的整体系统，指挥企业要发展什么资源，要在什么事业上竞争，要以什么组织形态实行策略。

七、模糊经营理论

模糊与数学、控制等名词连为一体，产生出许多新鲜的概念。如今，随着网络技术和虚拟一体化的发展，模糊经营的新观念在电脑等行业中日趋流行。

美国《纽约时报》载文指出，电脑制造商、经销商和零售商之间的界线正在变得模糊：制造商仅仅承担设计产品和品牌宣传而委托别人装配；零售商面临种种新的竞争者，比如因特网销售商成为直接向客户出售产品的制造商；而原本已被认为将要随市场机制变化而淘汰的中间商，现正以崭新的姿态异常活跃起来，他们往往从制造商和零售商那里把储存和搬运商品的种种后勤工作包揽过来。

随着因特网的发展，制造商逐渐走到前台，直接面对用户。如美国戴尔计算机公司通过电话和因特网得到客户的直接订货并在7个工作日之内交付产品的做法，开创了电脑业一种新的经营模式。这种经营模式没有制造商、经销商与零售商的区别，然而，该公司却表现出比电脑业界平均水平高3—4倍的发展速度。

纵观经营方式的演变历程，可以发现，日本人20世纪70年代开创的"准时生产"方法，使人们感到无库存经营成为可能。今天，新的模糊方法则使人们的视线转向"利用别人时间"的方法。利用这种新方法，库存的负担就落在生产链条中的其他参与者身上。正如一些未来学家所设想的，21世纪产品开发商、制造商和经销商将通过数据网络紧密联系在一起，以致库存的必要性大大减少。

八、体验经济理论

美国学者约瑟夫·派因与詹姆斯·吉尔摩在《哈佛商业评论》双月刊上撰文认为，到20世纪90年代，体验经济时代已经来临。继农业经济、工业经济、服务经济之后，体验经济已逐渐成为第四个经济发展阶段。所谓体验，就是企业以服务为舞台，以商品为道具，围绕着消费者，创造出消费者回忆的活动。在这个过程中，商品是有形的，服务是无形的，创造出来的体验则是令人难忘的。体验曾被看成是服务的一部分，但实际上体验是一种经济商品。

在服务经济阶段，许多企业只是将体验与传统产品包在一起，帮助产品卖得更好。未来企业要彻底发挥体验的优势，必须用心设计，让消费者愿意为体验付费。如今，不少企业已经在尝试提供体验。但是，目前大部分的企业还只是对产品与服务收费，显示体验经济尚未成熟。企业要向寻求体验的顾客收取门票，才算将体验当作经济商品营销，真正迈入体验经济。

体验的特质包括消费者是主动参与还是被动参与，以及消费者是融入情境还是仅仅吸收信息。体验因为主动参与或被动参与、融入情境或仅仅吸收信息，可以分为四大类：娱乐体验、教育体验、遁世体验、美学体验。

本章小结

有了人类社会，就有了管理活动。人类的管理实践活动，为早期管理思想的产生奠定了基础。

西方早期管理思想的主要代表人物有马基雅维利、亚当·斯密、罗伯特·欧文、查尔斯·巴贝奇等。

泰勒、法约尔和韦伯分别从个人、组织和社会三个不同的角度提出了古典管理理论。由于科学管理理论的产生，管理逐渐发展成为一门学科。

梅奥以他的霍桑实验提出了"社会人"的观点，并发展成为人际关系学说，由此成为行为科学发展的开端。

"二战"以后，管理理论引起人们的普遍重视，许多学者从不同角度研究管理学，形成了管理理论的丛林。

　　20世纪90年代以来,经济全球化、信息化和知识化迅猛发展,现代组织所面临的经营环境日益复杂多变,竞争越来越激烈。众多管理者不断探索,涌现了现代管理理论的新思潮。

 **思考与探究**

　　1. 比较古典管理学派的三位杰出代表人物的管理思想,他们的管理思想过时了没有? 在当今的管理实践中应当如何应用?

　　2. 关于行为科学理论,你认为它在现实生活中对我们有哪些指导意义?

　　3. 试述马斯洛的需求层次理论的观点,并结合自身需求谈谈体会。

　　4. 你认为现代管理理论的哪些思想或方法是从古典管理理论中得到启发的?

　　5. 在执行管理的各项职能的时候该如何应用权变管理理论? 谈谈你的看法。

　　6. 简述现代企业管理的总体发展趋势。

　　7. 虚拟组织的基本特征表现在哪几个方面?

　　8. 在体验经济背景下,服务型企业如何创新营销策略?

 **案例分析**

案例分析一

日本索尼公司的"内部跳槽制"

　　一天晚上,索尼董事长盛田昭夫按照惯例,走进员工餐厅与员工一起就餐、聊天。他多年来一直保持着这个习惯。他忽然发现一个年轻员工郁郁寡欢、满腹心事的样子,闷头吃饭。于是,盛田昭夫就主动坐在这个员工对面,与他攀谈起来。几杯酒下肚,这个员工终于开口了:"我毕业于东京大学,有一份待遇十分优厚的工作。进入索尼之前,对索尼公司崇拜得发狂。当时,我认为进入索尼,是我一生的最佳选择。但是,现在才发现,我不是在为索尼工作,而是为科长干活。更可悲的是,我自己的一些小发明与改进,科长不仅不支持,不解释,还挖苦我癞蛤蟆想吃天鹅肉,有野心。对我来说,这名科长就是索尼。我十分泄气,心灰意冷。这就是索尼? 这就是我要的索尼? 我居然放弃了那份优厚的工作来到这种地方!"

　　这番话让盛田昭夫十分震惊,于是,一项新的劳动人事制度在索尼诞生了。公司每周出版一次内部小报,刊登各事业部、研究所、生产车间等用人部门的"招聘广告",员工可以自由而秘密地前去应聘,他们的上司无权阻止。另外,索尼原则上每隔两年就让员工调换一次工作,主动地给他们施展才能的机会。实现这项制度以后,每年有近200人"跳槽"到自己更感兴趣、更能发挥自己特长和创造力的工作岗位上。

讨论分析

　　1. 你认为"内部跳槽制"满足了马斯洛的需求层次理论中哪个层次的需求?

　　2. 根据行为科学理论,分析索尼董事长盛田昭夫的做法。

案例分析二

应该如何进行管理？

在一次管理经验交流会上，有两个企业的老总分别论述了他们各自对管理的看法。

老总A认为，企业的首要资产是员工，只有员工们都把企业当成自己的家，把个人的命运与企业的命运紧密地结合在一起，才能充分发挥他们的智慧和力量为企业服务。因此，企业有什么问题，管理者应该与员工们商量解决；平时要注重对员工需求的分析，有针对性地给员工提供学习、娱乐的机会和条件；每月应公布当月过生日的员工姓名，并祝他们生日快乐；如果哪位员工结婚、生儿育女，企业应送上贺礼；企业经济效益增长了，也应该与员工分享。在老总A的企业中，员工们普遍地以自己所在的企业为荣，全心全意地为企业服务，企业日益兴旺。

老总B则认为，大家聚集在一起的目的是为了实现组织目标，只有实现了组织目标才能实现每一个人的个人目标，为此就必须实行严格的管理以保证实现企业目标所必须开展的各项活动的顺利进行。因此，企业要制定严格的规章制度和岗位责任制，建立严密的计划和严格的控制体系；注重对员工的上岗培训和过程检查；根据员工个人的工作业绩和与他人的协作情况确定其个人的报酬。在老总B的企业中，员工们都非常注意遵守规章制度，努力做好本职工作以完成任务，企业发展迅速。

讨论分析

你觉得这两位老总谁的观点正确？说说你的理由。

第五章 ▶▶▶
决　策

◇◇◇◇◇◇◇◇◇◇◇◇◇◇◇◇◇◇◇◇ **章前导语** ◇◇◇◇◇◇◇◇◇◇◇◇◇◇◇◇◇◇◇◇

　　决策是人类活动的固有行为之一，其历史和人类社会一样悠久。在现代社会中，决策越来越重要，它是管理者的主要管理内容。在跨入21世纪后，组织所面临的环境日渐纷繁复杂，瞬息万变。市场风云的急剧变化，直接影响着组织的生存与发展。管理者必须审时度势，善于从组织内外多种关系的联系及其综合作用中，发现对组织有利的契机，作出正确的决策，以保证和促进组织的长期稳定发展。决策已成为企业管理中的核心问题，决定着企业的兴衰成败。

◇◇◇◇◇◇◇◇◇◇◇◇◇◇◇◇◇◇◇◇ **本章导学** ◇◇◇◇◇◇◇◇◇◇◇◇◇◇◇◇◇◇◇◇

学习目标

认识决策的含义；

掌握决策的分类方法；

认识决策的重要意义；

把握影响决策有效性的各个因素，提高决策的科学水平；

掌握决策的主要方法。

关键术语

决策　战略决策　非程序化决策　风险型决策　不确定型决策　"满意"原则　头脑风暴法　德尔菲法　决策树法

第一节 决 策 概 述

一、决策的概念与特点

决策是指决策者在拥有大量信息和丰富经验的基础上，对未来行为确定目标，并借助一定的手段、方法和技巧，对有关影响因素进行分析研究后，从两个以上备选方案中选择一个满意方案的分析判断过程。它有以下特点：

（一）目标性

任何决策都必须首先确定目标。目标体现的是组织想要获得的结果。目标明确以后，方案的拟订、比较、选择、实施及实施效果的检查就有了标准与依据。

（二）可行性

组织的任何活动都需要利用一定的资源。缺乏必要的人力、物力和技术条件，理论上非常完善的方案，也只能是空中楼阁。决策方案的拟订和选择，不仅要考察采取某种行动的必要性，更要考虑其可行性。

（三）选择性

决策的实质是选择，没有选择就没有决策。要有所选择，就必须提供可以相互替代的多种方案。在制订可行方案时，应满足整体详尽性和相互排斥性要求。所谓整体详尽性，是指将各种可能实现的方案尽量都考虑到。所谓相互排斥性，是指方案之间不可雷同替代。

（四）满意性

决策的原则是满意，而非最优。

📊 **知识拓展**

在实际工作中应该选择"最优标准"还是"满意标准"？为什么？

如果能达到最优标准，何乐而不为呢？但在实际工作中往往难以达到。

因为人们的认识受许多因素的限制，如主客观条件、科技水平、信息以及环境、时间等。有的最优方案对某一企业是适用的，在另一企业就不一定适用；有的在短期看是最优的，而长期效果不一定很好。因此，绝对的最优标准是不存在的，最优也是相对而言的。

（五）过程性

决策是一个过程，而非瞬间行动。决策是为达到目的，在两个或多个可行方案中选择一个合理方案的分析判断和抉择的过程。决策实际上是一个"决策—实施—再决策—再实施"的连续不断的循环过程。

（六）动态性

决策建立在大量的组织内外信息的基础上，而且通过决策使组织与外部环境保持平衡。

但外部环境(包括自身条件)是变化的,因此应与时俱进,不断掌握新情况,解决新问题。

二、决策的分类

决策所涉及的范围相当广泛,且各有特点。为了便于决策者从不同管理层次上掌握各类决策的特点,根据管理工作的需要,这里介绍几种较为普遍的决策分类。

（一）按决策层次划分

按决策层次划分,决策可分为战略决策、管理决策和业务决策。

1. 战略决策

它是指事关组织未来发展的全局性、长期性的重大决策。战略决策一般由组织的最高管理层制定,故又称之为高层决策。进行战略决策的目的在于提高组织的管理效能,使组织的活动与外部环境的变化保持良好的动态平衡。企业的战略决策主要包括企业经营目标和方针的决策、新产品开发决策、投资决策、市场开发决策等。

2. 管理决策

它是指组织为实施战略决策而在人、财、物等方面作出的战术性决策。管理决策一般由组织的中间管理层作出,故又称为中层决策。进行管理决策的目的在于提高组织的管理效能,以实现组织内部各环节的高度协调平衡和资源的充分利用。管理决策具有指令性和定量化的特点,其正确与否,关系到战略决策能否顺利实施。企业的管理决策主要包括生产计划决策、设备更新改造决策等。

3. 业务决策

它是指在组织的日常工作和活动当中,为提高工作效率和合理开展活动而进行的决策。这种决策一般由组织的基层管理层作出,故又称为基层决策。企业中属于这种决策的有生产作业方法的决策、库存物资发放方式的决策等。

战略决策、管理决策和业务决策之间没有绝对的界限之分,尤其是管理决策和业务决策在不少小企业往往很难截然分开。制定决策的各级管理层次也并非不可逾越。一般来说,为了调动各级管理人员的积极性,提高决策质量,在各管理层重点抓好本层次决策的同时,三个层次的决策者都应或多或少地参与相邻管理层的决策方案的制定工作。

（二）按决策事件发生的频率划分

按决策事件发生的频率划分,决策可分为程序化决策和非程序化决策。

1. 程序化决策

它是指能按规定的决策程序和方法解决管理中重复出现的问题的例行决策。由于这类决策问题产生的背景、特点及其规律较为相似,且易被决策者所掌握,所以决策者可根据以往的经验或惯例来作出决策。这种决策具有常规性、例行性的特点。如生产决策、采购决策、设备选择决策等均属于此类决策。

2. 非程序化决策

它是指由于大量随机因素的影响,很少重复出现,常常无先例可循的决策。由于缺乏可借鉴的资料和较准确的统计数据,决策者大多对处理此类决策问题感到经验不足,所以,决策时没有固定的模式和现成的规律可循。这样就需要充分发挥决策者及其智囊机构的主观能动性,通过敏锐的洞察力、科学的思维方式、丰富的知识积累和经验,来解决好这类决策问题。如经营方向及经营目标决策、新产品开发决策、新市场的开拓决策等均属于此类决策。

（三）按决策的时间跨度长短划分

按决策的时间跨度长短划分，决策可分为长期决策与短期决策。

1. 长期决策

它是指1年以上（一般是3—10年），关系到企业发展的前途和方向的决策，属于长期性的、全局性的战略决策。如企业的长期投资决策、市场开拓、技术改造、产品开发、人力资源开发、组织革新等方面的决策均属此类。

2. 短期决策

它是指1年和1年以内的战术性决策，如日常的营销策略、广告策略等。短期决策应该服从和服务于长期决策。

（四）按决策的确定性程度划分

按决策的确定性程度划分，决策可分为确定型决策、风险型决策和不确定型决策。

1. 确定型决策

它是指决策者对每个备选方案未来可能发生的各种情况（自然状态）及其后果十分清楚，特别是对哪种自然状态将会发生已有确定的把握。此时只需要对各备选方案的结果进行比较，就可从中选择一个最有利的方案。此种决策在组织中较为普遍。

2. 风险型决策

它是指决策事件未来多种自然状态的发生是随机的，决策者可根据类似事件的历史统计资料或实验测试等估计出各种自然状态所发生的概率，计算各备选方案的期望损益值，然后根据计算的结果作出决策。此种决策带有一定风险，主要源于自然状态的概率是估计值。

3. 不确定型决策

它是指决策者无法确定事件未来多种自然状态的概率，只是凭借决策者的经验、感觉和估计所作出的决策。此类决策在企业外部环境变化较大时，也是经常发生的。

（五）按决策主体的不同划分

按决策主体的不同划分，决策可分为个人决策和群体决策。

1. 个人决策

个人决策是指决策机构的主要领导成员通过个人决定的方式，按照个人的判断力、知识、经验和意志所作出的决策。在某些随机性很强的突发事件面前，要求当机立断时，应当承认个人决策的必要性。个人决策一般用于日常工作中程序化的决策和管理者职责范围内的事情的决策，它具有合理性和局限性。

2. 群体决策

对于复杂的决策问题，不仅涉及多目标、不确定性、时间动态性、竞争性，而且个人的能力已远远达不到要求，为此需要发挥集体的智慧，由多人参与决策分析。这些参与决策的人，我们称之为决策群体，群体成员制定决策的整个过程就称为群体决策。

群体决策的优点：（1）更完全的信息和更全面的知识。（2）观点的多样性。（3）提高了决策的可接受性。（4）增加合法性。

群体决策的缺点：（1）浪费时间。（2）存在从众压力。（3）可能被少数人控制。（4）责任不清。

管理案例

美国通用电气公司（GE）是一家集团公司，1981年杰克·韦尔奇接任总裁后，认为公司管得太多，而领导得太少，"工人们对自己的工作比老板清楚得多，经理们最好不要横加干涉"。为此，他实行了"全民决策"制度，使那些平时没有机会互相交流的职工、中层管理人员都能出席决策讨论会。"全民决策"的开展，打击了公司中官僚主义的弊端，减少了繁琐的程序。"全民决策"的实行，使公司在经济不景气的情况下取得巨大进展。

三、决策的意义与作用

（一）决策的正确与否关系着组织的兴衰存亡

决策的过程就是从多个可行性方案中选定理想方案的过程，也就是选取代价最低、耗时最短、效果最佳的方案。决策成功是最大的成功，决策失败是最大的失败，决策正确与否关系着组织和事业的兴衰存亡。因此，管理者必须掌握正确的决策艺术与技巧，审时度势，综观全局，于千头万绪之中找出关键问题所在，权衡利弊，及时作出正确可行的决策。

管理案例

在战后初期，日本尼西奇公司仅有30余名职工，生产雨衣、游泳帽、卫生带、尿布等橡胶制品，订货不足，经营不稳，企业有朝不保夕之感。公司董事长多川博从人口普查中得知，日本每年大约出生250万婴儿，如果每个婴儿用两条尿布，一年就需要500万条，这是一个相当可观的尿布市场。多川博决心放弃尿布以外的产品，把尼西奇公司变成尿布专业公司，集中力量，创立名牌，成为"尿布大王"。资本仅1亿日元，年销售额却高达70亿日元。此例说明，经营决策正确，可以使企业在风雨变幻的市场上独居领先地位，并可保持企业立于不败之地。

（二）决策是充分发挥管理职能的重要前提条件，是管理的核心

决策理论的创始人西蒙说："管理就是决策。"他认为，要经营好一个企业，使其发挥最大的效益，就必须具备有效的组织、合理的决策和良好的人际关系。三者之间，决策是基础和核心，脱离了决策就谈不上管理。西蒙认为，管理可以从纵向和横向两个方面来看。纵向就是从管理的程序看，包括计划、组织、人员配备、领导与指挥以及控制等。从横向看，各项管理职能中都存在着如何合理决策的问题，决策是管理中最本质的东西。决策所涉及的面很宽，上至国家领导，下至组织内的科长及班组长，都在他们的工作中进行着各种决策，只是决策重要程度和影响范围不同而已。

（三）科学决策是市场经济的客观要求

决策将使我们避免盲目性和风险性。随着现代社会化大生产的迅速发展和科学技术的进

步，人们的生活也更加复杂多变。领导者单靠个人经验、才能进行决策已经远远不够了。要发展需要领导者运用科学决策的手段和方法。如企业在对商品的生产和销售等多种因素作出分析判断后，才能对产品定位作出科学决策，从而在商战中取胜。

决策具有社会性的特点，随着现代社会化大生产的不断发展，各个部门、各个领域联系广泛，往往"牵一发而动全身"，产生一系列连锁反应。因此，成功的领导者，必须做到多谋善断，科学决策，可以收到事半功倍的效果。

第二节　提高决策有效性的要素

一般意义上讲，有效的决策包括四个方面的内容，即有效的决策标准、充分的决策依据、科学的决策程序和优秀的决策者。

一、有效的决策标准

决策必须有一个科学、有效的标准，这个标准要确保组织目标的实现。由于组织活动的复杂性和客观环境的多变性，决策者很难用微积分求极值的方法来使两者达到最佳平衡状态。管理实践表明，用最优化作为决策的标准是十分困难的。西蒙提出用"满意"原则代替"最优化"原则。以往的经济学家和管理学家往往把人看成是以"绝对理性"为指导，按"最优化准则"行动的"经济人"或"理性人"。事实上，这是一种理想状态。因为要做到完全合理地进行决策，需要具备几个前提条件：

1. 决策者对各种方案及其执行结果无所不知。
2. 决策者能对预测对象今后的发展趋势作出准确无误的推测。
3. 决策者对各种期望目标能按照事先规定的顺序贯彻始终。
4. 决策可在无时间限制的条件下进行。
5. 决策约束条件是固定不变或同步变化的。

这一切实际上都是不可能的。在企业的管理工作中，西蒙提出的"满意"原则就是拥有适当的市场份额、适当的利润、公平的价格等。企业要达到足够满意化，应该是在对社会无害的前提下，选择经济上合理和技术上先进的方案，使企业的外部环境、内部条件和经营目标达到令人满意的平衡。因此，"满意"的标准，就是合理和有效的决策标准。

二、充分的决策依据

管理者在决策时离不开信息。信息的数量和质量直接影响决策水平。管理者在决策之前以及决策过程中应尽可能地通过多种渠道收集信息，作为决策的依据。但这并不是说管理者要不计成本地收集各方面的信息。管理者在决定收集什么样的信息、收集多少信息以及从何处收集信息等问题时，要进行成本—收益分析。只有在收集的信息所带来的收益（因决策水平提高而给组织带来的利益）超过因此而付出的成本时，才应该收集信息。

三、科学的决策程序

在决策过程中,为了使决策能达到预期的效果,提高决策的水平,减少决策的失误,除了要采用有效的决策标准外,还必须严格按照决策的程序进行。这里,我们将决策程序划分为六个阶段:判断问题——认识和分析问题、确定决策目标、寻求可行方案、对备选方案进行评价和选择、方案选择与实施、方案监督与反馈。决策过程其实跟人类的逻辑思维过程是相一致的,即:问题是什么?有哪些解决方案?哪一个方案最好?最后一阶段是实施情况的一个总结,它往往是下一轮决策的一个起点。

(一)判断问题——认识和分析问题

发现问题是决策过程的起点,及时发现问题的苗头,正确界定问题的性质和问题产生的根源是解决问题、提出改进措施的关键。这就要求企业各级管理人员具备正确发现问题的能力。所谓问题,就是目标和现实之间存在的差距。

怎样才能正确地判断问题呢?在实际工作中,问题自然不会摆在面上,而是需要管理者花力气去找的。利用以下的思维方式,管理者对问题的观察会更加细致和全面。首先,确定是否存在需要解决的问题。确定问题是否存在的有效方法是将现状与理想状况(或期望目标)加以比较,若两者之间存在着较大的差异,管理者就可断定他面临着一系列需要解决的问题。其次,要确定问题出在何处。除非问题产生的原因昭然若揭,否则,管理者就要像高明的医生那样,通过收集与问题有关的信息,透过问题的表面现象,找出妨碍目标实现的阻力或出现差异的原因到底是什么。最后,明确真正的问题及其可能的原因。通过收集大量的信息,对各种限制因素进行分析,从而确定真正的问题(原因)。只有找到了真正的问题及其原因,才能为正确决策奠定基础。

(二)确定决策目标

确定决策目标阶段的目的在于澄清解决问题的最终目的,明确应达成的目标,并对目标的优先顺序进行排序,从而减少以后决策过程中不必要的麻烦。决策目标是指在一定的环境和条件下,根据预测所能希望得到的结果。目标的确定十分重要,同样的问题,由于目标不同,可采用的决策方案也会大不相同。

决策目标往往不止一个,而且多个目标之间有时还会有矛盾,这就给决策带来了一定的困难。要处理好多目标,可以采用三种方法:一是尽量减少目标数量,把要解决的问题集中起来;二是把目标依重要程度的不同进行排序,把重要程度高的目标先行安排决策,减少目标间的矛盾;三是进行目标协调,即以总目标为基准进行协调。

🏠 管理案例

1985年,由马来西亚国有重工业公司和日本三菱汽车公司合资2.8亿美元生产的新款汽车"沙格型"隆重推向市场。马来西亚政府视之为马来西亚工业的"光荣产品"。产品在推出后,销售量很快跌至低谷。专家们经过研究,认为"沙格型"汽车的一切配件都从日本运来,由于日元升值,它的生产成本急涨,再加上马来西亚本身的经济不景气,所以汽车的销售量很小。此外，最重要的因素是政府在决定引进这种车型时，主要考虑到满足国内的需要，因此技术上未达到先进国家的标准，无法出口。由于在目标市场决策中出现失误，"沙格型"汽车为马来西亚工业带来的好梦，只是昙花一现而已。此例说明，科学决策的前提是确定决策目标。它作为评价和监测整个决策行动的准则，不断地影响、调整和控制着决策活动的过程，一旦目标错了，就会导致决策失败。

（三）寻求可行方案

在诊断出问题的根由及澄清解决此问题的真正目标之后，应寻求所有可能用来消除此问题的对策。这些可能的备选方案应互相具有替代作用。提出的可行方案应尽可能详尽，方案的数量越多、质量越好，选择的余地就越大。方案的探索离不开三个基本要素：一是决策目标。方案的探索必须以实现决策目标为出发点。二是外部环境。可行方案的寻求一定要充分地利用外部环境提供的条件，并且充分利用外部环境所提供的各种情报信息。三是组织内部条件。在组织内部条件可能的条件下，充分利用组织现有的各种资源。

1. 从过去的经验中找对策

最容易的对策寻找方法，是从自己及别人过去处理类似问题的经验中寻找可行对策，并依样画葫芦地套用于新遭遇的问题上，即"援例引用"、"模仿使用"。假使问题的性质相同，并一再发生，而对问题所采用的措施也接近，则这种问题的解决过程即称为程序化行为。一般地，组织内部越是基层主管，越多应用程序化的例行决策行为，企业内部运作中越简单或无竞争的业务活动，越应使用例行决策，因为这样做既便宜又适当。需要注意的是，过分依赖自己或别人的过去经验来解决问题，也存在因经验与变化的环境脱节而失效的危险。

2. 从未来创造中找对策

企业经理要求管理人员将主要力量放在以未来为导向的创新过程中，力求突破改进，有效达成目标。凡是所有决定增加某些新的、有用的因素的决策，都可以称为"创造性"决策。当然，管理人员可以在整个决策过程中，充分运用创造的力量，改进决策品质，如在发现问题时，在明确目标时，在思考对策时，在寻求相关因素时，在评估优劣时，都可使创造力发挥作用。

（四）对备选方案进行评价和选择

方案的评价与选择是决策过程最关键的环节，为此，首先要建立一套有助于指导和检验判断正确性的决策准则。决策准则表明了决策者关心的主要是哪几方面，一般包括目标达成度、成本（代价）、可行性等。

其次，根据组织的大政方针和所掌握的资源来衡量每一个方案的可行性，并根据此项列出各方案的限制因素。

再次，确定每一个方案对于解决问题或实现目标所能达到的程度，及采用这些方案后可能带来的后果。要对各方案是否满足决策所处条件下的各种要求及所能带来的效益和可能产生的各种后果进行分析。

最后，根据可行性、满意度和可能产生的后果，比较哪一个方案更有利。可通过罗列出方案对各个希望目标的满足程度、各方案的利弊，来比较各方案的优劣。

（五）方案选择与实施

在对各个方案分析评价的基础上，决策者最后要从中选择一个满意方案并付诸实施。在抉择时要注意以下问题：

1. 任何方案均有风险。即使在决策过程中绞尽脑汁，选定了一个似乎最佳的方案，也必定具有一定程度的风险。这是因为，因素的不确定性只能减少到最低限度而不可能完全消除。

2. 不要一味追求最佳方案。由于环境的不断变化和决策者预测能力的局限性，以及备选方案的数量和质量受到不充分信息的影响，决策者可能期望的结果只能是作出一个相对令人满意的决策。

3. 在最终选择时，应允许不作任何选择。有时，与其乱来，不如不采取任何行动，以免冒不必要的风险。

一旦作出决策，就要予以实施。实施决策，应当首先制定一个实施方案，包括宣布决策、解释决策、分配实施决策所涉及的资源和任务等，要特别注意争取他人对决策的理解和支持，这是决策得以顺利实施的关键。

 知识拓展

布里丹毛驴效应

法国哲学家布里丹养了一头小毛驴，每天向附近的农民买一堆草料来喂。这天，送草料的农民出于对哲学家的景仰，额外多送了一堆草料，放在旁边。这下子，毛驴站在两堆数量、质量和与它的距离完全相等的干草之间，可为难坏了。它虽然享有充分的选择自由，但由于两堆干草价值相等，所以客观上无法分辨优劣。于是，它左看看，右瞅瞅，始终也无法分清究竟选择哪一堆好；于是，这头可怜的毛驴就这样站在原地，一会儿考虑数量，一会儿考虑质量，一会儿分析颜色，一会儿分析新鲜度，犹犹豫豫，来来回回，在无所适从中活活地饿死了。

人们把决策过程中犹豫不定、迟疑不决的现象称之为"布里丹毛驴效应"。

（六）方案监督与反馈

我们把监督、控制和评价决策结果也列入决策过程，要求在决策实施过程中建立信息反馈渠道，及时检查实施情况，发现差异查明原因，对已有的决策进行不断的修正和完善，直至解决问题。

四、优秀的决策者

组织的决策是通过决策者的工作来进行的。决策者可能是个人，也可能是群体。决策者是科学决策的最基本要素，也是诸要素中的核心要素和最积极、最能动的要素，是决策成功的关键所在。在进行决策时，不仅要依靠决策者个人的知识、经验和决策能力，而且要发挥决策的群体效应，提供科学的思维方式，同时要求决策者具备良好的品德修养。

（一）决策者应遵循的原则

1. 从实际出发，以需要和可能为前提条件

所谓需要，首先是指在组织的活动中确实存在着必须通过决策才能解决的问题；其次是指决策执行的结果是实际需要的，是符合组织外部条件和自身条件的。所谓可能是指弄清组织的外部环境和内部条件，实施决策已具备很多有利条件，组织将采取的措施是主客观条件所允许的。只有具备了主客观条件的决策才是可行的决策，只有符合实际需要的决策才有实施的必要。

2. 贯彻群众路线，集中集体智慧

决策是用来解决组织存在的问题。这些问题不仅复杂多变，性质各异，而且每个问题的解决又要涉及组织内外各种因素和影响组织的工作。同时，决策所解决的相当多的是偶尔出现的新问题，需要制定多个备选方案。这就需要多方面的知识和丰富的经验，单靠某个人独自完成是非常困难的。另外，广大员工参与决策可以使决策能够顺利地付诸实施。所以，应动员各部门管理人员参加决策，并广泛地发动广大员工通过一定方式参加组织的决策，为决策的实施打下坚实、广泛的群众基础。

3. 遵守国家的法律规定，适应社会发展的各种要求

组织的决策会受到社会的政治、经济、法律、道德、社会习俗等的影响和制约。如果决策相悖于上述各方面，会使执行寸步难行，或者因实施这种决策带来严重的不良后果，甚至会把组织引向不正确的方向。因此，决策必须符合国家的方针和政策，正确地处理各种经济利益关系，在法律规定、道德规范、社会习俗等允许的范围内进行决策。

4. 要勇于开拓，敢于创新

组织的外部环境是不断变化的，组织所面临的许多问题是新问题和非程序化问题，对此没有现成的解决办法；即使是与过去相同的老问题，也会有新情况和新要求，仅靠老办法难以取得较好的效果。因此，决策必须发扬开拓与创新精神，打破旧框框，抛弃老习惯，克服重重困难，解决新问题，开辟新道路，创造新思维，寻找新办法。

5. 注重决策效果，提高决策效益

重视决策的实际效果是由决策的根本目的所决定的。只有重视决策的效果，才能使决策达到预期的目的。决策所产生的经济效益在决策效果中占有十分重要的地位。经济效益主要是指决策引起的经济收益与所投入资源（货币表现）两者间的比较。在衡量决策的经济效益时，不仅要比较组织某一局部的收益与投入，还应比较整个组织范围内的全部收益和投入。同时，决策者还要从整个国民经济的角度，分析和考察决策所产生的社会效益，即要分析决策在社会政治稳定、文化发展、民族团结、生态平衡和环境保护等方面的社会效果。

（二）决策者的素质与能力

1. 决策者应具备的知识、意志素质

决策是一种通过人脑进行逻辑选择和分析推理的活动，本质上是一种技术性较强的活动。因此，要求决策者具有与复杂的决策活动相适应的知识储备和良好的意志品质。

（1）决策者应具有合理的知识结构。决策者必须具有相应的社会科学知识、自然科学知识，尤其是管理科学知识。在决策实践中，决策者水平的高低，在很大程度上取决于他知识的多寡以及知识结构的优劣。

（2）决策者应具有坚强的意志。决策在某种意义上讲，也是一种复杂的意志活动，每个决策者都应该具有坚强的意志。坚定不移的目的性、果断性和顽强性,是科学决策的必备积极因素。

2. 决策者应具备的决策修养

一个有效的决策者,必须具备应有的现代决策修养,这是科学决策的基础和前提。

(1)勇于创新,敢担风险。决策是一项创造性活动,没有创新就没有决策。要创新,就要走前人没有走过的路,就要敢为人先,敢于冒险。任何决策都是在一定时间内作出并在一定时期内发挥作用的。传统习惯、老规矩、老套路,这些都是以往的决策模式,可以采取"扬弃"的态度,有分析地继承。在继承时,必须要有所发挥和创新。

(2)博学多识,深谋远虑。现代决策要求决策者应具有广博和综合的知识结构。特别是为了应对市场变化莫测、错综复杂的局面,决策者应该做到高瞻远瞩,深谋远虑,居安思危。博学多识、足智多谋乃是现代企业高层决策者的基本素质,是一个企业兴衰成败的关键。

(3)作风民主,善于决断。科学决策要发扬民主,集思广益,虚心听取各方面的意见,尤其要注意听取有关专家智囊的意见,并善于从中吸取有价值、有见解的内容。决策者还必须具有不失时机的决断魄力,拖延时间会在决策过程中产生新的、更大的风险。决断魄力还表现在能够动员全体员工充满必胜信心地去实施决策。

(4)尊重事实,敢于修正。如果决策出现失误,决策者应主动承担责任,这是决策者优秀品质和素养的表现。如果实践检验证明决策存在一定问题,决策者就应该勇敢地去修正错误。高水平、务实的决策不可能尽善尽美,而在于尊重事实,注重信息反馈,不断总结经验教训,及时调整和完善决策方案。无视事实、知错不改的决策者不是合格的决策者。

3. 决策者应具有的决策能力

决策者还必须具有较强的决策能力。决策能力是对某事出主意、想办法,作出合理抉择的能力。决策能力是一种综合能力,它主要由五种能力构成。

(1)分析问题能力。决策者要能够透过现象看到事物的本质,善于抓主要矛盾,善于辨别主流和支流,分清轻重缓急,权衡利弊得失,识别真假是非,提出正确方案。

(2)逻辑判断能力。决策者能够准确判断事物的前因后果,能够对事物发展的可能性作出较确切的判断,善于从大量复杂的管理活动中发现对组织的振兴和发展最关键、最急切需要解决的问题,做到站得高看得远。

(3)开拓创新能力。决策者应对新事物反应敏锐,具有丰富的想象力,思路开阔,有较强的开拓创新能力,善于提出新思路、新方案、新方法,能用确立组织目标激励组织员工不断进取,不断追求。决策者应努力成为理想的冒险家。

(4)直觉能力。决策者应对实际问题具有直接感应、敏锐判断的能力。在问题无法从容应对且情况紧急的时刻,能凭直觉及时决断,紧急应变。

(5)决断能力。决策者应根据有效的决策标准,毫不犹豫地作出决断。面对急剧变化的形势,决策者必须机智果断,敢于接受各种挑战。

在决策中,除了要充分发挥决策者个人的聪明才智以外,还应十分重视发挥决策群体的作用。为了实现科学决策,决策群体的智力结构是十分重要的。智力结构是指具有不同智力的人有机组合起来所形成的结构。一个具有合理智力结构的决策群体,能使每个决策者人尽其才,通过有效的结构组合产生巨大的群体能量。智力结构包括专业结构、年龄结构、知识结构、智能结构和素质结构等。合理的智力结构应符合知识互补、能力叠加、性格包容、年龄梯形的要求。

🏠 **管理案例**

洛克菲勒的捐赠

"二战"的硝烟刚刚散尽，以美英法为首的战胜国几经磋商，决定在美国纽约成立一个协调处理世界事务的联合国。一切准备就绪之后大家才蓦然发现，这个全球最权威的世界性组织，竟没有自己的立足之地。联合国对此一筹莫展。

听到这一消息后，美国著名的家族财团洛克菲勒家族经过商议，马上果断出资870万美元在纽约买下一块地皮，将这块地皮无条件地赠予了这个刚刚挂牌的国际性组织——联合国。同时，洛克菲勒家族亦将毗邻的大面积地皮全部买下。

对洛克菲勒家族的这一出人意料之举，当时许多美国大财团都吃惊不已。870万美元，对于战后经济萎靡的美国和全世界，都是一笔不小的数目，洛克菲勒家族却将它拱手相赠，并且什么附加条件也没有。这条消息传出后，美国许多财团主和地产商都纷纷嘲笑说："这简直是蠢人之举。"并纷纷断言："这样经营不要10年，著名的洛克菲勒家族财团，便会沦落为著名的洛克菲勒家族贫民集团。"

但出人意料的是，联合国大楼刚建成完工，毗邻四周的地价便立刻飙升起来，相当于捐赠款数十倍、近百倍的巨额财富源源不断地涌进了洛克菲勒家族财团。这种结局，令那些曾讥讽和嘲笑过洛克菲勒家族捐赠之举的商人们目瞪口呆。

第三节 决策方法

从20世纪中叶以来，决策方法的发展速度明显加快，而且发生了质的改变。决策工作在数学化、模型化、计算机化的同时，十分注重人在决策中的作用。我们可将众多的决策方法概括为两大类，即定性分析法和定量决策法。

定性分析法是建立在人们的经验、知识、智慧等基础上，对决策方案进行评价和判断的一种方法。在管理工作中，有许多问题有时很难量化处理，往往要依靠经验进行判断，因而它是一种常用的不可缺少的方法。此类方法尤其注重发挥人的主观能动性，简便灵活。但它也存在一定的局限性，决策是建立在个人主观判断基础上的，主观成分较大，缺乏严格的科学论证，易受传统观念的影响。此类方法主要适用于受社会因素影响较大、所含因素错综复杂的战略决策。

定量决策法是根据已有的实际数据以及各个变量的相互关系，建立一定的数学模型，通过运算，取得结果，进行判断。它可以解决单靠经验很难精确判断的复杂问题，同时能把大量的程序化决策工作计算机化，减轻了决策工作量，使决策者能集中时间和主要精力去解决更重要的问题，提高决策的效率。但定量决策法也有其局限性，尤其是许多社会因素无法估量，使此类方法的使用受到限制。此类方法主要适用于常规决策、程序化或规范化决策等。

一、定性分析法

（一）头脑风暴法

头脑风暴法是一种比较常用的集体决策方法，通常是将对解决某一问题有兴趣的人集合在一起，在完全不受约束的条件下，让大家开动脑筋，敞开思路，畅所欲言，经过互相启发，产生连锁反应，集思广益，进而决策的方法。

头脑风暴法的四项原则：

1. 对别人的建议不作任何评价，将相互讨论限制在最低限度内。

2. 建议越多越好，在这个阶段，参与者不要考虑自己建议的质量，想到的都说出来。

3. 鼓励每个人独立思考，广开言路，想法越新颖、越奇异越好。

4. 可以补充和完善已有的建议，使它更具说服力。

头脑风暴法的目的在于创造一种畅所欲言、自由思考的氛围，诱发创造性思维的共振和连锁反应，产生更多的思维火花。这种方法的时间安排应在1—2小时，参加者以5—6人为宜。

 管理实训

> **头脑风暴小游戏——粉笔有哪些用途？**
>
> 要求：反应速度要尽可能快，不能重复别人说过的，但可以更加具体，保持安静，不能嘲笑、反驳别人（我们只对事不对人），可以把别人的想法记录下来。

（二）德尔菲法

德尔菲法又称专家意见法，其基本程序是：由企业外的见多识广、具有专长的市场专家做市场预测。首先确定预测课题，再请专家（10—50人）背靠背地对需要预测的问题提出意见，主持人将各人意见综合整理后又反馈给每个人，使他们有机会比较一下他人的不同意见，并发表自己的看法，再寄给主持人。主持人综合整理后再次反馈给每个人，如此重复四五次后，一般可得出一个比较一致的意见。

运用该方法的关键是：

1. 选择好专家，主要取决于决策所涉及的问题或机会的性质。

2. 专家人数要适当，一般10—50人较好。

3. 拟定好意见征询表，它的质量直接关系到决策的有效性。

德尔菲法可以让每位专家充分发表自己的意见，免受权威人士左右。具有多次反馈性、收敛性、匿名性的特征。但此法主要是靠主观判断，若专家选得不合适，预测结果难保准确；而且，意见反馈多次，一是比较费时间，二是可能引起专家反感。

二、定量决策法

定量决策法包括确定型决策方法、风险型决策方法和不确定型决策方法三大类。

（一）确定型决策方法——量本利分析方法

它是有关产品的产（销）量、成本和盈利三者的相互关系，分析各计划方案相对应的经营

效益或相关问题,属于经营决策。

已知:销售收入＝总成本＋目标利润

销售收入＝销售量×销售单价

总成本＝固定成本＋变动成本,变动成本＝销售量×单位变动成本

将销售量用 Q 表示,销售单价用 P 表示,固定成本用 F 表示,单位变动成本用 V 表示,目标利润用 B 表示。

则:
$$Q \times P = F + Q \times V + B$$
$$Q = (F + B)/(P - V)$$

当 $B = 0$ 时,即目标利润为0,不盈不亏,称盈亏平衡点,此时:

$$Q = F/(P - V)$$

盈亏平衡点的计算公式看似繁琐,但却能帮经营者理清思路,认清目标。饭店餐饮部经理有必要测算一下自己部门的盈亏平衡点。因为餐饮有淡旺季之分,所以每个月的盈亏平衡点是不同的。经营者可以拿出以前的旧账本,逐项计算,所得数字对明年同一时期的经营会有一定的参考价值。

【例5-1】 某饭店在中秋期间计划生产一种月饼,月固定成本(厂房设施设备折旧、利息、管理人员工资、广告费、办公费用等)为100 000元,单位变动成本为50元/盒,产品销售价格为75元/盒。请计算:

1. 该饭店生产月饼的当月盈亏平衡点产量应是多少盒? 其盈亏平衡点的销售额为多少?

2. 如果要实现当月50 000元的利润,其产量应为多少盒?

解:

1. $Q = F/(P - V) = 100\ 000/(75 - 50) = 4\ 000$ (盒)

   销售额 $= Q \times P = 75 \times 4\ 000 = 300\ 000$ (元)

2. $Q = (F + B)/(P - V) = (100\ 000 + 50\ 000)/(75 - 50) = 6\ 000$ (盒)

【例5-2】 某三星级饭店有200间客房,固定资产折旧、管理人员工资、公用区域费用等固定成本每天为19 200元,每间客房的单位变动成本(人员工资、水电费、一次性用品等)为40元,实际销售平均房价200元/间。问:

1. 该饭店客房的保本销售量应为多少?

2. 每天要实现10 000元的利润,其销量应为多少?

3. 上述两种情况的出租率又为多少?

解:

1. $Q = F/(P - V) = 19\ 200/(200 - 40) = 120$ (间)

2. $Q = (F + B)/(P - V) = (19\ 200 + 10\ 000)/(200 - 40) \approx 183$ (间)

3. 保本出租率＝销售量÷单价＝120÷200＝60%

   每天实现利润10 000元的出租率＝销售量÷单价＝183÷200＝91.5%

【例5-3】 某酒店餐饮部的盈亏平衡分析如下:

1. 月度固定总成本:

工资:300 000元;折旧费用:100 000元;广告:20 000元;保险:10 000元;其他费用:30 000元(包括水费、电费、电话费等)。总计:460 000元。

2. 平均每客的销售额：

假如根据该餐饮部4月的详细销售记录,计算得出当月平均每个客人的销售额为300元。

3. 平均单位变动成本：

通过相关资料算出每个客人的消费额中的平均进价成本为150元。

计算每日的销售量和销售收入是多少,才能盈亏平衡?

解：

月盈亏平衡点销售量 $= 460\,000 \div (300 - 150) \approx 3\,067$（人次）

盈亏平衡点销售收入 $= 3\,067$（人次）$\times 300 = 920\,100$（元）

因此,该酒店餐饮部为达到盈亏平衡,若每月经营30天,则每天必须销售：

每日平均销售量 $= 3\,067 \div 30 \approx 103$（人次）

每日平均销售收入 $= 920\,100 \div 30 = 30\,670$（元）

即每日销售额为30 670元时达到盈亏平衡。

思考： 若每月利润要达到20万元,则每天的销售量为多少? 销售收入为多少?

（二）风险型决策方法——决策树分析方法

决策树法是风险型决策的常用方法,适用于未来可能有几种不同情况（自然状态）并且各种情况出现的概率可以根据资料来推断的情况。它用树形图来表示各备选方案、自然状态、自然状态所发生的概率及其条件损益,然后计算各备选方案的损益期望值,最后进行比较抉择,它属于投资决策。

1. 决策树的构成

决策树由决策点、方案枝、状态结点、概率枝、损益点等要素构成。决策树是以决策点为出发点,引出若干条方案枝,有几个方案就有几条方案枝,每一条方案枝代表一个备选方案。方案枝的末端有一个状态结点,从状态结点引出若干条概率枝,有几种概率就有几条概率枝,每一条概率枝代表一种自然状态,概率枝上标明每种自然状态下的概率损益值。这样层层展开,形同树状,由此而得名。

2. 决策树的操作步骤

（1）绘制树枝图。绘制程序是从左向右分层展开。在进行决策条件分析的基础上,确定有哪些方案可供决策的选择,估计各种备选方案实施后可能产生哪几种自然状态及各自的概率。如果是多级决策,则应确定是几级决策,并逐级展开其方案枝、状态结点和概率枝。

（2）计算损益期望值。损益期望值的计算由右向左逐步进行。首先将各种自然状态下的损益值分别乘上各自概率枝上的概率,再乘上方案使用的期限（容易忽视的地方）,最后将各概率枝上的值相加,将其标在状态结点的上方。

（3）剪枝。比较各备选方案的损益期望值（如方案实施过程中有费用发生,还应将状态结点值减去方案费用后再进行比较）,剪掉损益期望值小的方案,最后只保留损益期望值最大的那一条方案枝,在剪掉的方案枝上标上"∥"记号,将最大的损益期望值标在决策点上方。

决策树分析法是一种风险决策方法,在投资决策中是常用的方法。

（三）不确定型决策方法

不确定型决策方法是指在决策问题的未来不能确定的情况下,通过对决策问题的变化的各种因素分析,估计有几种可能发生的自然状态,计算其损益值,按一定的原则进行选择的方法。这种决策方法主要有大中取大法、小中取大法、最大最小后悔值法。

例如，某公司准备生产一种新产品，市场预测表明可能有三种情况：销路好、销路一般、销路差。制造该产品有三种方案：A. 改进生产线；B. 新建生产线；C. 协作生产。各方案在不同情况下的收益估计值见表5-1。

表5-1　不同情况下的收益估计值

单位：万元

行动方案	销路好	销路一般	销路差
A. 改进生产线	180	120	−40
B. 新建生产线	240	100	−80
C. 协作生产	100	70	16

1. 大中取大法（乐观原则）：找出每个方案在各种自然状态下的最大损益值，取其中最大者，所对应的方案即为合理方案。

上例中，A方案最大收益值为180万元，B方案最大收益值为240万元，C方案最大收益值为100万元。可见，对应最大值240万元的B方案应为最优方案。因为这个方案是最有利条件下的最好方案，因此风险也很大，应谨慎采用。

2. 小中取大法（悲观原则）：找出每个方案在各种自然状态下最小损益值，取其中大者所对应的方案即合理方案。

上例中，A方案最小收益值−40万元，B方案最小收益值为−80万元，C方案最小收益值为16万元。经比较可知，应选择C方案。因为这个方案是最不利条件下的最好方案，因此是不冒险而稳当的决策方法。

3. 最大最小后悔值法：由于不确定型问题中各方案的自然状态出现的概率未予估计，在各种不同的自然状态下，可能有不同的理想方案。当选择了某一自然状态下的理想方案，而实际出现另一种自然状态时，就会产生"后悔"感觉。因此，这个方法是假定因失误而"后悔"，那么，就应当把"后悔"的损失控制在最低限度。采用这个方法时，先计算同一自然状态下各方案比较的"后悔值"。

后悔值=该自然状态下最优方案的效益值−该自然状态下其他方案效益值

然后，按每一个备选方案取其最大的"后悔值"。最后，从这些最大"后悔值"中找出最小的作为决策方案（如表5-2所示）。

表5-2　决策方案

单位：万元

行动方案	收益值			后悔值			最大后悔值
	销路好	销路一般	销路差	销路好	销路一般	销路差	
A. 改进生产线	180	120	−40	60	0	56	60
B. 新建生产线	240	100	−80	0	20	96	96

（续表）

行动方案	收益值			后悔值			最大后悔值
	销路好	销路一般	销路差	销路好	销路一般	销路差	
C. 协作生产	100	70	16	140	50	0	140
最大后悔值中的最小值							60
决策方案							A. 改进生产线

本章小结

决策是指决策者在拥有大量信息和丰富经验的基础上,对未来行为确定目标,并借助一定的手段、方法和技巧,对有关影响因素进行分析研究后,从两个以上备选方案中选择一个满意方案的分析判断过程。决策具有目标性、可行性、选择性、满意性、过程性和动态性等特点。

决策可根据不同划分标准分类为:战略决策、管理决策、业务决策;程序化决策、非程序化决策;长期决策、短期决策;确定型决策、风险型决策、不确定型决策;个人决策、群体决策等。

提高决策有效性的要素包括有效的决策标准、充分的决策依据、科学的决策程序和优秀的决策者。

决策的方法有定性分析法和定量决策法两类。

 思考与探究

1. 决策有哪些主要特点? 你是如何理解的?

2. 优秀的决策者应该具备哪些基本素质和能力?

3. 决策要经过哪些步骤? 各步骤的工作重点是什么?

4. 如何才能提高决策的正确率?

5. 简述头脑风暴法的原则。

6. 某企业在市区租了一幢厂房,租期10年,现打算改造成饭店。据市场预测,生意好的概率为0.7,生意差的概率为0.3,有两种方案可供选择:

方案一: 投资300万元装修,据估计,生意好时,每年可获利100万元;生意差时,每年亏损20万元。使用年限10年。

方案二: 投资100万元装修,据估计,生意好时,每年可获利60万元;生意差时,每年可获利20万元。使用年限10年。

请问哪种方案更好?

7. 假定你有2 000元钱可投资股市或存入银行,银行年利润为10%,而股市收益取决于经济状况,若情况好,每年可赚500元;一般情况下可得300元;情况不好时可能损失100元。问题: 按照大中取大法、小中取大法、最大最小后悔值法各选取哪个方案?

 案例分析

案例分析一

洛克威尔公司的决策

在20世纪90年代，像Lockheed Martin、TRW Systems等其他美国国防工业大公司一样，洛克威尔公司（Rockwell）感觉到了美国军事费用缩减所带来的压力。随着苏联的解体和冷战的结束，五角大楼的武器和设备（例如导弹、坦克、卫星等）的购买量仅为20世纪80年代购买量的50%。这样的外部环境给洛克威尔公司的业绩带来了严重的威胁，管理者必须找到一项新的战略以应对这一威胁，改善公司业绩。在公司CEO唐纳德·比尔的领导下，洛克威尔公司采取了一项带领公司进入21世纪的新战略。他是公司从主要依赖军事工业向民用工业转型战略的主要推动者。例如，通过购买诸如Allen Bradley和Reliance Electric等实力强大的公司，比尔使洛克威尔公司进入工业自动化领域。每当洛克威尔公司购买一个新的公司以后，比尔都会为新公司提供洛克威尔公司拥有的大量技术和电子领域的支持，从而使新公司变得更加强大和富有竞争力。洛克威尔公司曾设计建造了B-1轰炸机、阿波罗太空飞船、航天飞机，在新产品创新方面拥有大量的技术和技能，并拥有一支富有创造力的工程师队伍。比尔的目标是将洛克威尔公司在军事领域所积累的技术应用于众多新领域的产品开发。一些分析人士对比尔所做的收购持批评的态度，认为比尔没有一贯的目标。他们声称，在很多公司决定集中于某一专一领域的时候，比尔建立了一个包括军事电子、自动化产品、印刷出版、航天飞机发动机、传真机芯片、塑料、通信等众多领域的多元化王国。在洛克威尔公司将其高新技术和资源注入Allen Bradley和Reliance Electric等公司后，这些公司共获得了工业电子市场30%的市场份额。现在，这些公司的利润占到了洛克威尔公司利润来源的50%以上。这仅仅是一种运气，还是使洛克威尔公司成为高科技领头羊的一系列战略行动胜利的开始呢？

讨论分析

请根据决策程序，评价比尔的行动。

案例分析二

该由谁骑这头驴？

一位农民和他年轻的儿子到离村12里地的城镇去赶集。开始是老农骑着驴，儿子跟在驴后面走。没走多远，就碰到一位年轻的母亲，她指责农夫虐待他的儿子。农夫顿觉不好意思，只好下了驴，让给儿子骑。走了一里地，他们遇到一位老和尚，老和尚见年轻人骑着驴，而让老者走路，就骂年轻人不孝顺。儿子马上跳下驴，看着他父亲。俩人决定谁也不骑。俩人又走了四里地，碰到一学者，学者见俩人放着驴不骑，走得气喘吁吁，就笑话他们

放着驴不骑,自找苦吃。农夫听学者这么说,就把儿子托上驴,自己也翻身上驴。俩人一起骑着驴又走了三里地,碰到了一位外国人,这位外国人见俩人合骑一头驴,就指责他们虐待牲口!

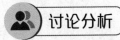 **讨论分析**

你若是那位老农,你会怎么做?

第六章 ▶▶▶
计 划

◇◇◇◇◇◇◇◇◇◇◇◇◇◇◇◇◇◇◇◇◇◇◇◇ **章前导语** ◇◇◇◇◇◇◇◇◇◇◇◇◇◇◇◇◇◇◇◇◇◇◇◇

凡事预则立,不预则废。管理作为一项有意识的活动,必须经过周密的规划与运筹。计划是管理的首要职能,它统驭并渗透于其他后续的管理职能。计划既包括选定和分解组织目标,又包括确定实现这些目标的方案与途径。管理者必须围绕计划规定的目标,去从事组织、领导、协调、控制等管理活动。

一个企业、一个地区或一个国家的命运,从某种意义上讲取决于管理其事务的人的思想和计划。在现代社会里,计划工作已成为组织生存的必备条件,对企业而言更是如此,良好的计划是增强竞争力的重要途径和有力工具。

◇◇◇◇◇◇◇◇◇◇◇◇◇◇◇◇◇◇◇◇◇◇ **本章导学** ◇◇◇◇◇◇◇◇◇◇◇◇◇◇◇◇◇◇◇◇◇◇

学习目标

认识计划的含义、内容、作用、分类;

了解计划的编制程序;

掌握目标管理的基本思想与目标管理的过程;

了解现代计划的几种方法:运筹学法、滚动计划法、甘特图法、网络计划技术等。

关键术语

计划　战略计划　战术计划　作业计划　指导性计划　目标管理　滚动计划法　网络计划技术

第一节　计　划　概　述

计划是关于组织未来的蓝图，是对组织在未来一段时间内的目标和实现目标途径的策划与安排。正如哈罗德·孔茨所言："计划工作是一座桥梁，它把我们所处的这岸和我们要去的对岸连接起来，以克服这一天堑。"

一、计划的概念

（一）计划的含义

计划包括确定目标和制定全局战略任务，以及完成任务和目标的行动方案。计划有广义和狭义之分。

广义：计划包括从分析预测未来的情况与条件，确定目标，决定行动方针与行动方案，并依据方案去配置各种资源，进而执行任务，最终实现既定目标的整个管理过程。

狭义：它是组织在未来一定时期内的行动目标和方式在时间和空间上的进一步展开，又是组织、领导、控制等管理活动的基础。

（二）计划的内容

计划的内容可通俗地概括为七个方面，简称为"5W2H"。

What——做什么？明确计划的具体任务和要求，明确每一个时期的中心任务和工作重点。

Why——为什么做？明确计划工作的宗旨、目标和战略，并论证可行性。

Who——谁去做？计划的实施离不开人的行为，因此计划必须明确由哪些部门、哪些人来完成规定的各项任务和目标。

Where——何地做？规定实施地点或场所，了解计划实施的环境条件和限制。

When——何时做？一个切实可行的计划，必须明确指出各项行动的时间要求，而这种时间安排必须和组织内外部状况相适应。

How——怎样做？计划的具体实施措施以及相应的政策和规则。计划实施可以有多种途径，应尽可能选择好的方法和手段，以保证计划的有效性。

How much——成本和产出多少？计划的实现程度，完成的数量和质量水平，投入的成本以及有效的产出。

（三）计划和决策的关系

决策与计划既相互区别又相互联系。这两项工作需要解决的问题不同。决策是关于组织活动方向、内容以及方式的选择。计划则是对组织内部不同部门和不同成员在一定时期内行动任务的具体安排，它详细规定了不同部门和成员在该时期内从事活动的具体内容和要求。

计划与决策的联系体现在：

1. 决策是计划的前提，计划是决策的逻辑延续。决策为计划的任务安排提供了依据，计划则为决策所选择的目标活动的实施提供了组织保证。

2. 在实际工作中，决策与计划是相互渗透，有时甚至是不可分割地交织在一起的。

二、计划的特点和作用

（一）计划的特点

计划作为管理的基本职能之一，具有首要性、普遍性、目的性、实践性、效率性和创造性等特点。

1. 首要性

计划是进行其他管理职能的基础或前提条件。计划在前，行动在后。组织的管理过程首先应当明确管理目标、筹划实现目标的方式和途径，这些都是计划工作的任务。计划在管理职能中处于首要地位，管理过程当中的其他职能都是为了支持、保证目标的实现，因此这些职能只有在计划确定了目标之后才能进行。

2. 普遍性

计划涉及组织中的每一位管理者及员工，总目标确定后，各级管理人员为了实现组织目标，都需要制订相应的分目标及分计划，因此计划具有普遍性。

3. 目的性

任何组织或个人制订计划都是为了有效地达到某种目标。计划工作要使今后的行动集中于目标，要预测并确定哪些行动有利于达到目标，哪些行动不利于达到目标或与目标无关，从而指导今后的行动朝着目标的方向迈进。

4. 实践性

计划的实践性主要是指计划的可操作性。符合实际、易于操作、目标适宜，是衡量一个计划好坏的重要标准。另外，为了适应环境的变化，克服不确定因素的干扰，要适当增加计划的弹性。

5. 效率性

计划工作追求效率，计划的效率可以用计划对组织目标的贡献来衡量。对一个企业来说，制订合理的计划是否带来更大的绩效，就要看这个计划对目的和目标的贡献。许多检验计划与绩效关系的研究得出以下结论：首先，一般情况表明，正式计划通常与更高的利润、更高的资产报酬率及其他积极的财务成果相联系；其次，高质量的计划过程和适当的实施过程比泛泛的计划可以创造更高的绩效；再次，凡是正式计划未能创造高绩效的情况，一般都是因为环境的原因。因此，一项好的计划，可以使企业以合理的代价实现目标，这样的计划才是有效率的。

6. 创造性

计划工作是一项创造性工作，是根据内外环境的变化对管理活动的重新组合和设计，而不是过去计划的翻版。

（二）计划的作用

1. 计划是管理活动的依据

计划为管理工作提供了基础，是管理者行动的依据。管理者要根据计划分派任务并确定下级的权利和责任，促使组织中的全体人员的活动方向趋于一致，形成复合的组织行为，以保证达到计划所确定的目标。

2. 计划有助于组织目标的实现

任何组织在任何时候都必须具有生存的价值和存在的使命。决策活动为组织确立了存在的使命和目标并且进行了实现方式的选择。计划是对决策工作在时间和空间两个维度上进一步地展开和细化。所谓在时间维度上进一步展开和细化，是指计划工作把决策所确立的组织目标及其行动方式分解为不同时间段（如长期、中期、短期等）的目标及其行动安排；所谓在空间维度上进一步展开和细化，是指计划工作把决策所确立的组织目标及其行动方式分解为组织内不同层次（如高层、中层、基层等）、不同部门（如生产、人事、销售、财务等部门）、不同成员的目标及其安排。组织的各种计划及其各项计划工作有助于完成组织的目标。

3. 计划是合理配置资源、减少浪费、提高效率的方法

计划工作的重要任务就是使未来的组织活动均衡发展。计划可以使组织的有限资源得到合理的配置。由于有了计划，组织中各成员的努力将合成一种组织效应，将大大提高工作效率，从而带来经济效益和社会效益。

4. 计划是预测变化、减少冲击的手段

计划是面向未来的。对于未来，无论是组织生存环境，还是组织自身都具有一定的不确定性和可变性。而计划工作可以让组织通过周密细致的预测，预见变化的冲击，制定适当的对策。计划工作可以减少不确定性，使管理者能够预见到行动的结果，从而尽可能地变"意料之外的变化"为"意料之内的变化"，用对变化深思熟虑的决策来代替草率的判断，从而变被动为主动，变不利为有利，减少变化带来的冲击。

5. 计划是管理者进行控制的标准

计划的重要内容是组织目标，它是制定控制标准的主要依据。有了控制标准才能衡量实际的实施效果，发现偏差，及时纠正，使组织活动不偏离管理者所期望的发展方向。

三、计划体系

（一）计划的类型

管理实践活动的复杂性，决定了组织计划的多样性。组织的管理系统具有层次性，不同层次的计划有不同的表现形式和内容。

1. 长期计划、中期计划和短期计划

按时间的长短可以将计划分为三种，即长期计划、中期计划和短期计划。一般是将1年及1年以内的计划称为短期计划，1年以上5年以内的计划称为中期计划，5年以上的计划称为长期计划。当然，这种计划时间的界限不是绝对的，会因组织的规模和目标的特性而有所不同。

2. 战略计划、战术计划和作业计划

计划可以按照所涉及的组织活动范围分成战略、战术和作业计划。在这三种计划中，战略计划是对组织全部活动所作的战略安排，为组织设立总体目标和寻求组织在所对应的环境中的地位的计划。这需要通盘考虑各种确定性与不确定性条件，谨慎制订计划，以指导组织的全面活动。战术计划一般是一种局部性的、阶段性的计划，它多用于指导组织内部某些部门的共同行动，以完成某些具体的任务，实现某些具体的阶段性目标。作业计划则是部门或个人的具体行动计划。作业计划通常具有个体性、可重复性和较大的刚性，一般情况下是必须执行的命令性计划。战略计划、战术计划和作业计划强调的是组织纵向层次的指导和衔接。

具体来说，战略计划往往由高层管理人员负责，战术计划和作业计划往往由中层、基层管

理人员甚至是具体作业人员负责。战略计划对战术计划、作业计划具有指导作用,而战术计划和作业计划的实施要确保战略计划的实施。

3. 指导性计划和具体计划

计划按明确性程度可划分为指导性计划和具体计划。指导性计划只规定一些重大方针,而不局限于明确的特定目标或特定的活动方案上。这种计划可为组织指明方向,统一认识,但并不提供实际的操作指南。具体计划则恰恰相反,要求必须具有明确的可衡量目标以及一套可操作的行动方案。具体计划不存在模棱两可、容易引起误解的问题。

指导性计划具有内在的灵活性,而具体计划便于及时、有效地完成特定的程序、方案和各类活动目标。组织通常根据面临的环境的不确定性和可预见性程度的不同,选择制订这两种不同类型的计划。

4. 综合计划、专业计划和项目计划

计划也可以按照其所涉及的活动内容分成综合计划、专业计划与项目计划。其中综合计划一般会涉及组织内部的许多部门和许多方面的活动,是一种总体性的计划。专业计划则是涉及组织内部某个方面或某些方面活动的活动计划,例如企业的生产计划、销售计划、财务计划等,它是一种单方面的职能性计划。项目计划通常是组织针对某个特定课题所制订的计划,例如某种新产品的开发计划、某项工程的建设计划、某项具体组织活动的计划等,它是针对某项具体任务的事务性计划。

(二)计划的表现形式

计划包含组织将来行动的目标和方式。计划是面向未来的,而不是过去的总结,也不是现状的描述;计划与行动有关,是面向行动的,而不是空泛的议论,也不是学术的见解。面向未来和面向行动是计划的两大显著特征。认识这一点,我们就能够理解计划是多种多样的。哈罗德·孔茨和海因茨·韦里克从抽象到具体,把计划分为一种层次体系:宗旨和使命、目标、战略、政策、程序、规则、方案、预算。

1. 宗旨和使命

宗旨指明一定的组织机构在社会上应起的作用和所处的地位。它决定组织的性质,决定此组织区别于彼组织的标志。各种有组织的活动,如果要使它有意义的话,至少应该有自己的目的或使命。宗旨可以看作一个组织最基本、最深远、最高的目标,是一个组织存在的基本理由。比如现在人们常说的奥林匹克宗旨是"更快、更高、更强"。

确立了组织的宗旨以后,为了实现它,组织就可以为自己选择一项使命。这项使命的内容就是组织选择的服务领域或事业。例如,奥林匹克的使命是彰显公正、公平、自由、平等,崇尚规则,遵循秩序;大学的使命是教书育人和科学研究;企业的使命是生产和营销商品及服务。这里应该强调的是,使命只是组织实现宗旨的手段,而不是组织存在的理由。组织为了自己的宗旨,可以选择这种事业,也可以选择那种事业。

2. 目标

组织的使命说明了组织要从事的事业,它往往比较抽象和原则,需要进一步具体为组织一定时期内的目标和各部门的目标,而组织的目标则更加具体地说明了组织从事这项事业的预期结果。使命支配着组织各个时期的目标和各部门的目标,而且组织各个时期的目标和各部门的目标是围绕组织存在的使命所制定的,并为完成组织使命而努力。在通常情况下,人们可以把组织目标进一步细化,从而得出多方面的目标,形成一个互相联系的目标体系。美

国学者对美国最大的80家公司的一次研究结果表明，每家公司设立的目标的数量从1个到18个不等，平均是5—6个。组织的目标包括了组织在一定时期内的目标以及组织各个部门的具体目标。

知识拓展

有效目标的"SMART 原则"

1. specific——具体的、明确的
2. measurable——可以量化考核的
3. achievable——能够实现的
4. result-oriented——注重结果的
5. time-limited——有时间期限的

3. 战略

战略是为实现组织目标所确定的发展方向、行动方针、行为原则、资源分配的总体谋划等。战略是指导全局和长远发展的方针，对于组织的思想和行动起引导作用。

战略的重点是要指明方向和资源分配的优先次序。组织在制定战略时不能"闭门造车"，而要仔细研究其他相关组织，特别是竞争对手的情况，以取得优势地位从而获得竞争优势。例如"百年竞争"中的两个主角——可口可乐公司和百事可乐公司，它们在制定各自的战略时必定要研究对方的战略。

4. 政策

政策是组织在决策或解决问题时用来指导和沟通思想与行动方针的规定或行为规范。不同层次的组织可以相应地制定不同层次的政策，用于指导和规范各个职能部门的工作。用统一的政策指导，才能保证策略及整个计划体系的一致性。

5. 程序

程序是完成未来某项活动的方法和步骤。程序规定了某些经常发生的问题的解决方法和步骤。程序是一种经过优化的计划，是通过对大量经验事实的总结而形成的规范化的日常工作过程和方法，并以此来提高工作的效率。程序往往还能较好地体现政策的内容。

6. 规则

规则是一种最简单的计划。它是在具体场合和具体情况下，允许或不允许采取某种特定行动的规定。例如"上班不允许迟到"、"销售人员在规定范围外的费用开支需由副总经理核准"等。

7. 方案

方案是一个综合性的计划，它包括目标、政策、程序、规则、任务分配、要采取的步骤、要使用的资源以及为完成既定行动方针所需的其他因素。通常情况下，一个主要方案（规划）可能需要很多支持计划。在主要计划进行之前，必须把这些支持计划制订出来，并付诸实施。所有这些计划都必须加以协调和配套。

8. 预算

预算是用数字表示预期结果的一种报告书，是一种数字化的计划。预算作为一种计划，

勾勒出未来一段时期的现金流量、费用收入、资本支出等具体安排。预算还是一种主要的控制手段，是计划和控制工作的联结点，计划的数字化产生预算，而预算又将作为控制的衡量基准。

第二节　计划的编制、执行与调整

一、计划编制的程序

计划编制也是一个过程。在编制完整有效的计划时，要遵循同样的程序，这不仅是指大型计划，小型计划也是如此，只是小型计划相对更加简单，其中的一些步骤更为容易完成而已。以下是普遍应用的计划编制的程序。

（一）描述宗旨

计划编制工作起源于组织的使命和宗旨，鉴于以下两种情况，对宗旨的描述至关重要。一是组织并不存在明确的宗旨，界定并描述组织的宗旨便成为计划工作的重要内容。这通常出现在新创办的组织或处于重大变革时期的组织计划工作中。二是有既定宗旨，需要的是正确地理解组织的宗旨，并将其贯彻到计划的制订和实施工作中。在正确理解组织的使命和宗旨的基础上，还要把组织的使命和宗旨传播给组织成员、顾客及多种多样的相关利益群体，让参与计划的制订与实施工作有关的人员了解并接受组织的使命和宗旨，这有利于计划的快速有效实施。

（二）评估状况

计划工作的一个重要的工作环节是对组织的当前状况作出评估，这是制订和实施计划工作方案的前提。评估主要是对组织自身的优势和劣势、外部环境的机会和威胁进行综合分析，即SWOT分析。对于那些局部的作业性质的计划工作，往往并不需要特别复杂和综合的内外部环境分析，而只要对内部的资源与外部关系作出基本的判断。

分析外部关系可展示出计划工作必须予以关注的潜在机会和限制因素。如与供应商之间的关系，与顾客之间的关系，与公安、卫生、银行等公共群体之间的关系等。

（三）确定目标

目标是组织期望达到的最终结果，在这一步，要说明基本的方针和要达到的目标，说明制定战略、政策、规则、程序、规划和预算的任务，指出工作重点。组织目标指明主要计划的方向，这些主要计划根据反映组织目标的方式，规定各个主要部门的目标，而主要部门的目标，又依次控制下属各部门的目标，如此等等，依此类推。

 知识拓展

篮球架子原理

你留意过篮球架子吗？篮球架子为什么要被做成现在这么高，而不是像两层楼那样高，或

者跟一个人差不多高？不难想象，对着两层楼高的篮球架子，几乎谁也别想把球投进篮圈，也就不会有人犯傻了；然而，跟一个人差不多高的篮球架子，随便谁不费多少力气便能"百发百中"，大家也会觉得没啥意思。现在这个跳一跳、够得着的高度是促使篮球成为一个世界性的体育项目的原因之一，引得无数体育健儿奋争不已，也让许许多多的爱好者乐此不疲。篮球架子的高度启示我们，一个"跳一跳、够得着"的目标最有吸引力，对于这样的目标，人们才会以高度的热情去追求。因此，要想调动人的积极性，就应该设置有着这种"高度"的目标。

（四）确定前提条件

把握和利用关键性的计划前提条件，有助于编制计划人员取得一致意见。前提条件是关于要实现计划的环境假设条件。这里要特别指出的是，凡承担编制计划的每个人越彻底地理解和同意使用一致的计划前提条件，组织的计划工作就越协调。然而，要把一个计划的将来环境的每个细节都作出假设是不切合实际的。因此，前提条件实际上讲只能是限于那些对计划起关键性作用的，或具有策略意义的假设条件，也就是限于那些对计划的贯彻实施最有影响的假设条件。

（五）制订计划方案

计划方案类似于行动路线图，是指挥和协调组织活动的工作文件。它可以清楚地告诉组织管理人员和员工要做什么、何时做、由谁做、何处做以及如何做等。

编制计划时，没有可供选择的合理方案的情况是不多见的，但更加常见的问题并非是寻求过多的可供选择的方案，而是减少可供选择方案的数量，以便可以分析最为合理的方案。

（六）评价备选方案

本步骤是根据前提和目标来权衡各种因素，比较各个方案的利弊，对各个方案进行评价。评价所得出的结论，一方面取决于评价者所采用的标准，另一方面取决于评价者对各个标准所赋予的权数。在多数情况下，存在很多可供选择的方案，而且有很多需考虑的可变因素和限制条件，评估会极其困难。由于存在这些复杂因素，我们可以借助于运筹学、数学方法和电脑计算技术等评价方案，这对于可供选择方案的评估是有帮助的。

（七）挑选可行方案

这是采用计划的关键一步，也是作出决策的紧要环节。有时候，可供选择方案的分析和评估表明两个或两个以上的方案是合适的。在这种情况下，管理人员在确定首先采取的方案的同时，可以把其他几个方案作为后备方案，这样可以加大计划工作的弹性，使之更好地适应未来环境。

（八）制订辅助计划

辅助计划就是总计划下的分计划，例如一个企业组织发展战略中的投资计划、生产计划、采购计划、培训计划等。总计划要靠辅助计划来支持，而辅助计划又是总计划的基础。

（九）编制预算

这是计划工作的最后一步，即把计划转变成预算，使之数字化。组织的全面预算体现收入和支出的总额，所获得的利润或者盈余，以及主要资产负债项目的预算。如果预算编得好，则可以成为汇总各种计划的一种手段，也可以成为衡量计划完成进度的重要标准。

管理案例

一家食品公司的计划

一家食品公司通过市场调查和分析,发现儿童营养食品具有非常广阔的市场前景,而该食品公司又有能力研究开发和生产此类产品,因此这是一个市场机会。该公司估量了这次机会之后,就确立了生产儿童营养食品的目标。食品公司确定生产儿童营养食品后,具体预测分析了当前的消费水平,公司制造能力,产品市场价格,原材料的种类、来源、价格,市场潜力,市场竞争者情况等。食品公司具体拟订了多个可供选择的方案,接着组织专家评估各种备选方案,最后从诸多可行方案中选择一个较优方案作为决策方案,确定了具体生产何种儿童营养食品,每年生产多少,需要投入多少人力、物力和财力,各部门具体应该做哪些工作等。决策方案下达后,各业务部门和下层单位又拟订了具体的部门计划,如生产计划、销售计划和财务计划等,以支持总计划得以实现。然后进行方案的实施,并进行检查和收集反馈。

请评析这家食品公司的计划程序。

二、计划的执行

计划工作的目的是通过计划的制订和组织实施来实现决策目标。因此,编制计划只是计划工作的开始,更重要、更大量的工作还在于计划的执行。

组织计划执行的基本要求是:保证全面地、均衡地完成计划。所谓全面地完成计划,是指组织整体、组织内的各个部门要按整体主要指标完成计划,不能有所偏废;所谓均衡地完成计划,则是指要根据时段的具体要求,做好各项工作,按年、季、月,甚至旬、周、日完成计划,以建立正常的活动秩序,保证组织稳步地发展。

如果说决策与计划的制订主要是专业工作者的业务范畴的话,计划的执行则需要依靠组织全体成员的努力,因此,能否全面、均衡地完成计划,在很大程度上取决于在计划执行中能否充分调动全体组织成员的工作积极性。

为了调动组织成员在计划执行中的积极性,我国一些企业于20世纪80年代初开始引进目标管理,并取得了一定的成效。

(一)目标管理

1. 目标管理的由来

目标管理(Management by Objectives, MBO)是美国管理学界20世纪50年代提出的。它是在泰勒的科学管理理论和行为科学理论基础上形成的一套管理制度。德鲁克对目标管理的形成和发展作出了重大贡献。1954年,德鲁克在他所著的《管理的实践》一书中首先提出了"目标管理和自我控制"的主张,并对目标管理的原理作了较全面的概括。与此同时,还有许多先驱者对目标管理也同样作出了重大贡献,在此基础上,形成了目标管理制度。由于这种制度在产生的初期主要用于对主管人员的管理,所以它被称为"管理中的管理",后来推广到针对企业的所有人员的各项工作中。MBO在强化企业素质、实现有效管理方面,取得了较好的效果。20世纪50年代末，MBO在美国、日本、西欧各国广泛流传起来。现在，它已成为世界上普遍流行的一种组织管理体制。

2. 目标管理的基本思想

目标管理是指组织的最高领导层根据组织所面临的形势和社会需要，制定出一定时期内组织经营活动所要达到的总目标，然后层层落实，要求下属各部门管理者甚至每个员工根据上级制定的目标制定出自己工作的目标和相应的保证措施，形成一个目标体系，并把目标完成的情况作为各部门和个人工作绩效评定的依据。

目标管理的基本思想主要为：

（1）组织的任务必须转化为目标，各级管理人员必须通过目标对下级进行领导并以此来保证企业总目标的实现。

（2）目标管理是一种程序，使一个组织中的各级管理人员共同来制定目标，并确定彼此的责任。如果没有方向一致的目标来指导每个人的工作，则企业规划越大，人员越多时，发生冲突和浪费的可能性就越大。

（3）每个主管人员和员工的分目标就是组织总目标对其的要求，同时也是这个员工对组织总目标的贡献。只有每个人的目标都完成了，组织的总目标才有完成的希望。

（4）组织管理人员对下级进行考核也依据这些分目标。由组织的最高管理层出发，经过分解和转换后，由各级主管和全体员工共同参与制定出的目标，通过这样一整套自上而下的目标体系和自我激励过程，来保证总目标的实现。

（5）管理人员和员工是由目标来管理的，以所要达到的目标为依据，进行自我指挥、自我控制，而不是由其上级来指挥和控制的。

3. 目标管理的特点

（1）MBO是参与管理的一种形式。员工参与决策，有利于目标的实现，形成总目标—层次目标—下一层次目标—下下一层次目标的"目标链条"。总目标指导分目标，分目标保证总目标。

（2）MBO既重视科学管理，又重视人的因素，强调"自我控制"方法，并在工作中发挥聪明才智，实现自我控制、自我管理。

（3）MBO促使权力下放，授权下级是提高目标管理效果的关键。

（4）MBO注重成果。实行MBO后，由于有了一整套的目标考核体系，能根据员工实际贡献的大小如实地评价员工的表现，克服了以往凭印象、主观判断等传统管理方法的不足。

（二）目标管理的过程

实行目标管理一般要开展的工作步骤如下：

1. 制定目标

制定目标包括确定组织的总体目标和各部门的分目标。总目标是组织在未来从事活动要达到的状况和水平，其实现有赖于全体成员的共同努力。为了协调这些成员在不同时空的努力，各个部门的各个成员都要建立与组织目标相结合的分目标。这样，就形成了一个以组织目标为中心的一贯到底的目标体系。在制定每个部门和每个成员的目标时，上级要向下级提出自己的方针和目标，下级要根据上级的方针和目标制定自己的目标方案，在此基础上进行协商，最后由上级综合考虑后作出决定。

2. 执行目标

组织中各层次、各部门的成员为达到分目标，必须从事一定的活动，活动中必然会利用一定的资源。为了保证他们有条件组织目标活动的开展，必须授予其相应的权力，使之有能力调动和利用必要的资源。有了目标，组织成员便会明确努力的方向；有了权力，他们便会产生强烈的与权力使用相应的责任心，从而能充分发挥他们的判断能力和创造能力，使目标执行活动有效地进行。

3. 评价成果

成果评价既是实行奖惩的依据，也是上下左右沟通的机会，同时还是自我控制和自我激励的手段。成果评价既包括上级对下级的评价，也包括下级对上级、同级关系部门相互之间以及各层次自我的评价。上下级之间的相互评价，有利于信息、意见的沟通，从而实现对组织活动的控制；横向的关系部门相互之间的评价，有利于保证不同环节的活动协调进行；而各层次组织成员的自我评价，则利于促进他们的自我激励、自我控制以及自我完善。

4. 实行奖惩

组织对不同成员的奖惩是以上述各种评价的综合结果为依据的。奖惩可以是物质的，也可以是精神的。公平合理的奖惩有利于维持和调动组织成员饱满的工作热情和积极性，奖惩有失公正，则会影响这些成员行为的改善。

5. 制定新目标并开始新的目标管理循环

成果评价与成员行为奖惩，既是对某一阶段组织活动效果以及组织成员贡献的总结，也为下一阶段的工作提供参考和借鉴。在此基础上，为组织及其各个层次、部门的活动制定新的目标并组织实施，展开目标管理的新一轮循环。

管理者可以通过一些方法来保证目标管理项目的成功。首先，目标应当被量化、具体化，同时应当确保目标的现实性和挑战性。其次，应当定期评估和更新目标，并要求有一定的灵活性，以便在条件允许的情况下进行变更。

然而，一个有效的目标管理项目并不仅仅是设定目标；目标管理的主要目的是要将个人目标、部门目标以及组织目标整合成一个有机的整体。事实上，目标管理方法的发明人德鲁克认为，目标管理不是一系列僵化的步骤，而是一种管理哲学。就像他所说的，每一位管理者的目标必须被设定为他需要为其所在组织的成功作出的贡献。因此，目标管理可以使得企业管理者清楚地看到各层次目标以及各部门目标之间的联系，并由此制定出公司的目标层级结构。

管理案例

北斗公司刘经理在一次职业培训中学习到很多目标管理的内容。他对于这种理论逻辑上的简单清晰及预期的收益印象非常深刻。因此，他决定在公司内部实施这种管理方法。首先，他需要为公司的各部门制定工作目标。刘经理认为，由于各部门的目标决定了整个公司的业绩，因此应该由他本人为他们确定较高的目标。确定了目标之后，他就把目标下发给各个部门的负责人，要求他们如期完成，并口头说明在计划完成后要按照目标的要求进行考核和奖惩。但是他没有想到的是，中层经理在收到任务书的第二天，就集体上书表示无法接受这些目标，致使目标管理方案无法顺利实施。刘经理感到很困惑。

根据目标管理的基本思想和目标管理实施的过程，分析刘经理的做法存在哪些问题？他应该如何更好地实施目标管理？

三、计划的调整

在计划的执行过程中,有时需要根据情况进行调整计划。这不仅因为计划活动所处的客观环境可能发生了变化,而且可能因为人们对客观环境的主观认识有了改变。为了使组织活动更加符合环境特点的要求,必须对计划进行适时的调整。

滚动计划法是保证计划在执行过程中能够根据情况变化适时修正和调整的一种现代计划方法。

滚动计划法的基本做法是,制订好组织在一个时期的行动计划后,在执行过程中根据组织内外条件的变化定期加以修改,使计划期不断延伸,滚动向前。

滚动计划法是一种动态方法。它不像静态分析那样,等计划全部执行完了之后再重新编制下一个时期的计划,而是在每次编制或调整计划时,将计划按时间顺序向前推进一个计划期,即向前滚动一次。依据此方法,对于距离现在较远的时期的计划编制得较粗略,只是概括性的,以便以后根据计划因素的变化而调整和修正,而对时期较近的计划要求则比较详细和具体。

滚动计划法能够根据变化了的组织环境及时调整和修正组织计划,体现了计划的动态适应性。而且,它可使中长期计划与年度计划紧密衔接起来。滚动计划法还可用于编制年度计划或月度作业计划。采用滚动计划法编制年度计划时,一般将计划期向前推进一个季度,计划年度中第一季度的任务比较具体,到第一季度末,编制第二季度的计划时,要根据第一季度计划的执行结果和客观情况的变化以及经营方针的调整,对原先制订的年度计划做相应的调整,并在此基础上将计划期向前推进一个季度。采用滚动计划法编制月度(旬)计划,一般可将计划期向前推进10天,这样可省去每月月末预计、月初修改计划等工作,有利于提高计划的准确性。

滚动计划法的缺点在于加大了计划的工作量。但其优点也是很明显的,这种计划方法推迟了对远期计划的决策,增加了计划的准确性,提高了计划工作的质量;同时这种计划方法使长、中、短期计划能够相互衔接,既保证了长期计划的指导作用,使得各期计划能够基本保持一致,也保证了计划应具有的基本弹性,特别是在环境剧烈变化的今天,有助于提高组织的应变能力。

第三节　现代计划技术与方法

提高计划工作效率的最好方法就是采用科学的计划方法。运筹学法、甘特图法、网络计划技术等是目前常用的计划方法。

一、运筹学法

运筹学法是一种有效的计划方法。这种方法的核心是运用数学模型,力求将相关因素都转化为变量形式反映在模型中,然后通过数学和统计学的方法在一定的范围内解决问题。这种方法的具体步骤如下:

1. 根据问题的性质建立数学模型,同时界定主要变量和问题的范围。为了简化问题和突出重点影响因素,还需要作出各种假定;

2. 根据模型中变量和结果之间的关系,建立目标函数作为比较结果的工具;

3. 确定目标函数中各参数的具体数值;

4. 求解,即找出目标函数的最大或最小值,以此得到模型的最优解即问题的最佳解决方法。

运筹学法在运用于解决如何合理利用有限资源实现既定目标的问题上,产生了很好的效果。但也有一批管理学家对运筹学法提出了怀疑,主要集中在两点:一是针对模型的假设条件。为了建立模型的方便或降低模型的复杂程度,运筹学方法往往需要对原始问题进行若干的假设和抽象,以适合数理计算。这样的做法可能会有"削足适履"之嫌,过多的假设将使结果高度失真而失去解决实际问题的意义。二是关于目标函数的结果问题。运筹学法最终要得到问题的最优解。而在管理实践中,决策目标往往有多个,最终方案可能是多个目标的折中。管理者追求的往往是从多个角度来看均为"满意的解",而非附着各种条件的"最优的解"。

目前,随着计算技术的不断发展,数学模型允许的复杂程度不断提高,以上的疑虑已有部分得到了解决。虽然运筹学法远远不是一种最完美的方法,但这无疑要比简单地依靠经验推断和定性方法来作出计划要科学得多。在某些领域中,运筹学法还是一种不可替代的有效的计划方法。

二、甘特图法

甘特图法是以发明者的名字命名的,又名线条图、展开图、横线工作法,实际上是一种常用的日程工作计划进度图表。这种图表以纵轴展示计划项目,横轴展示时间刻度,在纵轴与横轴的交叉点上用直线或箭头表示两者的关系。

甘特图适用于具体实施计划的管理,操作简便,绘制也简便。绘制关键字包括序号、工作项目、时间刻度、责任人和备注等。

甘特图的最大特点是清楚的展示了工作的日程计划,尤其是较好的展示了计划的递进性,十分有利于日程计划的管理。

三、网络计划技术

网络计划技术是根据分析技术的基本原理转化而来的,有时也称为计划评审技术(Program Evaluation and Review Technique, PERT)。网络计划技术是20世纪50年代后期在美国产生和发展起来的。这种方法包括各种以网络为基础制订计划的方法,如关键路径法、计划评审技术、组合网络法等。1956年美国的一些工程师和数学家组成了一个专门小组首先开始这方面的研究。1958年美国海军武器计划处采用了计划评审技术,使北极星导弹工程的工期由原计划的10年缩短为8年。1961年,美国国防部和国家航空署规定,凡承制军用品必须用计划评审技术制订计划上报。从那时起,网络计划技术就开始在组织管理活动中被广泛地应用。

（一）网络计划技术的基本步骤

网络计划技术是把一项工作或项目分成各种作业,然后根据作业顺序进行排列,通过网络的形式对整个工作或项目进行统筹规划和控制，以便用最少的人力、物力和财力资源，用最快的速度完成任务。

（二）网络图

网络图是网络计划技术的基础。任何一项任务都可以分解成许多工作，根据这些工作在时间上的衔接关系，用箭线表示它们的先后顺序，画出一个由各项工作相互联系并注明所需时间的箭线图，这个箭线图就称作网络图。

1. 网络图的构成要素

（1）箭线。"→"代表工序，是一项工作的过程，有人力、物力等参加，经过一段时间才能完成。图中箭线下的数字便是完成各项工作所需的时间。此外，还有一些工序既不占用时间，也不消耗资源，是虚设的，叫虚工序，在图中用虚线箭头表示。网络图中应用虚工序的目的也是为避免工序之间关系的含混不清，以正确表明工序之间先后衔接的逻辑关系。

（2）结点。"○"代表事项，是两个工序间的连接点。事项既不消耗资源，也不占用时间，只表示前道工序、后道工序开始的瞬间。一个网络图中只有一个始点事项，一个终点事项。

（3）路线。路线是在网络图中由始点事项出发，沿箭线方向前进，连续不断地到达终点事项为止的一条通道。一个网络图中往往存在多条路线，例如，图6-1中从始点①连续不断地到终点⑩的路线有4条，即：

①：①→②→③→⑦→⑩
②：①→②→③→⑦→⑨→⑩
③：①→②→④→⑥→⑨→⑩
④：①→②→⑤→⑧→⑩

图6-1　网络图

比较各路线的路长，可以找出一条或几条最长的路线，这种路线被称为关键路线。关键路线上的工序被称为关键工序。关键路线的路长决定了整个计划任务所需的时间。关键路线上各工序完工时间提前或推迟都直接影响着整个活动能否按时完工。确定关键路线，据此合理地安排各种资源，对各工序活动进行进度控制，是利用网络计划技术的主要目的。

2. 网络图的绘制原则

（1）有向性：各项之间都用箭线表示。

（2）无回路：网络图中不能出现循环回路。网络图中严禁出现从一个结点出发，沿箭线方向又回到原出发结点的循环回路。

（3）两点一线：两个结点之间只能有一条箭线，不能出现双向箭头和无箭头的连线。

（4）从左到右：节点编号应从小到大、从左到右，不能重复，以避免出现循环回路现象。

3. 网络计划技术的评价

网络计划技术虽然需要大量而繁琐的计算，但在计算机广泛运用的时代，这些计算大都已程序化了。这种技术之所以被广泛地运用是因为它有一系列的优点。

（1）该技术能把整个工程的各个项目的时间顺序和相互关系清晰地表明，并指出了完成任务的关键环节和路线。因此，管理者在制订计划时既可以统筹安排，全面考虑，又不失重点。在实施过程中，管理者可以进行重点管理。

（2）可对工程的时间进度与资源利用实施优化。在计划实施过程中，管理者调动非关键路线上的人力、物力和财力从事关键作业,进行综合平衡。这既可节省资源又能加快工程进度。

（3）可事先评价达到目标的可能性。该技术指出了计划实施过程中可能发生的困难点,以及这些困难点对整个任务产生的影响,准备好应急措施,从而减少完不成任务的风险。

（4）便于组织与控制。管理者可以将工程,特别是复杂的大项目,分成许多支持系统来分别组织实施与控制,这种既化整为零又聚零为整的管理方法,可以达到局部和整体的协调一致。

（5）易于操作,并具有广泛的应用范围,适用于各行各业,以及各种任务。

本章小结

计划包括确定目标和制定全局战略任务,以及完成任务和目标的行动方案。计划可指明方向,减少因变化所带来的影响,使浪费和冗余减至最少,以及设立标准以利于控制。

计划的类型多种多样,可划分为长期计划、中期计划与短期计划,战略计划、战术计划与作业计划,指导性计划与具体计划等几大类。

计划的编制程序:描述宗旨;评估状况;确定目标;确定前提条件;制订计划方案;评价备选方案;挑选可行方案;制订辅助计划;编制预算。

典型的目标管理过程包括制定目标、执行目标、评价成果、实行奖惩和制定新目标并开始新的目标管理循环。

计划制订方法主要有运筹学法、甘特图法、网络计划技术等。

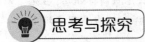

1. 中国有句古话:"凡事预则立,不预则废。"从计划的角度,你如何看待这句话?
2. 解释计划内容的5W2H。
3. 如何理解计划的层次体系? 它与计划的编制是什么关系?
4. 计划的制订包括哪几个阶段的工作?
5. 何谓目标管理? 其特点是什么? 如何利用目标管理组织计划的实施?
6. 通过访谈、调查等方法,了解一家饭店的年度总计划中包含的具体要素有哪些? 每个要素的具体含义或指标是什么? 就此写一份书面报告。

案例分析一

施温自行车公司的沉浮

施温于1885年在芝加哥创办了施温自行车公司,后来成为世界上最大的自行车制造商。在20世纪60年代,施温公司占有美国自行车市场25%的份额。不过,过去的辉煌不代表着未来的荣耀。

小施温是创始人的长孙,1979年他接过公司的控制权,那时,问题已经出现,而糟糕的计划和决策又使已有的问题雪上加霜。

在20世纪70年代，施温公司不断投资于它强大的零售分销网和品牌，以便主宰十挡变速车市场。但进入80年代，市场转移了，山地车取代十挡变速车成为销售量最大的车型，并且轻型的、高技术的、外国产的自行车在成年自行车爱好者中日益普及。

施温公司错过了市场转型的机会，它对市场的变化反应太慢，管理层专注于削减成本而不是创新。结果，施温公司的市场份额开始迅速地被富于远见的制造商夺走，这些制造商销售的品牌有特莱克、坎农戴尔、巨人和钻石等。

或许，施温公司最大的错误是没有把握住自行车是一种全球产品，公司迟迟没有开发海外市场和利用国外的生产条件。一直拖到70年代末，施温公司才开始加入国外竞争，把大量的自行车转移到日本进行生产，但那时，不断扩展的中国台湾地区的自行车已经在价格上击败了日本生产厂家。作为应付这种竞争的一种策略，施温公司开始少量进口中国台湾地区制造的巨人牌自行车，然后贴上施温商标在美国市场上出售。

1981年，当施温公司设在芝加哥的主要工厂的工人举行罢工时，公司采取了一项现在看来也许是愚蠢至极的行为。管理层不是与工人谈判解决问题，而是关闭了工厂，将工程师和设备迁往中国台湾地区的巨人公司自行车工厂。作为与巨人公司合伙关系的一部分，施温公司将一切，包括技术、工程、生产能力都交给了巨人公司，这正是巨人公司要成为占统治地位的自行车制造商所求之不得的。作为交换条件，施温公司获准进口和在美国市场上以施温商标经销巨人公司制造的自行车。正如一家竞争者所言："施温是将特许权盛在银盘上奉送了巨人公司。"到1984年，巨人公司每年支付给施温公司70万辆自行车，以施温商标销售，占施温公司年销售量的70%。几年后，巨人公司利用从施温公司那里获得的知识，在美国市场上建立了它自己的商标。

到1992年，巨人公司和中国其他的自行车公司，已经在世界市场上占据了统治地位。巨人公司销售的每10辆自行车中，有7辆是以自己的商标出售的，而施温公司怎么样了呢？当它的市场份额在1992年10月跌落到5%时，公司开始申请破产。

讨论分析

1. 施温公司的计划具有什么缺陷？

2. 自行车是一种全球产品，而施温公司没有意识到这一点，迟迟没有开发海外市场和利用国外的生产条件。由此可以看出施温公司的长期计划和短期计划存在什么问题？

案例分析二

英特尔的"以结果为导向"

"以结果为导向"就是设定可评估的目标，以达成目标作为工作的指南，并依设定的时间表提出阶段性成果。这意味着英特尔所肯定的价值在于积极的目标、具体的结果与成果，至于过程如何，达到目标的方法是怎样的，都不在英特尔重点考虑的范围。葛鲁夫严格要求每位员工必须严格遵守"以结果为导向"的原则，不仅要了解英特尔团队前进的方向，了解英特尔公司的总体战略目标，而且还要为自己设定高起点的目标，并以量化的手法，务实地制定能够展现进度和成果的指标，使每一位员工都能有自己的岗位追求。公司通过"计划式管理"和"目标式管理"来实践"以结果为导向"。

公司要求每个事业部、每个部门和每个员工都要以公司的总体目标为指导方向，为自己设定以季度为时间单位、可以进行阶段性评估的工作目标。每个季度末，每个事业部、每个部门和每个员工都要对自己的工作成就进行自我评估，并根据工作绩效客观地制定下一季度的工作目标。

在为各部门设立工作目标时，公司管理层喜欢提一些看上去似乎难以达到的高层目标，当然这只是讨价，各部门可以还价。管理层会和部门负责人及相关专家小组，根据市场需求情况和公司资源存量，经过一番讨价还价，再设定切实可行的合理的工作目标。

讨论分析

1. 案例中哪些地方体现了制定目标的哪些要求？
2. 结合案例归纳目标管理的特点。

第七章 ▶▶▶
组　织

◇◇◇◇◇◇◇◇◇◇◇◇◇◇◇◇◇ **章前导语** ◇◇◇◇◇◇◇◇◇◇◇◇◇◇◇◇◇

　　人们在确定了目标以后，为保证组织目标的顺利实现和任务的圆满完成，就必须将实现目标所必须完成的工作进行合理的分配，并将各类任务交给合适的人选来负责完成。人们在完成各种任务时，互相之间如何分工和协调，这是组织必须统筹解决的问题。这些问题处理得好，组织才能高效率运行。组织实际上为决策和计划的有效实施创造了条件。

　　要使组织高效率的运转，实现组织与环境的动态平衡，必须科学合理地构建组织，并且以组织文化构成组织有效运行的内在驱动力。

◇◇◇◇◇◇◇◇◇◇◇◇◇◇◇◇◇ **本章导学** ◇◇◇◇◇◇◇◇◇◇◇◇◇◇◇◇◇

学习目标

掌握组织设计的基本概念和原则；
学会在管理中处理好集权与分权的关系；
理解各种组织结构的特点、适应范围；
了解组织文化的含义、特征及功能。

关键术语

组织　组织设计　管理幅度　管理层次　组织结构　集权　分权　授权　组织文化
正式组织　非正式组织

第一节　组 织 设 计

一、组织的含义

组织是指组织活动，即按照一定的目的、任务和形式，对做事的人进行编制并形成工作秩序。组织是动态活动过程和相对静态的社会构造实体的统一，其实质是特殊的人际关系。

从实体角度看，组织是为实现某一共同目标，经由分工与合作，以不同层次的权力的责任制度而构成的人群集合系统。从无形角度看，组织是指在特定环境中为了有效地实现共同目标和任务，确定组织成员、任务及各项活动之间关系，对资源进行合理配置的过程。其主要内容有：组织结构的设计、人员的配备和管理、组织力量的整合。

二、组织的构成要素

组织作为一个系统，一般包含特定目标、人员与职务、组织环境和人际环境四个基本要素。

（一）特定目标

目标是组织存在的前提。没有目标，也就没有组织存在的必要性。目标是组织形成的最根本原因。

（二）人员与职务

组织是由人所组成的，不同层次的人群形成了组织的有机体。明确每个人在系统中所处的位置以及相应的职务，便可形成一定的组织结构。组织中的管理者合理安排每个人的职务，使人人都各尽所能、各司其职。

（三）组织环境

组织环境可分为外部环境和内部环境。一个组织只有不断调整自己的内部环境去适应外部环境，才能得以生存和发展。

（四）人际环境

在一个组织中，存在上下级之间、同级之间、部门与部门之间等各种关系。组织要完成目标，必须不断命令、指导员工协同工作、执行任务。从人际关系角度来讲，下属人员对管理者的各种指令可以接受，也可以阳奉阴违。接受也可分为依从、认同、内化三个不同的接受程度。这三种不同程度的接受，可以产生不同的工作效果。如果管理人员无法处理这些关系，将很难进行有效的管理。

三、组织设计的原则和程序

组织设计就是设计清晰的组织结构，规划和设计组织中各部门的职责和职权，确定组织中各种职权的活动范围并编制职务说明书。

（一）组织设计的原则

1. 目标明确化

任何一个组织的存在，都是由它特定的目标决定的。所以，组织结构形式必须要为经营业务服务，服从企业的经营目标，使组织机构与企业的目标密切相连，并把各级管理人员和全体员工组成一个有机的整体，为社会提供符合需要的高质量服务产品，创造良好的社会经济效益。

2. 等级链

等级链是组织中从上到下形成若干管理层次，从最高层次的管理者到最低层次的管理者之间组成一条等级链，依次发布命令、指挥业务。等级链强调层次管理、责权统一、命令统一。

3. 分工协作

分工就是按照提高管理专业程度和工作效率的要求，把单位的任务、目标分成各级、各部门、个人的任务和目标，以避免共同负责而实际上职责不清、无人负责的混乱现象。协作就是在分工的基础上，明确部门之间和部门内的协调关系和配合方法。

📖 管理故事

有一个在医院里实习的牙科医生，由于是第一次给病人拔牙，所以非常紧张。当他用镊子刚把一颗龋齿拔下来时，不料手一哆嗦，没有夹住，牙齿便掉进了病人的喉咙里。

"先生，非常抱歉！"这个牙科医生说，"你的病已不在我的职责范围内，你去找一下喉科医生。"

当这个病人捂着嘴巴，来到耳鼻喉科室时，他的牙齿已被其咽下肚了。喉科医生给他做了检查。"非常抱歉，"医生说，"你的病已不在我的职责范围内，你应该去找胃病专家。"

胃病专家用 X 光为病人检查后，说："非常抱歉，牙齿已到你的肠子里了，你应该去找肠病专家。"

肠病专家同样做了 X 光检查后，说："非常抱歉，牙齿已不在肠子里，它肯定到了更深的地方了，你应该去找肛肠科专家。"

最后，病人趴在肛肠科医生的检查台上，摆出一个屁股朝天的姿势。医生用内窥镜检查了一番，然后吃惊地叫道："啊，天啊！你这里长了颗牙齿，赶紧去找牙科医生！"

请问：这个医院科室齐全，可为什么解决不了这个拔牙病人的问题？

4. 责权对等

为了保障分工与协作关系的落实，在明确分工与协作关系的同时，要明确每一个部门和岗位的职责，并赋予其相应的职权。拥有一定的职权是保障职责履行的条件之一，在组织设计过程中，要做到责任与权力对等。

5. 人尽其才

组织结构的建立要充分考虑人员的可得性和人事匹配性，要有利于人员在工作中得到培养、提高与成长，有利于吸引人才，发挥员工的积极性和创造性。

6. 控制幅度

控制幅度原则是指一个上级的管理幅度应该控制在合理的范围以内,即由其直接领导与指挥的下属人数应该有一定的控制限度。

7. 精简高效

所谓精简高效,就是在保证完成目标,达到高质量的前提下,设置最少的机构,用最少的人员完成组织管理的工作,真正做到"人人有事干,事事有人干,保质又保量,负荷都饱满"。

（二）组织设计的程序

组织结构的设计一般包括以下几个步骤:

1. 工作划分与工作专门化

组织结构设计的第一步是将实现组织目标必须进行的活动划分成内在的有机联系的部分,以形成相应的工作岗位,划分活动的基本要点是工作专门化。工作专门化是指组织中把工作任务划分成若干步骤来完成的细化程度,即组织先把工作分成若干步骤,每一步骤安排一个人去完成。因此,每个人只完成所从事的工作的一部分,而不是全部。

🏠 管理案例

20世纪初,亨利·福特通过建立汽车生产线而富甲天下,享誉全球。他的做法是,给公司每一位员工分配特定的、重复性的工作。例如,有的员工只负责装配汽车的右前轮,有的只负责安装右前门。通过把工作划分成较小的、标准化的任务,使工人能够反复地进行同一种操作,福特利用技能相对有限的员工,每10秒钟就能生产出一辆汽车。

问题:工作专门化适合于所有类型的组织吗?

人们已经认识到了在不同类型的工作中工作专门化所起的作用,但是并不是所有的工作类型或组织形式都适用专门化的工作分工。比如,在麦当劳快餐店,管理人员使用工作专门化来提高生产和销售汉堡包与炸鸡的效率。但是,像苹果公司这样的高科技企业则可以通过丰富员工的工作内容,降低工作专门化的程度来提高生产率。

2. 工作归类与部门化

一个组织的各项工作可以按各种原则进行归并,常见的有职能部门化、产品部门化、地区部门化、顾客部门化等。

（1）职能部门化:按工作的相同或相似性进行分类。由于职能部门化与工作专业化有密切的联系,因此,按职能划分部门是许多组织广泛采用的一种方法。

（2）产品部门化:由于不同的产品在生产、技术、市场、销售等方面可能很不相同,就出现了根据不同的产品种类来划分部门的需要。在这种情况下,各产品部门的负责人对某一产品或产品系列在各方面都拥有一定的职权。

（3）地区部门化:对于地区分散的组织来说,按地区划分部门是一种普遍采用的方法。

（4）顾客部门化:根据目标顾客的不同利益需求来划分组织的业务活动。

3. 确定组织层次

确定组织层次就是要确定组织中每一个部门的职位等级数。组织层次的多少与某一特定的管理人员可直接管辖的下属人员数即管理幅度的大小有直接关系。当组织规模一定时,管理幅度越大,管理的层级就越少;相反,管理幅度越小,管理层级就越多。管理层级与管理幅度的反比例关系决定了两种基本的管理组织形态:扁平结构形态和高耸结构形态。

扁平结构指的是管理幅度大而管理层级较少的一种组织结构形态。其优点是由于层级较少,因此管理费用低,信息交流速度快,信息在传递过程中失真少,从而使高层管理者能尽快发现信息所反映的问题,并及时采取相应的纠偏措施。由于管理幅度大,成员有较大的自主性,因而满足感增加。其缺点是不能严密监督下级的工作,上下级协调较差。

高耸结构又称锥形结构,是指幅度小、层次多的一种组织结构形态。其优点是管理严密,分工明确,上下级协调容易。其缺点是,由于管理层级较多,增加了管理费用,信息在传递过程中受多层过滤而容易失真,不利于全局的计划和控制。另外,由于管理严密,易降低下属成员的满足感和创造性。

4. 实行授权,建立职权关系

授权是指组织内部授予的指导下属活动及行为的决定权,某些决定一旦下达,下属必须服从。授权是组织设计的重要内容,它与组织结构内的职位紧密相连,而与个人特质无关。

任何组织内的各个部门及每个管理层次中,必须设置一系列的职位,而且在每个职位上配置合适的人选,每个人都要具有与职位相称的职务,负有一定的责任、义务,同时具有完成工作、履行职责的权力。

四、组织结构形式

下面介绍企业中常见的几种组织结构。

（一）直线型组织结构

直线型,顾名思义是按直线垂直领导的组织形式,这是一种最简单的组织形式。企业管理自上而下层层制约,实行垂直领导（见图7-1）。

优点:结构简单、权责分明、命令统一、运转敏捷、信息沟通迅速。

缺点:最高管理者必须具备全面的知识和才能,部门间的协作比较差。

适用:产品单一、规模较小、业务单纯的小型企业。

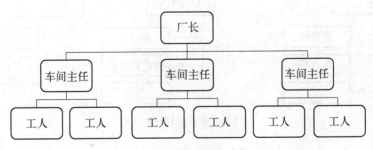

图7-1　直线型组织结构

（二）直线—职能型组织结构

直线—职能型又称混合型,它是以直线型组织结构为基础,吸取职能制中充分发挥专业人员作用的优点综合而成的一种组织结构。直线—职能型是各类组织中最常采用的一种组织结构形式（见图7-2）。

优点：职能高度集中、职责清楚、秩序井然、工作效率较高,整个组织有较高的稳定性。

缺点：直线部门和职能部门容易出现脱节,当职能部门和直线部门之间目标不一致时,容易产生矛盾,致使上层主管的协调工作量增大。同时,整个组织系统的适应性较差。

适用：多数上规模的单体企业通常采用这种结构。

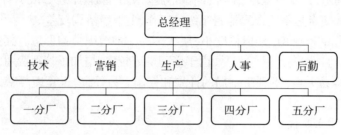

图7-2　直线—职能型组织结构

（三）事业部制组织结构

事业部制是一种适用于企业集团公司的分权式组织结构,实行集中决策下的分散经营。其主要特点是,在总公司与各产业之间,增设一级组织,即事业部或分公司。这种结构的特点是集中决策,分散经营（见图7-3）。

优点：它使最高管理层摆脱日常行政事务,集中精力研究公司的战略方针。同时能充分发挥各事业部的积极性,培养"多面手"式的管理人才。

缺点是：职能部门重复,管理人员增多,管理成本提高。

适用：多元化经营的企业集团。

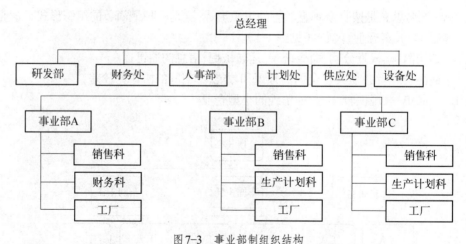

图7-3　事业部制组织结构

（四）矩阵型组织结构

矩阵型组织结构是由纵横两套管理系统组成的矩形组织结构,一套是纵向的职能管理系统,另一套是为完成某项任务而组成的横向项目系统,横向和纵向的职权具有平衡对等性。矩阵型结构打破了统一指挥的传统原则,它有多重指挥线。当组织面临较高的环境不确定性,组织目标需要同时反映技术和产品双重要求时,矩阵型结构应该是一种理想的组织形式（见图7-4）。

优点：可以取得专业化分工,可以跨越各职能部门获取他们所需要的各种支持活动,资源可以在不同产品之间灵活分配,可以有效地克服职能部门之间相互脱节的弱点。

缺点:组织中的信息和权力等资源一旦不能共享,项目经理与职能经理之间就会发生矛盾。项目成员需要接受双重领导,要具备较好的人际沟通能力和平衡协调矛盾的技能。

适用:适用于一些重大攻关项目。企业可用来完成涉及面广的、临时性的、复杂的重大工程项目或管理改革任务。特别适用于以开发与实验为主的单位,例如科学研究,尤其是应用性研究单位等。

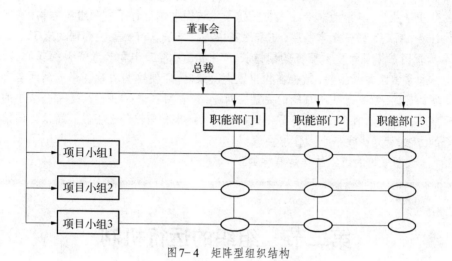

图7-4 矩阵型组织结构

(五)动态网络型组织结构

动态网络型组织结构是一种以项目为中心,通过与其他组织建立研发、生产制造、营销等业务合同网,有效发挥核心业务专长的协作型组织形式。

优点:以项目为中心的合作可以更好地结合市场需求来整合各项资源,组织中的大多数活动都实现了外包,使得组织结构进一步扁平化。

缺点:组织的可控性差,员工的组织忠诚度比较低。

动态网络型组织有时也被称为"虚拟组织",即组织中的许多部门是虚拟存在的,管理者最主要的任务是集中精力协调和控制好组织的外部关系。近几年来,随着电子商务的发展以及外部合作竞争的加强,更多的知识型企业依靠因特网等信息技术手段,并以代为加工(OEM)、代为设计(ODM)等网络合作方式取得了快速响应市场变化的经营绩效。

(六)项目组

项目组是指为了完成某个特定的任务,而把一群不同背景、不同技能和来自不同部门的人组织在一起的一种组织形式,是现代组织和未来组织中最常见的组织结构形式。例如,电影制片厂的摄制组,企业中的技术革新小组,高校里的课题组等。

项目组的特点是根据任务的需要,把各种人才集合起来进行攻关,任务完成了,小组就解散。项目组的人员也不固定,需要谁,谁就来,当他的任务完成后,他就可以离开,所以,一个人可以同时参加几个项目组。

优点:适应性强,机动灵活,容易接受新观念、新方法;各个成员像一个球队的运动员一样,都了解整个项目组的任务,目的明确,责任感强。

缺点:缺乏稳定性,在规模上有很大的局限性。

适用：适用于需要各种不同专长的人在一起才能完成的工作，以及具有许多事先不确定的复杂因素的工作。随着网络技术的发展，进一步出现了不在同一地点工作的虚拟项目组形式。

管理案例

某小城市的图书馆共有员工18人，其中馆长1人和馆员17人，馆员中有5人是图书馆专业的硕士毕业生，其余为非专业人员。馆长为该图书馆设计了一种组织结构，确定了每个人的任务，制定了许多规章制度，并采用集中决策方法。馆长直接管理的有3人：1名助理，1名负责图书编目和技术服务的副馆长，1名负责日常工作和参考资料编辑的副馆长。两名副馆长常常跟馆长抱怨，馆长在作出重大决策时，即使这些决策会影响到两名副馆长各自管理的部门，馆长也从不与他们商量。对此，馆长回答说："我们只是一个很小的图书馆。我熟悉内部的所有事情，知道下一步将发生什么事和应该怎么去做。所以协调馆内工作最好的方法，就是由我一个人作出决策。"

请问：该图书馆的组织结构是怎样的？

第二节　组织的运行机制

现代的组织理论应该是动态的，既要包括组织结构设计，又要包括组织运行机制。组织运行机制的核心就是组织运行过程中的集权、分权和授权。

一、职权的概念

所谓"职权"就是组织设计中赋予某一管理职位作出决策、发布命令和希望命令得到执行而进行奖惩的权力。职权与组织内的一定职位相关，而与占据这个职位的人无关，所以它通常也被称作制度权或法定权力。

职权是权力的一种。职权即来源于职位的权力，是一种制度化的权力。它是上级正式授予的，来源于上级的委任，与其他权力相比具有以下特征：

1. 它是职位产生的权力，具有相应的职责和义务。

2. 它是一种合理合法的权力，职权是由制度或法律所赋予的，所以有人称职权是"正式的权力"。

3. 它拥有奖罚权力以维护权力的有效性。

职权分为三种形式：直线职权、参谋职权和职能职权。

二、集权、分权与授权

（一）集权与分权

集权和分权是组织层级化设计中的两种相反的权力分配方式。

集权指决策指挥权在组织层级系统中向较高层次上的集中,下级部门和机构只能依据上级的决定、命令和指示办事,一切行动必须服从上级指挥。

分权是指决策指挥权在组织层级系统中向较低管理层级上的分散。一个组织内部要实行专业化分工,就必须分权。否则,组织便无法运转。

集权和分权是两个相对的概念。绝对的集权意味着组织中的全部权力集中在最高领导一个人,组织活动的所有决策均由他作出,他直接面对所有的命令执行者,中间没有任何管理人员,也没有任何中层管理机构。这在现代社会经济组织中几乎是不可能的,也是做不到的。而绝对的分权则意味着将全部权力分散下放到各个管理部门中去,甚至分散至各个执行、操作层,这时,主管的职位就是多余的,一个统一的组织也不复存在。因此,将集权和分权有效地结合起来是组织存在的基本条件,也是组织既保持目标统一性又具有柔性和灵活性的基本要求。

（二）影响集权与分权程度的主要因素

1. 组织的可控性

如果组织所面临的经营环境具有较高的不确定性,处于经常变动之中,组织在业务活动过程中可控性较弱,必须保持较高的灵活性和创新性,如企业的研发和市场营销等活动,这种情况就要求实行较大程度的分权。反之,面临稳定的环境和按常规开展业务活动的组织,如财务部门则可以实行较大程度的集权。

2. 组织规模的大小

组织规模较小时,实行集权化管理可以使组织的运行取得高效率。但随着组织规模的扩大,组织需要及时分权,以减缓决策层的工作压力,使其集中精力考虑最重要的事务。

3. 政策的统一性

如果组织内部各个方面的政策是统一的,集权最容易达到管理目标的一致性。然而,一个组织所面临的环境是复杂多变的,为了灵活应对这种局面,组织往往会在不同的阶段、不同的场合采取不同的政策,分权相对要多一点。这虽然会破坏组织政策的统一性,却有利于激发下属的工作热情和创新精神。

4. 决策的重要性和员工的素质

一般而言,涉及较高的费用支出和影响面较大的决策,宜实行集权;重要程度较低的决策可实行较大的分权。组织中员工素质高可以更多地分权。

5. 组织所处的成长阶段

在组织成长的初始阶段,为了有效管理和控制组织的运行,组织往往采取集权的管理方式。随着组织的壮大,管理的复杂性逐渐增强,组织往往采取分权的管理方式。

（三）授权

在组织层级化设计中,当今组织都注意到了纵向权力高度集中的层级式组织所带来的组织僵化和臃肿的问题。单纯地凭借高层主管进行决策很难动态地响应环境的变化。随着信息时代的到来,组织越来越意识到,把权力分解下去可以更好地使组织成员自由、圆满、高效地完成各项工作,因而向下授权也成为组织发展的一个必然趋势。

1. 授权的概念

授权就是组织为了共享内部权力,调动员工的工作积极性,而把某些权力或职权授予下级。这些职权授予给下级之后,下级可以在其职权范围内自由决断,自主处置。同时也负有完

成任务并报告上级的义务,上级仍然保留对下级的指挥与监督权。授权的含义有:

（1）分派任务。向被托付人交代所要委派的任务。

（2）授予权力或职权。授予被托付人相应的权力或职权,使之能有权履行原本无权处理的事务。

（3）明确责任。要求被托付人对托付的工作负全责。所负责任不仅包括需要完成的指定任务,也包括向上级汇报任务的具体情况和成果。

2. 授权的程序

授权的过程大致可以分为以下几个阶段:

第一阶段是授权诊断阶段。在这一阶段,组织设计者应该重点对组织内部的权力分布状况进行全面的诊断,仔细分析是哪些因素导致了权力的不平衡和分配的不合理,进而识别在授权阶段所必须变革的基本要素。

第二阶段是授权实施阶段。在这一阶段,组织设计者首先要对诊断阶段所出现的不合理要素进行变革,然后要努力创造和提供有效授权所必须具备的一些要素条件,如共享信息、知识与技能、权力和奖励制度等。组织高层主管需要进一步清晰组织的目标和远景,使组织中的成员充分理解授权的基本要求。

第三阶段是授权反馈阶段。在这一阶段,组织设计者应将重点放在对授权实践之后员工绩效的考核上,使贡献优异的员工能够得到及时的回报反馈,这样,就可以对授权的效果进行巩固,并对偏差进行及时的反馈和调整。

3. 授权的原则

有效的授权必须掌握以下原则:

（1）重要性原则。组织授权必须建立在相互信任的基础上,所授权限不能只是一些无关紧要的部分,要敢于把一些重要的权力或职权放下去,使下级充分认识到上级的信任和管理工作的重要性,把具体任务落到实处。

（2）适度原则。组织授权还必须建立在效率基础上。授权过少往往造成主管工作量过大,授权过多又会造成工作杂乱无序,甚至失控,因此不能无原则地放权。

（3）权责一致原则。组织在授权的同时,必须向被托付人明确所授任务的目标、责任及权力范围,权责必须一致,否则,被托付人要么可能会滥用职权并导致形式主义,要么会对任务无所适从,造成工作失误。

（4）级差授权原则。授权必须逐级进行,上级只能向由自己直接领导、指挥的下级授权,不能越级授权。越级授权等于否定了中间管理层的作用,会干涉中间管理层的工作,打击中间管理层的积极性。

📊 知识拓展

授权并不表示上级将权力无限制下放,也不表示授权之后上级就把一切工作都交给别人了;相反,授权是指上级管理者依据任务或组织目标的需要委授给下属一定的权力,使下属在一定的监督之下享有一定的自主权和行动权。在授权过程中,授权者对于被授权者还有指挥权和监督权,被授权者对授权者负有报告工作以及完成任务的责任。所以有人说,授权就像"放风筝"。

4.授权的艺术

实际授权中出现的问题,大多并不是管理者不了解授权的性质和原则,而是因为他们没能或不愿应用这些原则。导致管理者没能或不愿授权的主要原因有:

(1)管理者自身计划组织能力差。管理者不知道给下级授什么权以及如何进行授权。这一类管理者平时工作也没什么计划,眉毛胡子一把抓,而且往往对小事投入较多的关注,而对有些大事由于没有切身感受而忽视。在授权时,往往是随意而为,结果授权不是职大于权,就是权大于职。

(2)对他人的不信任。这种不信任可能是对下级能力的不信任,怕下级没有能力来完成所要做的工作,认为要把某件事做好就必须由他自己去做,因而拒绝把这些工作放手给别人;也可能是对下级动机的不信任,怕下级"要职要权",或者担心别人比自己干得更好,从而影响自己现有的地位和未来的晋升,因此不愿授权,或只授权给那些唯唯诺诺不会威胁其地位的人。

(3)职业偏好的影响。一个人善于从事某项职业,往往与其所具有的某些个性特征有关,而通过专门的职业训练又会强化某些个性特征。例如,受过会计、医学、工程学长期训练的人,往往强调严格的程序、较高的精确性、仔细的观察和缜密的考虑,使他们养成了事无巨细亲自过问的习惯。一旦他们走上管理岗位,这种职业习惯就会影响他们授权:当他们授权给别人时,总感到不放心、不踏实,一旦有可能,他们就尽可能自己做。

(4)管理者的权力偏好。有些管理者则是因为本身对权力有特别的偏好,喜欢自己掌握权力,因而不愿意授权。他们喜欢通过干预下属的活动来体现自己的地位,因此一旦走上管理者的岗位,就喜欢对他人指手画脚,以显示自己在这个组织中"老大"的地位。这类管理者对于下属职责范围内的事情,只要他看到了,不管自己懂还是不懂,都喜欢发表评论或指示,同时也喜欢下属无论大小事情都向自己请示汇报。他最希望看到的一种景象就是组织中的人都围着自己转。正因为如此,他即使自己忙得不可开交也不愿意授权。

授权过程涉及授予和接受两方面,下级人员有时也有可能不愿接受上级的授权。下级不愿意接受上级授权的原因一般有:

(1)担心因干不好而受到上级的训斥或惩罚,因而不愿接受过多的职权,上级说什么,就干什么。在一个管理者经常因下属干不好而予以训斥或惩罚的组织中,人们普遍地倾向于避免接受更多的职权:多做多错,不如不做。

(2)害怕承担更多责任。可能是由于缺乏自信,或者是觉得相应的压力太大,因而不愿担风险,希望一切由上级决策。即使授予其一定的职权,他们也喜欢事事请示上级,形成"反授权",以便少负责任。

(3)有的人认为即使是多做工作也不会带来更多报酬,因而不愿多承担责任。当一个组织缺乏对于承担额外责任的奖励时,授权往往是困难的。

如何克服这些心理障碍呢?下面是管理者在实际工作中可以参考的一些建议:

(1)建立良好的组织文化。高层管理者要致力于建立相互信任和鼓励承担风险的组织文化。在这种文化中,管理者将会允许下属在改正错误的过程中不断提高,下属也会乐意承担更多的责任,因为他们相信只要他们尽心尽力干,就不会因为干不好而使自己受到伤害。

(2)进行充分的交流。当管理者分派任务时,应确保下属理解所授权力的大小、希望达成的预期结果和所要承担的责任。在授权后,要加强对工作进展的了解,当下属有困难时,管理者要及时予以指导和帮助。

（3）对承担更多责任者予以额外的奖励。当管理者对接受更多责任的下属予以可观的额外奖励时，下属将会愿意接受更多的授权。奖励可以是金钱、晋升，也可以是口头的表扬、优越的工作条件等。

（4）提高管理者的素质。要使管理者认识到授权的重要性，懂得有关正确授权的知识；同时要使管理者形成相信下级、愿意放手让人干和允许别人犯错误的心态。一个人的时间、精力、知识是有限的，不可能任何事都自己去做，而要授权，就必须信任下属并允许下属犯些错误。

（5）建立一定的制度强迫管理者授权。为了防止管理者由于各种个人的原因而不愿意授权，组织可采取一些政策，迫使其授权。例如，加大管理者的管理幅度，同时对他们的工作提出一个较高的标准，这时，管理者为了确保任务的完成，除了授权，别无他法。

第三节　组 织 文 化

一、组织文化

（一）组织文化的概念

组织文化是组织在长期的实践活动中所形成的并且为组织成员普遍认可和遵循的具有本组织特色的价值观念、团体意识、工作作风、行为规范和思维方式的总和。

（二）组织文化的主要特征

1. 独特性

每个组织都有其独特的组织文化，这是由不同的国家和民族、不同的地域、不同的时代背景以及不同的行业特点所形成的。

2. 相对稳定性

组织文化是组织在长期的发展中逐渐积累而成的，具有较强的稳定性，不会因组织结构的改变、战略的转移或产品与服务的调整而变化。一个组织中，精神文化又比物质文化更具有稳定性。

3. 融合继承性

每一个组织都是在特定的文化背景之下形成的，必然会接受和继承这个国家和民族的文化传统和价值体系。但是，组织文化在发展过程中，也必须注意吸收其他组织的优秀文化，融合世界上最新的文明成果，不断地充实和发展自我。

4. 发展性

组织文化随着历史的积累、社会的进步、环境的变迁以及组织变革逐步演进和发展。

（三）组织文化的结构

一般认为，组织文化有三个层次结构，即表层文化、中介文化、深层文化。

表层文化又称物质层文化，是指凝聚着组织文化抽象内容的物质体的外在显现，它包括了组织实体性的文化设备、设施等，如带有本组织色彩的工作环境、作业方式、图书馆、俱乐部等。表层文化是组织文化最直观的部分，也是人们最易于感知的部分。

中介文化指体现具体组织文化特色的各种规章制度、道德规范和员工行为准则的总和，也包括组织体内的分工协作关系的组织结构。它是组织文化核心层（内隐部分）与显现层之间的中间层，是由深层文化向表层文化转化的中介，是制度文化和行为文化的综合体。

深层文化是体现组织理念潜层次的精神层，是指组织文化中的核心和主体，包括组织的精神、价值观念、道德观念等。

（四）组织文化的要素

从最能体现组织文化特征的内容来看，组织文化包括组织价值观、组织精神、组织道德以及组织素养等。

1. 组织价值观

组织价值观就是组织内部管理层和全体员工对该组织的生产、经营、服务等活动以及指导这些活动的一般看法或基本观点。

2. 组织精神

组织精神是指组织经过共同努力奋斗和长期培养所逐步形成的，认识和看待事物的共同心理趋势、价值取向和主导意识。组织精神是一个组织的精神支柱，是组织文化的核心。

3. 组织道德

组织道德是通过道德伦理规范表现出来的。它由组织向组织成员提出应当遵守的行为准则，通过组织群体舆论和行为压力规范人们的行为。组织文化内容结构中的伦理规范既体现组织自下而上环境中社会文化的一般性要求，又体现着本组织各项管理的特殊需求。

4. 组织素养

组织素养包括组织中各层级员工的基本思想素养、科技和文化教育水平、工作能力、精力以及身体状况等。其中，基本思想素养的水平越高，组织中的管理哲学、敬业精神、价值观念、道德修养的基础就越深厚，组织文化的内容也就越充实和丰富。

（五）组织文化的功能

1. 整合凝聚功能

组织文化通过培育组织成员的认同感和归属感，建立起成员与组织之间的相互信任和依存关系，使个人的行为、思想、感情、信念、习惯以及沟通方式与整个组织有机地整合在一起，形成相对稳固的文化氛围，凝聚成一种无形的合力和整体趋向，以此激发出组织成员的主观能动性。正是组织文化的这种自我凝聚、自我向心、自我激励的作用，才构成组织生存发展的基础和不断成功的动力。

2. 约束适应功能

组织文化能从根本上改变员工的原有价值观念，建立起新的价值观念，以适应组织正常实践活动的需要和外部环境的变化要求。一旦组织文化所提倡的价值观念和行为规范被成员接受和认同，成员就会自觉不自觉地作出符合组织要求的行为选择，倘若违反，则会感到内疚、不安或自责，从而自动修正自己的行为。尤其对于刚刚进入组织的员工来说，为了减少他们本来带有的在家庭、学校、社会所养成的心理习惯、思维方式、行为方式与整个组织的不和谐或者矛盾冲突，就要使他们接受组织文化的改造、教化和约束，使他们的行为趋向组织的一致和谐。在这个意义上说，组织文化具有一定程度的改造性。这种约束适应功能就是帮助组织指导员工的日常活动，使其能快速地适应各种因素的变化。

3. 激励导向功能

组织文化的核心是具有共同的价值观，它并不对组织成员进行硬性要求。与组织成员必须强行遵守的、以明文规定的制度规范不同,组织文化主要是一种软性的理智约束,通过组织的共同价值观不断地向个人价值观渗透和内化,使组织自动生成一套自我调控机制,以一种适应性文化引导着组织个体成员的行为和活动,以"看不见的手"协调着组织的管理行为和实务活动。组织文化这种激励导向功能以尊重个人思想、感情为基础,形成一种无形的非正式控制,使组织目标自动地转化为个体成员的自觉行动,达到个人目标与组织目标在较高层次上的统一。组织文化激励导向功能具有的这种软性约束和自我协调的控制机制,往往比正式的硬性控制规定有着更强的激励力、持久力,在某些方面的激励作用是硬性控制无法比拟的。

4. 自我完善功能

组织文化的形成是一个复杂的过程,往往会受到政治、社会、人文和自然环境等诸多因素的影响,因此,它的形成需要长期的倡导和培育。组织文化不断深化和完善的行为一旦形成良性循环,就会持续地推动组织不断发展。反过来,组织的进步和提高又会促进组织文化的丰富、完善和升华。组织在不断发展过程中所形成的文化积淀,通过反复反馈和强化,随着实践的发展而不断创新和优化,推动组织文化从一个高度向另一个高度迈进。

（六）组织文化的塑造途径

1. 选择合适的组织价值观标准

组织价值观是整个组织文化的核心。选择组织价值观要立足于本组织的具体特点,根据自己的目的、环境要求和组成方式等特点选择适合自身发展的组织文化模式。其次,要把握住组织价值观与组织文化各要素之间的相互协调,因为各要素只有经过科学的组合与匹配才能实现系统整体优化。

在此基础上,选择正确的组织价值标准要注意以下四点:

（1）组织价值标准要正确、明晰、科学,具有鲜明特点。

（2）组织价值观和组织文化要体现组织的宗旨、管理战略和发展方向。

（3）要切实调查本组织员工的认可程度和接纳程度,使之与本组织员工的基本素质相和谐,过高或过低的标准都很难奏效。

（4）选择组织价值观要发挥员工的创造精神,认真听取员工的各种意见,并经过自上而下和自下而上的多次反复,审慎地筛选出既符合本组织特点又反映员工心态的组织价值观和组织文化模式。

2. 强化员工的认同感

在选择并确立了组织价值观和组织文化模式之后,就应把基本认可的方案通过一定的强化灌输方法使其深入人心。具体做法可以是:

（1）利用一切宣传媒体,宣传组织文化的内容和精要,使之家喻户晓,以创造浓厚的环境氛围。

（2）培养和树立典型。榜样和英雄人物是组织精神和组织文化的人格化身与形象缩影,能够以其特有的感召力和影响力为组织成员提供可以仿效的具体榜样。

（3）加强相关培训教育。有目的的培训与教育,能够使组织成员系统地接受组织的价值观并强化员工的认同感。

3. 精心提炼定格

组织价值观的形成不是一蹴而就的,必须经过分析、归纳和提炼方能定格。

（1）精心分析。在经过群众性的初步认同实践之后,应当将反馈回来的意见加以剖析和评价,分析和比较实践结果与规划方案的差距,必要时可吸收有关专家和员工的合理意见。

（2）全面归纳。在系统分析的基础上,进行综合化的整理、归纳、总结和反思,去除那些落后或不适宜的内容与形式,保留积极进步的形式与内容。

（3）精练定格。把经过科学论证和实践检验的组织精神、组织价值观、组织伦理与行为,予以条理化、完善化、格式化,再经过必要的理论加工和文字处理,用精练的语言表述出来。

4. 强化巩固落实

要巩固落实已提炼定格的组织文化首先要建立必要的制度保障。在组织文化演变为全体员工的习惯行为之前,要使每一位成员在一开始就能自觉主动地按照组织文化和组织精神的标准去行动比较困难,即使在组织文化业已成熟的组织中,个别成员背离组织宗旨的行为也是经常发生的。因此,建立某种奖优罚劣的规章制度十分必要。其次,领导者在塑造组织文化的过程中起着决定性的作用,应起到率先垂范的作用。

5. 在发展中不断丰富和完善

任何一种组织文化都是特定历史的产物,当组织的内外条件发生变化时,组织必须不失时机地丰富、完善和发展组织文化。

二、正式组织与非正式组织

（一）正式组织

1. 含义

正式组织是指为实现一定目标并按照一定程序建立起来的有明确职责和组织结构的组织。

2. 特点

（1）目的性

正式组织有明确的目标。它是经过设计、规划,为了实现组织目标而有意识建立的。

（2）合法性

正式组织是经过政府认可的实体,不是自发形成的。

（3）系统性

正式组织是一个系统,它建立不同层次机构并配备相应的人员、职务、权力与责任,其成员在各自岗位上为实现目标而分工合作。正式组织通过其所制定的严格规章制度来规范成员行为,正式组织还建立了考核和奖惩制度。

（4）稳定性

正式组织一经建立,通常会维持一段时间相对不变,只有在内外环境条件发生了较大变化而原有组织形式明显不适应时,才会提出组织重组和变革的要求。

（二）非正式组织

1. 含义

非正式组织最早由梅奥通过霍桑实验提出,是指人们在共同的工作过程中自然形成的以感情、喜好等情绪为基础的松散的、没有正式规定的群体。

2. 产生的原因

（1）利益的结合

在组织的正式目标之下,各个成员都有自己的利益,如果一部分成员的共同利益比较接近或相同,就容易对一些问题作出同样的反应,久而久之,就会自然而然地形成一种非正式组织。

（2）兴趣爱好的一致

正式组织中,如果一部分成员在性格、爱好、情趣、志向等方面存在一致性,就自然而然地会经常接触、形成伙伴关系,从而发展为非正式组织。

（3）经历背景的一致或相似

正式组织中,同乡、同事、同学、师徒等具有类似的经历或背景的人都会加强相互之间的接触和往来,并在工作中互相作用,进而形成非正式组织。

（4）亲属关系

正式组织中,有些成员可能有血缘或姻缘关系,正是这类原因,使之形成非正式组织。

（5）地理位置的一致

正式组织中某些成员工作地点在地理上比较接近,譬如在同一个办公室,甚至仅上下班同路等,易形成非正式组织。

3. 特征

（1）非正式组织是不受正式组织制度束缚的自发性群体。

（2）非正式组织是以情感为纽带、有弹性的团体。

（3）非正式组织内的活动是自愿的,对于其成员来说是没有任何报酬的,他们所得到的只是感情上的需要和心理上的满足。

（4）非正式组织的行为规范是非制度化的。

（5）非正式组织一般会有一位核心人物,但大多不是正式组织中的领导。

（三）如何看待非正式组织

1. 非正式组织的作用

（1）非正式组织是以感情为基础的,相互尊重,自由沟通,给组织成员带来归属感、地位感、自尊等。

（2）非正式组织混合在正式组织中,容易促进工作的完成。当职工属于某一非正式组织时就能够产生一种强烈的归属感,这样就能给正式组织的工作产生良好的作用;相反,如果职工不属于任何非正式组织时,离心力就相当严重。

（3）增进信息沟通。通过非正式组织传递信息的作用,让组织成员对组织目标有更深刻的理解,产生认同感和协作意愿,促进组织目标的实现。非正式组织往往会传达基层职工的观念、态度以及工作执行的实际情况,有利于上层领导了解组织内各部分的真实情况,获得许多在组织内无法获得的情报、消息。

（4）非正式团体具有控制成员顺从的力量,因而可以获得组织的稳定和发展。可以运用非正式组织来提高组织成员的士气。

2. 非正式组织可能造成的危害

非正式组织的目标如果与正式组织冲突,则可能对正式组织的工作产生极为不利的影响。非正式组织要求成员一致性的压力,往往也会束缚成员的个人发展。非正式组织的压力还会影响正式组织的变革,助长组织的惰性。

3. 对待非正式组织的态度

一是要积极发挥非正式组织的作用。要认识到非正式组织存在的客观必然性和必要性,允许乃至鼓励非正式组织的存在,并努力使之与正式组织吻合。二是通过建立和宣传正确的组织文化来影响非正式组织的行为规范,引导其发挥积极作用,提供有益的帮助。对非正式组织的活动应加以引导,可以通过借助共同认可的组织文化,影响和约束非正式组织的活动。

三、组织文化的新发展——学习型组织

(一)学习型组织的含义

美国麻省理工学院彼得·圣吉教授在《学习型组织的艺术与实践》一书中提出企业应成为"学习型组织"。所谓"学习型组织",指的是通过培养弥漫于整个组织的学习气氛,充分发挥员工的创造性思维能力而建立起来的一种有机的、高度柔性的、扁平的、符合人性的、能持续发展的组织。这种组织具有持续学习的能力,具有高于个人绩效总和的综合绩效。

(二)学习型组织的特征

1. 共同的愿景

组织的共同愿景,来源于员工个人的愿景而又高于个人的愿景。它是组织中所有员工的共同理想。它能使不同个性的人凝聚在一起,朝着组织共同的目标前进。

2. 组织由多个创造性个体组成

在学习型组织中,团队是最基本的学习单位,团队本身应理解为彼此需要配合。组织的所有目标都是直接或间接地通过团队的努力来达到的。

3. 善于不断学习

学习型组织通过保持学习的能力,及时铲除发展道路上的障碍,突破组织成长的极限,从而保持持续发展的态势。

知识拓展

学习型组织的学习特点

一是强调"终身学习"。即组织中的成员均应养成终身学习的习惯,这样才能形成组织里浓厚的学习气氛,促使其成员在工作中不断学习。

二是强调"全员学习"。企业组织的决策层、管理层、操作层都要全心投入学习,尤其是管理决策层,他们是决定企业发展方向和命运的重要阶层,因而更需要学习。

三是强调"全过程学习"。即学习必须贯穿于组织系统运行的整个过程之中。一个学习型组织不是先学习然后准备、计划、推行,不要把学习与工作分割开,应强调边学习边准备、边学习边计划、边学习边推行。

四是强调"团队学习"。即不但重视个人学习和个人智力的开发,更强调组织成员的合作学习和群体智力(组织智力)的开发。

4."地方为主"的扁平式组织结构

传统的企业组织通常是金字塔式的,学习型组织的组织结构则是扁平的。所谓扁平结构是指高层管理人员与具体操作层人员之间相隔层次较少,沟通顺畅,下层能直接体会到上层决策的思想和智慧的光辉,上层也能亲自了解到下层的动态,吸收第一线的营养。这样,企业内部才能形成互相理解、互相学习、整体互动思考、协调合作的群体,才能产生巨大的、持久的创造力。

🏠 **管理案例**

> 美国通用电气公司目前的管理层次已由九层减少为四层。只有这样的体制，才能保证上下级的不断沟通，下层才能直接体会到上层的决策思想，上层也能亲自了解到下层的动态，掌握第一线的情况。只有这样，企业内部才能形成互相理解、互相学习、整体互动思考、协调合作的群体，才能产生巨大的、持久的创造力。

5. 自主管理

所谓自主管理是使组织成员能边工作边学习，使工作和学习紧密结合的方法。通过自主管理，组织成员能够自己发现工作的问题，自己选择伙伴组成团队，自己选定改革进取的目标，自己进行现状调查，自己分析原因，自己制定对策，自己组织实施，自己检查效果，自己评定总结。团队成员在"自主管理"的过程中，能形成共同愿景，能以开放求实的心态互相切磋，不断更新知识，不断进行创新，从而增加组织快速应变、创造未来的能力。

6. 员工家庭与事业的平衡

学习型组织努力使员工丰富的家庭生活和充实的工作生活相得益彰。对员工承诺支持每位员工充分的自我表现发展，而员工也以承诺对组织的发展尽心尽力作为回报。这样一来，个人与组织之间的界限将变得模糊，工作与家庭之间的界限也将逐渐消失，两者之间的冲突也必将大为减少，从而提高员工家庭生活质量（满意的家庭关系、良好的家庭教育和健全的天伦之乐），达到家庭与事业之间的平衡。

7. 组织的边界将被重新界定

学习型组织的边界的界定，建立在组织要素与外部环境要素互动关系的基础上，超越了传统的根据职能或部门划分的"法定"边界。

8. 领导者的新角色

在学习型组织中，领导者是设计师、仆人和教师。领导者的设计工作是一个对组织要素进行整合的过程，他不只是设计组织的结构和组织政策、策略，更重要的是设计组织发展的基本理念。领导者的仆人角色表现在他对实现愿景的使命感，他自觉地接受愿景的召唤。领导者作为教师角色的首要任务是界定真实情况，协助人们对真实情况进行正确、深刻的把握，提高他们对组织系统的了解能力，促进每个人的学习。

（三）学习型组织的核心

彼得·圣吉的"五项修炼"模型，就是学习型组织的核心。学习型组织的五项修炼包括：

1. 自我超越

"自我超越"包括三个内容：一是建立愿景（指一种愿望、理想、远景或目标）；二是看清现状；三是实现愿景。即组织中的每一成员都要看清现状与自己的愿景间的距离，从而产生出"创造性张力"，进而能动地改变现状而达到愿景。原先的愿景实现后，又培养起新的愿景。随着愿景的不断提升，又产生出新的"创造性张力"。显然，组织成员的自我超越能力是组织生命力的源泉。

2. 改善心智模式

"心智模式"是人们的思想方法、思维习惯、思维风格和心理素质的反映。一个人的心智模式与其个人成长经历、所受教育、生活环境等因素密切相关,因此并非每个人的心智模式都很完美。人们通过不断的学习就能弥补自己心智模式的缺陷。

3. 建立共同愿景

"共同愿景"源自个人愿景,它是经过各成员相互沟通而形成的组织成员都真心追求的愿景,它为组织的学习提供了焦点和能量。企业有了共同愿景,才能形成强大的凝聚力,推进企业不断地发展。

4. 团队学习

组织由很多目标一致的团队构成。"团队学习"是指团队中各成员通过"深度会谈"与"讨论",产生相互影响,以实现团体智商远大于成员智商之和的效果。

5. 系统思考

"系统思考"指以系统思考观点来研究问题、解决问题。其核心就是:从整体出发来分析问题,分析关键问题;透过现象分析问题背后的原因;从根本上解决问题。系统思考是见识,也是综合能力。这种见识和能力只有通过不断学习才能逐渐形成。

(四)学习型组织对管理实践的意义

学习型组织的真谛在于:学习一方面是为了保证企业的生存,使企业组织具备不断改进的能力,提高企业组织的竞争力;另一方面更是为了实现个人与工作的真正融合,使人们在工作中活出生命的意义。

学习型组织的基本理念,不仅有助于企业的改革和发展,而且对其他组织的创新与发展也有启示。人们可以运用学习型组织的基本理念,去开发各自所在组织创造未来的潜能,反省当前存在于整个社会的种种学习障碍,思考如何使整个社会早日向学习型社会迈进。

学习型组织与组织文化都是以人为本,运用企业文化建立学习型组织可以真正地激发人的学习热情和开发人的学习潜力。通过发挥企业文化的指导功能、激励功能、分享功能,完成企业的五项修炼,从而不断地完善学习型组织。

本章小结

组织是管理的一种基本职能。设计组织结构是执行组织职能的基础工作,组织设计的任务是设计清晰的组织结构,规划和设计组织中各部门的职能和职权,确定组织中各种职权的活动范围并编制职务说明书。

组织结构的主要形式有直线型组织结构、直线—职能型组织结构、事业部制组织结构、矩阵型组织结构、动态网络型组织结构和项目组。

组织运行机制的核心是组织运行过程中的集权、分权和授权。

组织的成功或失败经常归因于组织文化的良莠。组织通过培养、塑造组织文化,来影响成员的工作态度,引导组织目标的实现。

思考与探究

1. 组织设计的任务是什么? 应遵循哪些基本原则?

2. 事业部制与直线—职能型组织结构在框架上非常相似,你认为两者的本质差别是什么?

3. 一个组织管理人员的需要量是根据什么确定的？

4. 人们不愿授权或不愿接受授权的原因是什么？

5. 正式组织和非正式组织有何区别？如何利用非正式组织开展好组织的各项工作？

6. 组织文化有哪些基本要素和功能？

 **案例分析**

案例分析一

授权的障碍

A公司的王老板从某大企业挖来了精明强干的刘先生担任公司的总经理，并将公司的大小事务均交由刘先生全权处理。由于得到授权，刘先生便结合公司的特点和实际情况，对公司的经营模式和管理体制进行了大胆的变革，将公司原先的品牌经营模式转变为OEM（代为加工）服务模式，并提出了颇具创新意识的OEM改进方式，变被动的OEM服务为主动的OEM服务，得到众多客户的认同和支持。然而当刘先生欲更深入地推动企业的变革时，他发现，其实自己手中的权力十分有限，虽然王老板总是客客气气地对其进行鼓励，但刘先生的内心却非常困惑，久而久之，刘先生的变革锐气便渐渐地消失了。

讨论分析

1. 王老板在授权上的主要障碍是什么？

2. 这种障碍产生的原因可能是什么？

3. 你有什么好的建议？

案例分析二

青岛啤酒股份有限公司总裁
黄克兴谈企业文化重构

第十六届北大光华新年论坛于2014年12月21日在北京大学举行。本次论坛主题为"文化重塑与经济转型"。青岛啤酒股份有限公司总裁黄克兴认为，文化的基因决定产业，经济转型必须先从文化的转型开始。如果企业为了追求自身的价值，牺牲了消费者的价值，必然带来食品安全的问题。所以，企业价值观重构的关键是企业文化的重构。

以下是记者田薇采访黄克兴的部分文字实录：

田薇：谈到担当，接下来这位嘉宾真是要担当，因为他来自食品行业。有关食品安全问题，除了"APEC蓝"之外，可能是大家最关注的问题了。黄先生，来自青岛啤酒，这种问题怎么转变，过去高速的、不计后果的发展，在食品行业，在您的行业当中怎么来看待，怎么能够真正促进我们的转型？我知道您有很多思考。

黄克兴：经济转型，创新升级是一个永恒的话题，任何企业都必须与时代互动，必须根据时代的宏观经济、法律环境、竞争环境实时地调整自己的战略。现在中国谈得比较多的可能是转型,我们急需转型。转型这几年可能是比较时髦的话题,大家都挂在嘴边。但是,我们今天仍然在谈转型,是不是转型,我觉得说的多,做的少。为什么我们说的大家都能谈转型,任何时候都能把转型作为一个很好的专题来谈。我想关键就是一个文化,一个企业,一个社会,是不是具有创新的文化基因,是不是具有创新、转型的文化机制,是不是有与之配套的鼓励创新的一种制度,这至关重要。

刚才冒大卫书记在主持当中说了一句话,他说要让文化指导我们的产业,而不是让产业来扭曲我们的文化。我们谈到文化的时候,法国文化大家会想到浪漫,浪漫代表的产品,我们会想到时装、香水、葡萄酒。德国的文化是严谨。我们谈到瑞士的文化,是细腻的文化,手表一流的企业等。文化的基因决定了我们的产业,这是我的观点。就是经济转型,必须先从文化的转型开始。

其次,文化的程度首先是价值观的全面改造。我们的一个企业,我们的价值观决定了我们的思维方式。如果我们企业的价值观是单纯地为了追求利润,追求股东价值的最大化,当然这并没有错,但是,我们为了追求企业自身的利润,而牺牲了社会的价值,牺牲了消费者的利益,牺牲了其他利益相关者的利益,我们追求利润的目的就不存在了。这会导致假冒伪劣,高空耗,甚至食品安全的问题。

我晚上刚从美国回来,谈谈青岛啤酒在美国进一步发展的问题。其中一个代理商说到青岛啤酒确实质量很好,但是我们的卖点需要进一步提炼。因为提起青岛啤酒大家谈到中国的产品,中国的产品大家提到食品安全好像不是很好。所以,中国企业食品安全的问题也是一个重要的话题。如果企业为了追求自身的价值,牺牲了消费者的价值,必然带来食品安全的问题。所以,我认为企业价值观重构的关键是企业文化的重构。

田薇:您提到价值观,青岛啤酒确实挺"复杂",既有当年德国的严谨问题,又有现在山东孔家的文化,孔子的文化。现代社会发展过程当中,青岛啤酒也是最早向国外开放的企业。所有这些文化怎么融合?另外,听说您在青岛啤酒干了30多年了,听说有过好几次文化涅槃的过程,是一个相当痛苦,同时也脱胎换骨的过程。您能在简短的时间之内把这些脱胎换骨的过程给我们介绍一下就更好了。

黄克兴:青岛啤酒是百年企业,今年是111周年。这110多年,经历过德国、日本的经营时期,国民政府,国有企业到现在的香港、上海两地上市的企业。不同的时期肯定有不同文化冲突的过程。首先,德国严谨的文化在青岛啤酒应该说是根深蒂固,现在青岛啤酒做事都是非常严谨,非常规范的。其次,山东的孔子的文化诚信和谐,对青岛啤酒也是根深蒂固的。在过去100年,青岛啤酒是一个制造型、生产型企业,严谨非常必要,生产环节每一道工序都是非常严谨的。1993年青岛啤酒上市,上市就面对中国的市场经济。市场经济过程中,我们单纯的严谨、和谐,但是并不适用于市场经济。这时候我们青岛啤酒提出文化的重塑,我们保留着严谨、和谐、诚信等好的文化的基因,但是严谨过头之后就意味着保守,我们就引进了开放创新,因此我们现在就是"诚信、和谐、开放、创新"。在制造工厂我们讲"严谨、诚信",食品安全的问题,严谨生产工艺的问题。在市场营销上,我们讲"创新和开放"。营销上我们提出狼性团队,在制造上我们提出国际一流的制造团队,标准就是要管理我们的效率、效益,我们的产品质量,也要做到全球最高。

👥 讨论分析

1. 青岛啤酒股份有限公司的组织文化是如何形成的？
2. 该公司的组织文化对企业的转型起到哪些作用？
3. 该公司的组织文化在所有的企业都适用吗？

第八章 ▶▶▶
人力资源管理

◇◇◇◇◇◇◇◇◇◇◇◇◇◇◇◇◇◇◇◇◇◇ **章前导语** ◇◇◇◇◇◇◇◇◇◇◇◇◇◇◇◇◇◇◇◇◇◇

　　人是组织中最重要、最活跃的因素,管理归根到底是对人的管理。组织设计为系统的运行提供了可供依托的框架,要使框架能发挥作用,还需由人来操作。因此,在设计了合理的组织机构和结构的基础上,还需为这些机构的不同岗位选配合适的人员,并进行人员培训与管理,这些属于人力资源管理的范畴。人力资源管理是组织设计的逻辑延续。

◇◇◇◇◇◇◇◇◇◇◇◇◇◇◇◇◇◇◇◇◇◇ **本章导学** ◇◇◇◇◇◇◇◇◇◇◇◇◇◇◇◇◇◇◇◇◇◇

学习目标

掌握招聘员工的来源与招聘方式;
掌握员工培训的原则与方法;
了解绩效评估和薪酬管理的原则;
理解薪酬设计的原则与构成。

关键术语

人力资源　人力资源管理　招聘　员工培训　绩效评估　薪酬　福利　职业生涯规划

第一节　人力资源管理概述

一、人力资源

（一）人力资源的含义

广义上的人力资源指一定区域的人口总量。狭义上的人力资源指劳动力资源，即一定时间、一定区域内有劳动能力的适龄人口及实际参加社会劳动的非适龄劳动人口的总和。

人力资源包括数量和质量两个方面。人力资源数量是指劳动适龄人口、未成年就业人口和老年就业人口。人力资源质量是指人力资源所具有的体力、智力、知识和技能水平，以及劳动者的劳动态度。与人力资源数量相比，人力资源质量更为重要。

（二）人力资源的特征

1. 能动性

这是人力资源的首要特征，是与其他资源最根本的区别。能动性是指人不同于其他资源处于被动地位，它是唯一能起到创造作用的因素，能有意识、有目的地进行活动，能主动调节与外部的关系，推动社会和经济的发展。

2. 可再生性

人力资源在使用过程中也会出现损耗，既包括人自身体力衰老的有形损耗，也包括知识、技能由于科学技术的发展而出现相对老化的无形损耗。但与物质资源损耗不同的是，人力资源基于人口的再生产和劳动力的再生产，能够实现自我补偿、自我更新、持续开发。

3. 双重性

人力资源既是投资的结果，又能创造财富，因而既是生产者，又是消费者。

4. 时效性

时效性是指人力资源存在于人的生命之中，它是一种具有生命的资源，其形式、开发和利用等都要受到时间的限制。

5. 社会性

人力资源的形成、开发、配置和使用都离不开社会环境和社会实践，社会环境构成了人力资源的大背景。

二、人力资源管理的概念、内容与原则

（一）人力资源管理的概念

人力资源管理就是指运用现代化的科学方法，对与一定物力相结合的人力进行合理的培训、组织和调配，使人力、物力经常保持最佳比例；同时对人的思想、心理和行为进行恰当的引导、控制和协调，充分发挥人的主观能动性，使人尽其才，事得其人，人事相宜，从而实现组织目标。

（二）人力资源管理的内容

企业人力资源管理主要内容有六大模块：人力资源规划、招聘与录用、培训管理、薪酬与福利、绩效管理、劳动关系。具体而言，人力资源管理可细分为以下内容：

1. 职务分析与设计

对企业各个工作职位的性质、结构、责任、流程,以及胜任该职位工作人员的素质、知识、技能等,在调查分析所获取相关信息的基础上,编写出职务说明书和人事管理文件。

2. 人力资源规划

把企业人力资源战略转化为中长期目标、计划和政策措施,包括对人力资源现状分析、未来人员供需预测与平衡,确保企业在需要时能获得所需要的人力资源。

3. 员工招聘与选拔

根据人力资源规划和工作分析的要求,为企业招聘、选拔所需要人力资源并录用安排到一定岗位上。

4. 绩效考评

对员工在一定时间内对企业的贡献和工作中取得的绩效进行考核和评价,及时作出反馈,以便提高和改善员工的工作绩效,并为员工培训、晋升、计酬等人事决策提供依据。

5. 薪酬管理

包括对基本薪酬、绩效薪酬、奖金、津贴以及福利等薪酬结构的设计与管理,以激励员工更加努力地为企业工作。

6. 员工激励

采用激励理论和方法,对员工的各种需要予以不同程度的满足或限制,引起员工心理状况的变化,以激发员工向企业所期望的目标而努力。

7. 培训与开发

通过培训提高员工个人和群体的知识、能力、工作态度和工作绩效,进一步开发员工的智力潜能,以增强人力资源的贡献率。

8. 职业生涯规划

鼓励和关心员工的个人发展,帮助员工制订个人发展规划,以进一步激发员工的积极性、创造性。

9. 人力资源会计

与财务部门合作,建立人力资源会计体系,开展人力资源投资成本与产出效益的核算工作,为人力资源管理与决策提供依据。

10. 劳动关系管理

协调和改善企业与员工之间的劳动关系,进行企业文化建设,营造和谐的劳动关系和良好的工作氛围,保障企业经营活动的正常开展。

（三）人力资源管理的原则

1. 优化原则

即通过科学选聘、合理组合,实现人员配备的最优化。

2. 竞争原则

即引入竞争机制,公开公平,优胜劣汰,形成有利于人才脱颖而出的有效机制。

3. 激励原则

即运用各种有效的方法,最大限度地调动人的积极性和创造性。

4. 民主监督原则

即实现人力资源的民主管理,提高透明度,克服神秘化。

知识拓展

人力资源管理5P原则：

1. 识人（Perception）——了解员工的所思、所想、所需及特长能力。

2. 选人（Pick）——选择适合企业发展需要的人。

3. 用人（Placement）——合适的时候把合适的人放到合适的位置上。

4. 育人（Professional）——培训、教育员工，使之成为岗位上的专家。

5. 留人（Preservation）——留人要留"心"。

第二节　员工招聘与人员甄选

一、人力资源规划

吸引人力资源的起点是规划。人力资源规划是根据组织现在发展的需要和未来组织发展的目标，预测、估计、评价企业对人力资源的需求。人力资源规划包括工作分析和人力资源供求的预测。

（一）工作分析

工作分析是组织内对工作的系统分析。工作分析由两部分构成：工作说明和工作规范。工作说明是明确职位的责任、工作的条件和完成工作所用的工具、材料以及设备，也就是通常所指的职务描述。工作规范是指明确职位所要求的技能、能力和其他条件，也就是任职说明。工作分析主要是了解各种工作的特点以及胜任各种工作的人员特点，这是企业有效地进行人力资源开发与管理的重要前提。

（二）人力资源供求的预测

在管理者充分地理解了组织内的工作之后，他们可以开始进行未来人力资源管理的规划工作。人力资源规划通过对企业内外人力资源供给和需求的预测，为企业生存、成长、发展、竞争及对环境的适应和灵活反应提供人力支援和保障。

人力资源规划的步骤分为五步：一是确定企业的发展战略与目标；二是人力资源需求和供给预测；三是平衡分析及措施的制定；四是制定人力资源规划；五是规划的实施、评估与反馈。

二、员工招聘

（一）招聘的概念及意义

当组织对自己未来的人力资源需求有了了解之后，下一步通常是招聘员工。组织需要招聘员工可能基于以下几种情况：新设立一个组织；组织扩张；调整不合理的人员结构；员工离职而出现的职位空缺等。

招聘是根据组织人力资源规划和工作分析的数量与质量要求,通过信息的发布和科学的甄选,获得所需的合格人才,并安排他们到所需岗位工作的过程。

招聘工作直接关系到企业人力资源的形成,有效的招聘工作不仅可以提高员工素质、改善人员结构,也可以为组织注入新的管理思想,为组织增添新的活力,甚至可能给企业带来技术、管理上的重大革新。招聘是人力资源管理活动的基础。

(二)员工招聘的标准

1. 管理的愿望

强烈的管理愿望是有效开展工作的基本前提。对某些管理人员来说,担任管理工作,意味着在组织中将取得较高的地位、名誉以及与之相对应的报酬,这将产生很强的激励效用;但对大多数员工来说,管理意味着可以利用制度赋予的权力来组织劳动,意味着可以通过自己的知识和技能以及与他人的合作来实现自我,这将获得心理上的极大满足感。毋庸讳言,管理意味着对某种权力的运用。管理能力低下、自信心不足或对权力不感兴趣的人,自然也就不会负责任地有效地使用权力,这就难以达到理想而积极的工作效果。

2. 品行优良

良好的品德是每个组织成员都应具备的基本素质。对于管理人员来说,担任管理职务意味着拥有一定的职权,而组织对权力的运用不可能随时进行严密、细致、有效的监督,所以权力能否正确运用在很大程度上只能取决于管理人员的自觉、自律行为。因此,管理人员必须是值得信赖的,并且要具有正直而高尚的道德品质。

3. 创新的精神

管理任务决不仅仅是执行上级的命令,维持系统的运转,还要能在组织系统或部门的工作中不断创新。只有不断创新,组织才能充满生机和活力,才能不断发展。创新意味着要打破传统机制的束缚,做以前没有做过的事,而这一切都没有现成的程序或规律可循。因此,创新需要冒很大的风险,且往往是,希望取得的成功越大,需要冒的风险也越大。

4. 决策能力

管理人员不仅要计划和安排工作,更重要的是要组织和协调部属的工作。管理人员在组织下属工作的过程中要进行一系列的决策:本部门在未来时期内要从事何种活动,从事这种活动需达到何种状况和水平,谁去从事这些活动,利用何种条件、在何时完成这些活动等。管理过程中充满了决策。因此,掌握一定的决策能力对管理人员来说是非常重要的。

5. 沟通的技能

管理人员要理解别人,也需要别人理解自己,组织成员之间的相互理解是组织成功的基本保证。理解要借助信息的沟通来完成,信息沟通是在"说"和"听"的过程中实现的。管理人员要通过充分的"听"与艺术的"说",来正确地理解上级的意图,认清组织的任务与目标,制定正确的措施,或巧妙地提出自己的不同意见,争取上司的赞同;同时,也要通过娴熟运用听与说的技巧,准确地表述自己的思想,布置下属的工作,并充分地聆听下属的诉求,体察他们的苦衷,了解下属工作的进度,协调并支持他们的工作。

(三)员工招聘的原则

1. 因事择人

因事择人,就是员工的选聘应以实际工作的需要和岗位的空缺情况为出发点,根据岗位对任职者的资格要求选用人员。

2. 公开公平

公开就是要公示招聘信息、招聘方法，这样既可以将招聘工作置于公开监督之下，防止以权谋私、假公济私的现象，又能吸引大量应聘者。公平就是确保招聘制度给予合格应聘者平等的获选机会。

3. 竞争择优

竞争择优是指在员工招聘中引入竞争机制，在对应聘者的思想素质、道德品质、业务能力等方面进行全面考察的基础上，按照考察的成绩择优选拔录用员工。

4. 效率优先

效率优先就是用尽可能低的招聘成本录用到合适的最佳人选。

（四）员工招聘的来源与方法

1. 外部招聘

外部招聘就是根据组织制定的标准和程序从组织外部选拔符合空缺职位要求的员工。选择员工具有动态性，特别是一些高级员工和专业岗位，组织常常需要将选择的范围扩展到全国甚至全球劳动力市场。

外部招聘的方法包括广告、内部员工推荐、职业介绍机构、校园招聘、网络招聘等。

2. 内部招聘

内部招聘是在企业内部选择需要的各种人才。内部招聘的渠道有员工推荐和内部储备人才库两种方式。

外部招聘具有以下优点：被聘人员具有"外来优势"；有利于平息、缓和内部竞争者之间的紧张关系；能够为组织带来新鲜空气。局限性主要表现在：外部招聘人员不熟悉组织的内部情况，同时也缺乏一定的人事基础，因此需要一段适应工作的时间；组织不能深入了解应聘者的情况；挫伤内部员工的积极性。

内部招聘具有以下优点：有利于鼓舞士气，提高工作热情，调动组织内成员的积极性；有利于吸引外部人才；有利于保证选聘工作的正确性；有利于使被聘者迅速展开工作。其弊端是：引起同事的不满；可能造成"近亲繁殖"的现象。

🏠 管理案例

新希望集团在招聘中采用"四条腿"方针：第一，在学校里招收应届毕业生，进行培养；第二，面向社会招聘一些有实践经验的人才，包括曾经是企业竞争对手的人；第三，企业内部培养一部分，很多部门经理就是从最基层提拔起来的；第四，亲友、熟人推荐，推荐的成功率往往更高一些，因为推荐的过程也就是一个担保、认同的过程。

在用人上，新希望集团采取"稳住重点，流动一般"的原则，以保持人才的鲜活和知识的更新。总经理等高级干部相对比较稳定，但高级干部也保持有5%—10%的流动。因为有流动才会有压力，有压力才会有动力。

三、人力资源的甄选

（一）甄选标准

一般说来，企业从一开始组建就应把选人放在首位，并且提出简单、明确的选人标准。企业通常的选人标准为：任人唯贤，唯才是用；一专多能；严格选拔，加强培训；增强后备，面向未来。

（二）甄选步骤

一般把人力资源选拔工作分为六个步骤，即：填写职位申请表、考试、面试、绩效评估模拟测验、背景调查、体格检查等。逐步淘汰不合格者，六个步骤全部通过考核者，录用为新员工。

1. 填写职位申请表

挑选应聘者的第一步是要求应聘者填写职位申请表。企业通过职位申请表获得关于候选人的姓名、地址、电话、学历、履历、技术类型以及过去的工作经验或成就等信息。职位申请表资料通常用于非正式地决定候选人是否值得进一步评估，面试官利用申请表在面试前熟悉候选人。

2. 考试

考试包括智力测验、性格测验、能力测验等。对于组织而言这些测验可以适度地预测出应聘者是否能够胜任相应的职位，当然，主管人员应更加注意工作绩效的模拟测验。

3. 面试

面试是一种常用的挑选工具，但有时它并不是一个很好的预测工作的方法。例如，面试者在初评时容易产生印象偏差，因为固有的模式往往使面试者倾向于喜欢和他有同样态度的应聘者，这样，面试者所下的权数比重可能会有偏差。尽管如此，面试对于决定应聘者的智力、勤奋程度以及人际沟通方面的能力还是有一定预测效度的。

4. 绩效评估模拟测验

这种测验以工作分析的资料为依据，由实际的工作行为组成，因此比传统式的书面测试更能证实与工作的相关性。工作抽样法和评估中心法是两种典型的绩效模拟测验，前者适用于一般工作职位，后者适用于管理阶层。

工作抽样法是先设计出一种小型的工作样本，然后让应聘者实际去做，看其是否具备必需的才能。工作样本是根据工作分析的资料琢磨出来的，里边含有各个工作所必备的知识、技术与能力。工作样本中的各项要素必须与工作绩效要素相搭配。

评估中心法是由直线主管、监督人和受过培训的心理学者用二到四天的时间，让应聘者去模拟处理他们将遇到的实际问题，然后由评估的中心人员考核评分。评估中心法所进行的活动包括面谈、模拟解决问题、群体讨论、企业决策竞赛等。

5. 背景调查

背景调查有两种类型：审评应聘材料和调查一些参考附件。前者提供的信息很有价值，而后者通常只是一种参考。审核的原因是一些应聘者往往会夸大他以前的经历、成就或隐瞒某些离职的原因，因此向以前的用人单位了解过去的工作情况颇有必要。当然，还可以通过他的朋友等其他渠道来了解他过去的情况。

6. 体格检查

体格检查的目的是确定应聘者的一般健康状况，检查其是否有工作职务所不允许的疾病或生理缺陷,以减少员工因生病所增加的费用支出以及由于员工存在生理缺陷或体能不支,对今后工作带来的负面影响。

第三节　员工培训与绩效评估

一、员工培训

（一）培训的含义与作用

员工培训是指企业为了实现其组织目标和提高竞争力而有计划、有组织、多层次、多渠道地组织员工从事学习和训练,从而不断提高员工的知识和技能,改善员工的工作态度,激发员工的创新意识的管理活动。

员工培训的作用是通过提高员工的知识、技能和素质,重塑其行为方式、思维模式,从而加强其解决问题的能力,使其适应新环境、胜任新岗位、进入新层次、发展新技能等。培训实质上是一种系统化的智力投资,有利于企业人力资源素质的提高,有利于企业加强自身对外部环境的适应性。

（二）培训的原则

1. 培训必须制度化

对员工的培训必须成为一种制度。只有成为一种制度,培训才能自始至终。培训制度化有利于培训的全员化,培训制度化还有利于严格考核。

2. 培训必须全员化

培训全员化指对组织的全体成员进行培训,公司从普通员工到最高决策者都要接受培训。

3. 培训必须与实用相结合

培训必须紧密地联系组织的任务,不能仅仅依靠简单的课堂教学,更要结合生产经营活动为接受培训的员工提供实践或操作的机会,使他们通过实践体会要领,真正地掌握要领,较快地提高工作能力。

4. 培训方式多样化

从实际出发,针对员工的不同文化水平、不同的职务、不同要求等开展形式多样的培训。如组织可以送员工出去学习深造,也可安排组织内师傅带徒弟等多种办法。

（三）培训的形式

员工培训的形式有多种,依据所在职位的不同,可以分为对新职工的培训、在职培训和离职培训三种形式。

1. 对新职工的培训

一旦决定录用应聘者之后,组织中的人事部门应该对他将要从事的工作和组织的情况给予必要的介绍和引导。西方国家称之为职前引导。

职前引导的目的在于减少新来人员在新的工作开始之前的担忧和焦虑,使他能够尽快地熟悉所从事的本职工作以及组织的基本情况,如组织的历史、现状、未来目标、使命、理念、工作程序及其相关规定等,并充分了解他应尽的义务和职责以及绩效评估制度和奖惩制度等,例如有关的人事政策、福利以及工作时数、加班规定、工资状况等。这一方面可以消除新员工中那些不切实际的期望，充分预计到今后工作中可能遇到的各种困难和问题，了解克服和解决这些困难和问题的渠道；另一方面可以引导新员工了解工作单位的远景目标、工作中的同事以及如何进行合作等。组织有义务使新员工的不适应感降至最低，并应使其尽快地调整自我，尽早地适应工作环境。图8-1为某公司的新员工入职培训体系。

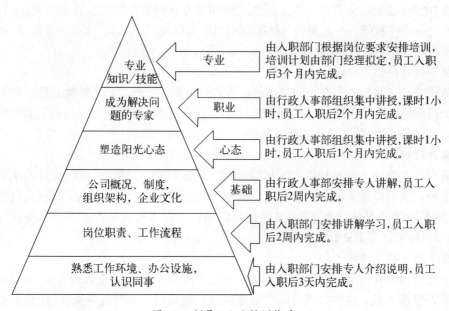

图8-1　新员工入职培训体系

2. 在职培训

对员工进行在职培训是为了使员工通过不断学习掌握新技术和新方法，从而达到新的工作目标要求所进行的不脱产培训。工作轮换和实习是两种最常见的在职培训。所谓工作轮换是指让员工在横向层级上进行工作调整，其目的是让员工学习多种工作技术，使他们对于各种工作之间的依存性和整个组织的活动有更深刻的体验和更加开阔的视野。所谓实习是让新来人员向优秀的老员工学习以提升自己的知识与技能的一种培训方式。在生产和技术领域，这种培训方式通常称为学徒制度，而在商务领域，则称为实习制度。实习生的工作必须在优秀的老员工带领和监督之下进行，老员工有责任和义务帮助实习生克服困难，顺利地成长进步。

3. 离职培训

离职培训是指为使员工能够适应新的工作岗位要求而让员工离开工作岗位一段时间，专心致志于一些职外培训。最常见的离职培训方式包括教室教学、影片教学以及模拟演练等。教室教学比较适合于给员工集中灌输一些特殊的信息、知识，可以有效地增进员工在管理和技术方面的认知。影片教学的优点在于它的直观示范性，可以弥补其他教学方式在示范效果方面的不足。而如何在实践中处理好人际关系问题，如何提高解决具体问题的技能，则最适于在模拟演练中学习。这包括案例分析、经验交流、角色模拟以及召开小群体行动会议等。有效利用现代高科技及电脑的模式也属于模拟演练的一种，如航空公司用此方法来培训驾驶员等。另外还有辅导培训，也是模拟演练的一种有效方式。员工在实际上岗前先在同样的设施内模仿他们日后的工作，为日后开展的实际工作打下基础。如大型的连锁零售商可以在一个模拟营业情形的实验里教导收款员如何操作电脑记账机,这样可以让错误在学习过程中及早暴露和得到解决,就能大大提高以后的营业效率。

（四）培训的内容

依据培训的目标和方式不同,培训的内容有以下几种形式:

1. 专业知识与技能培训

专业知识与技能培训有助于员工深入了解相关专业的基本知识及其发展动态,有助于提高人员的实际操作技能。专业知识与技能培训可以采取脱产、半脱产或业余等形式,如各种短期培训班、专题讨论会、函授、业余学校等。

2. 职务轮换培训

职务轮换培训是指人员在不同部门的各种职位上轮流工作。职务轮换有助于受训人全面了解整个组织的不同工作情况,积累和掌握各种不同的工作经验,从而提高他们的组织和管理协调能力,为其今后的发展和升迁打好基础。

3. 提升培训

提升培训是指将人员从较低的管理层级暂时提拔到较高的管理层级上,并给予一定的试用期。这种方法可以使有潜力的管理人员获得宝贵的锻炼机会,既有助于管理人员扩大工作范围,把握机会展示其能力和才干,又能使组织得以全面考察其是否适应和具备领导岗位能力,并为今后的发展奠定良好的基础。

4. 设置助理职务培训

在一些较高的管理层级上设立助理职务,不仅可以减轻主要负责人的负担,而且有助于培训一些后备管理人员。这种方式可以使助理接触到较高层次上的管理实务,使他们不断吸收其直接主管处理问题的方法和经验,在特殊环境中积累特殊经验,从而促进助理的成长。

5. 设置临时性职务培训

设置临时性职务可以使受训者体验和锻炼在空缺职位上的工作情景,充分展示其个人能力,避免"彼得现象"的发生。

📊 **知识拓展**

管理学家劳伦斯·彼得发现,"在实行等级制度的组织里,每个人都崇尚爬到能力所不逮的层次"。他把这种由于组织中有些管理人员被提升之后不能保持原来的成绩,反而可能给组织效率带来大滑坡的现象归结为"彼得现象"。

二、绩效评估

员工经过培训和分配工作之后,接下来管理者关心的是绩效评估。绩效评估是对员工工作情况的正式评估,组织通过绩效评估可以判断人力资源选拔工具或评估培训项目的影响。

（一）绩效评估的定义和作用

1. 绩效评估的定义

员工的工作绩效,是指员工在工作岗位上的工作行为表现与工作结果,它体现了员工对组织的贡献大小、价值大小。绩效评估是指组织定期对个人或群体小组的工作行为及业绩进行考察、评估和测度的一种正式制度。

2. 绩效评估的作用

在人力资源管理中，绩效评估的作用体现在以下几个方面：

（1）绩效评估为最佳决策提供了重要的参考依据

绩效评估的首要目标是为组织目标的实现提供支持，特别是在制定重要的决策时，绩效评估可以使管理者及其下属在制订初始计划过程中及时纠偏，减少工作失误，为最佳决策提供重要的行动支持。

（2）绩效评估为组织发展提供了重要的支持

绩效评估另一个重要目标是提高员工的业绩，引导员工努力的方向，使其能够跟上组织的变化和发展。绩效评估可以提供相关的信息资料作为激励或处分员工、提升或降级、职务调动以及进一步培训的依据，这是绩效评估最主要的作用。

（3）绩效评估为员工提供了一面有益的"镜子"

绩效评估使员工有机会了解自己的优缺点以及其他人对自己工作情况的评价，起到了有益的"镜子"作用。特别是，当这种评价比较客观时，员工可以在上级的帮助下有效发挥自己的潜能，顺利执行自己的职业生涯计划。

（4）绩效评估为确定员工的工作报酬提供依据

绩效评估的结果为确定员工的实际工作报酬提供了决策依据。实际工作报酬必须与员工的实际能力和贡献相结合，这是组织分配制度的一条基本原则。

（5）绩效评估为员工潜能的评价以及相关人事调整提供了依据

绩效评估中对能力的考评是指通过考察员工在一定时间内的工作业绩，评估他们的现实能力和发展潜力，看其是否符合现任职务所具备的素质和能力要求，是否具有担负更重要工作的潜能。组织必须根据管理人员在工作中的实际表现，对组织的人事安排进行必要的调整。

（二）绩效评估的程序与方法

1. 绩效评估的程序

绩效评估可以分为以下几个步骤：

（1）确定特定的绩效评估目标

在不同的管理层级和工作岗位上，每一个员工所具备的能力和提供的贡献是不同的，而一种绩效评价制度不可能适用于所有的评估目标。在考评员工时，首先要有针对性地选择并确定特定的绩效评估目标，然后根据不同岗位的工作性质，设计和选择合理的考评制度。

（2）确定考评责任者

考评工作往往被视为人事管理部门的任务。实际上，人事部门的主要职责是组织、协调和执行考评方案，要使考评方案取得成效，还必须使那些受过专门评估培训的直线管理人员直接参与到方案实施中来，因为直线领导可以更为直观地识别员工的能力和业绩，并负有直接的领导责任。当然，下属和同事的评价也可以列为一种参考。

（3）评价业绩

在确定了特定的绩效评估目标和考评责任者之后，应当通过绩效评价系统对员工特定的目标评估内容进行正确的考评。考评应当客观、公正，杜绝平均主义和个人偏见。在综合各考评表得分的基础上，得出考评结论，并对考评结论的主要内容进行分析，特别是要检查考评中有无不符合事实以及不负责任的评价,检验考评结论的有效程度。

（4）公布考评结果,交流考评意见

考评人应及时将考评结果通知本人。上级主管可以与被考评对象直接单独面谈,共同讨论绩效评价的结果。这种面谈应该被看作是一次解决问题而不仅仅是发现错误的良机。及时通报考评结论,可以使本人知道组织对自己能力的评价以及对所作贡献的承认程度,认识到组织的期望目标和自己的不足之处,从而确定今后需要改进的方向。如果认为考评有不公正或不全面之处,也可在认真反思和考虑之后进行充分申辩或补充。这有利于本人的事业发展,也有利于组织对本人工作要求的重新建立。

（5）根据考评结论,将绩效评估的结论备案

根据最终的考评结论,可以使组织识别那些具有较高发展潜力的员工,并根据员工成长的特点,确定其发展方向。同时还需要将绩效评估的结果进行备案,为员工今后的培训和人事调整提供充分的依据。

2.绩效评估的方法

组织所采取的传统绩效评估方法主要有:目标考核法、等级法、排列法、书面报告法等。这里着重介绍一种目前在组织中非常盛行的评估工具——360度绩效评估法。360度绩效评估法,是指从员工自己、上司、部属、同仁同事甚至顾客等全方位的各个角度来了解个人的绩效:沟通技巧、人际关系、领导能力、行政能力等。通过这种理想的绩效评估,被评估者不仅可以从上司、部属、同事甚至顾客等处获得多种角度的反馈,也可以从这些不同的反馈中清楚地知道自己的不足、长处与发展需求,使以后的职业发展更为顺畅。

三、绩效反馈

绩效反馈是组织中的管理人员与被考评的员工之间就绩效评估结果,包括取得的成绩、存在的问题与不足、下一阶段的新的工作目标以及绩效提升计划等,所进行的双向沟通与交流。通过反馈,员工了解管理者对自己的评价和期望,从而能够根据要求不断提高自己;通过反馈,管理者可以随时了解员工的表现和需求,有的放矢地进行激励和辅导。

第四节　薪酬福利与职业发展

组织在吸引和发展了有效的员工队伍之后,还必须努力保持这支员工队伍。这需要组织提供有效的薪酬和福利,以及职业规划。

一、薪酬设计

（一）薪酬设计的目标

薪酬设计的目标有三个:(1)最首要的目标就是吸引社会上的优秀人才来本企业工作,并能保证企业现有核心员工安心于本企业工作。(2)最直接的目标就是对组织成员产生尽可能大的激励作用。(3)促进员工能力的不断开发。

（二）薪酬设计的原则

薪酬作为分配价值形式之一,应遵循按劳分配、效率优先兼顾公平及可持续发展的原则。

1. 公平原则:薪酬以体现工资的外部公平、内部公平和个人公平为导向。

2. 竞争原则:薪酬以提高市场竞争力和对人才的吸引力为导向。

3. 激励原则:薪酬以增强工资的激励性为导向,通过活性工资和奖金等激励性工资单元的设计激发员工工作积极性。

4. 经济原则:薪酬水平须与公司的经济效益和承受能力保持一致。

（三）薪酬分配的依据

确定薪酬水平,设计薪酬体系,要依据以下因素:

1. 工作的价值,即岗位因素。要通过工作分析,确定岗位的工作内容、工作性质、相对重要性及对企业的相对贡献率,进而确定薪酬标准。

2. 员工的价值,即员工的技能因素。按照员工的技能因素确定薪酬,既是对员工人力资本投入的公平回报,更是鼓励员工努力提高技能的激励措施。

3. 人力市场情况。一方面,人力市场上各职种的薪酬水平是决定薪酬的重要依据,这是实现外部公平的重要尺度;另一方面,通过与人力市场价位的比较来确定薪酬,有利于增强本企业的竞争优势,以吸引优秀人才来本企业工作,并留住本企业的核心员工。

4. 社会成员的生活成本。这反映了人力资源的再生产费用。企业确定薪酬必须考虑政府规定的最低生活费与当地居民的实际生活水平。

5. 企业的支付能力。要根据企业的效益状况与水平,确定与调整员工的薪酬水平。

6. 国家法规。企业确定薪酬体系,必须符合国家的政策法规。

（四）工资形式与制度

1. 工资形式

工资形式是对员工实际劳动付出量和相应劳动报酬所得量进行具体计算与支付的方法。工资主要有计时工资、计件工资、奖金和津贴四种形式,另外,还有在此四种形式基础上派生出来的其他形式。

（1）计时工资

计时工资制是按工作人员的实际工作时间计付工资的一种工资形式。一般是先按工资等级制度为每位工作人员的职位确定出工资级别和相应的工资标准,然后再按实际工作时间计付工资。

（2）计件工资

计件工资制是根据工作人员在规定时间内所完成的工作量来计算与支付报酬的一种工资形式。它是按成果付酬体系的一种,属于刺激性工资形式。

（3）奖金

奖金是对员工超额劳动的报酬,是工资的附加部分。奖金是调节劳动态度,提高工作绩效的有力杠杆。奖金的特点是能比较及时准确地反映劳动者支出劳动量的变化情况,具有较大的灵活性与较强的激励性。

（4）津贴

津贴是对员工在特殊工作环境下工作,以及在特定条件下工作的生活费用额外支出给予补偿的一种工资形式。津贴与工作者的劳动数量和质量不发生直接关系,其发放的主要依据是工作环境的优劣。每种津贴都有特定的补偿目标,具有单一性、针对性的特点。津贴具有均等分配的特点,津贴一般在标准工资的10%—40%幅度内浮动。

2. 工资制度及其设计方法

工资制度是指整个薪酬体系的制度化形式。在改革开放前,我国基本实行两大类工资制度:(1)工人实行技术等级工资制。(2)管理人员实行职务等级工资制。工资制度改革后,逐步由等级工资制度过渡到结构工资制度。

设计工资制度有两种方法:(1)综合法,即通过一种工资制度综合地反映劳动数量和质量变化的各种因素。其典型形态是等级工资制度。(2)分解法,即把影响劳动数量和质量变化的各种因素进行分解,分别通过各种不同的工资形式加以反映,用几个工资额组合成薪酬体系。其典型形态是结构工资制度。

3. 结构工资制度

结构工资是按工资的各种职能将其分为相应的几个组成部分,分别确定工资额的一种工资制度。不同的结构工资制度的具体构成不同,结构工资可以由以下几种工资形式进行组合:

(1)基本工资,这是指保证员工基本生活需要,维持劳动力再生产的部分。

(2)技能工资,主要反映技术复杂程度、劳动熟练程度和技术能力,是对员工投入所给予的回报。

(3)岗位工资,主要反映劳动的熟练程度及劳动条件、责任等因素,是依据工作岗位进行的区分。

(4)职务工资,主要反映干部的水平、能力和责任,是对不同职位管理者进行的区分。

(5)绩效工资,主要反映员工的劳动成果与贡献,是对员工产出所给予的回报。

(6)工龄工资,是对员工过去积累劳动的报酬。

(7)津贴,主要反映随时间、地点、条件变化而引起的劳动消耗的变化。

(8)奖金,是对超额劳动的报酬。

社会组织或企业,一般要结合工作的实际情况灵活地选择与设计,进而构建有本组织特色的结构工资制度。应用较多的是岗位工资、技能工资和绩效工资的有机组合。结构工资制的优点有:符合按劳分配原则,能合理安排新老人员工资关系;有利于解决人才合理流动和人员相对稳定的矛盾;有利于激励雇员努力学习,提高技术业务水平,搞好自我开发。

二、福利

(一)福利的含义

福利是组织向员工提供的薪酬之外的价值。从广义上讲,凡是有关改善员工生活质量的公益性事业和所采取的措施都可称为福利。狭义的福利则专指社会保障体系中除社会保险、社会救助和社会优抚之外改善雇员生活质量的诸种措施。

(二)福利的内容

福利的内容很多,现行职工福利的内容大体可以分为四个部分:

1. 为减轻职工生活负担和保证职工基本生活而建立的各种补贴制度。如职工生活困难补贴、冬季职工宿舍取暖补贴、探亲假路费、婚丧假待遇、职工丧葬补助费、供养直系亲属抚恤费、职工病伤假期间救济费、职工住房补贴等。

2. 为职工生活提供方便而建立的集体福利设施。如职工食堂、托儿所、理发室、浴室等。

3. 为活跃职工文化生活而建立的各种文化、体育设施。如图书馆、阅览室、体育活动场所等。

4. 职工宿舍。

三、职业规划

保持人力资源的最后一个方面是职业规划。职业规划是指将员工个人发展目标与组织发展目标相结合,对决定员工职业生涯的个人因素、组织因素和社会因素等进行分析,从而制定有关员工一生事业发展的战略设想与计划安排。职业生涯规划作为一种系统的人力资源开发手段,可以提高员工对企业的忠诚感,提高员工的能力。

 管理故事

鸬鹚的罢工

一群鸬鹚辛辛苦苦跟着一位渔民十几年,立下了汗马功劳。不过随着年龄的增长,腿脚不灵便,眼睛也不好使了,捕鱼的数量越来越少。不得已,渔民又买了几只小鸬鹚,经过简单训练,便让新老鸬鹚一起出海捕鱼。很快,新买的鸬鹚学会了捕鱼的本领,渔民很高兴。

新来的鸬鹚很知足:只干了一点微不足道的工作,主人就对自己这么好,于是一个个拼命地为主人工作。而那几只老鸬鹚就惨了,吃的住的都比新来的鸬鹚差远了。不久,几只老鸬鹚瘦得皮包骨头,奄奄一息,被主人杀掉炖了汤。

一日,几只年轻的鸬鹚突然集体罢工,一个个蜷缩在船头,任凭渔民如何驱赶,也不肯下海捕鱼。渔民抱怨说:"我待你们不薄呀,每天让你们吃着鲜嫩的小鱼,住着舒适的窝棚,时不时还让你们休息一天半天。你们不思回报,怎么这么没良心呀!"一只年轻的鸬鹚发话了:"主人呀,现在我们身强力壮,有吃有喝,但老了,还不是像这群老鸬鹚一样的下场?"

伴随着企业管理由小作坊式的粗放型向制度化和人性化过渡,员工的需求层次也在逐步提高。工作不再是必需的谋生手段,人们越来越注重将来的保障机制,以及精神上的享受和"自我实现"。鸬鹚从最初"有吃有喝"就感恩戴德,到希望"年迈体弱时也有小鱼吃",就反映了渐进的职业需求。倘若人力资源管理忽视了这些需求,最终只能导致"鸬鹚"的罢工。

(一)职业发展通道

企业设置职业发展通道的目的是为员工提供个人发展的通道,员工可以根据企业的需求和自身的发展意愿,选择在本企业的发展路径。一般来讲,职业发展路径可以从纵向和横向两个维度去考虑。

1. 纵向发展

纵向发展是指员工在岗位所在的通道内由低层级岗位向高层级岗位发展。员工要实现纵向发展,一般需要满足以下几个条件:

(1)任职资格是否达到上一层级的基本要求。

（2）员工的业绩表现，通常企业会通过绩效考核来反映员工的业绩表现，并不是所有符合上一层级任职资格要求的员工都有晋升的机会，往往是从符合条件的员工中选取业绩比较好的员工给予晋升。

（3）上一层级是否有职数/比例的限制，如有，那么在员工晋升时是否有职数/比例的空缺，也是决定员工是否能够晋升的重要条件。

2. 横向发展

横向发展是指员工从本通道的岗位上往其他通道的岗位上发展。员工要实现横向发展，一般需要满足以下几个条件：

（1）通道间岗位是否具有一定的相似性，体现在任职标准是否类似。一般来讲，横向发展主要是针对相关岗位的发展，通道间任职资格标准差距过大，则表明通道间岗位特性差异较大，对于一般员工，实现这样的横向发展比较困难。

（2）员工的业绩表现及个人意愿。与纵向发展类似，业绩表现也是决定员工是否能实现横向发展的重要条件。与纵向发展不同的是横向发展可能还会涉及个人意愿问题，如在实际中会出现做技术的员工不愿意去做管理岗位的情况。

（3）其他通道岗位是否有职数/比例限制，与纵向发展类似，在限制许可的范围内，横向发展才有可能。

（二）职业生涯设计

组织不仅要为所有的员工提供独具特色的发展通道，还要尽可能为每一位员工提供职业生涯设计指导。

组织对员工的职业生涯进行设计的总体流程是：首先对员工个人特点进行分析，再对员工所在企业的特点和社会环境进行分析，然后根据分析结果制定员工的事业奋斗目标，选择实现这一事业目标的职业，编制相应的工作、教育和培训的计划，并对每一步骤的时间、顺序和方向作出合理的安排。

组织员工职业生涯设计的具体程序为：

第一，开展员工自我评估。人力资源部门可以通过格式化的表单形式，开展员工自我评估。员工自我评估是员工对自己作出全面的分析，主要包括对个人的需求、能力、兴趣、性格、气质等的分析，以确定什么样的职业目标比较适合自己和自己具备哪些能力，有哪些优势和不足。

第二，企业与社会环境分析。可以通过员工座谈会、新春恳谈会等形式，对员工所处的企业与社会环境进行分析，以确定员工是否适应企业环境或者社会外环境的变化，以及怎样来调整员工以适应组织和社会的需要。短期的规划比较注重企业内环境的分析，长期的规划要更多地注重社会外环境的分析。

第三，生涯机会的评估。生涯机会的评估由员工本人、员工直接上司、企业人力资源部共同协商完成。生涯机会的评估包括对长期机会和短期机会的评估。通过对社会环境的分析，结合员工本人的具体情况，评估有哪些长期的发展机会；通过对企业环境的分析，评估企业内有哪些短期的发展机会。通过职业生涯机会的评估可以确定职业发展目标。

第四，职业生涯目标的确定。职业生涯目标的确定包括长期目标、中期目标与短期目标的确定。首先要根据个人的专业、性格、气质和价值观以及社会的发展趋势确定员工的5—10年长期目标，然后再把长期目标进行分化，根据个人的经历和所处的组织环境制定相应的2—5年中期目标和1—2年短期目标。短期目标又可以继续细分为年度目标、月度目标、周目标等。

第五,制订行动方案。在确定以上各种类型的职业生涯目标后,就要制订相应的行动方案,把目标转化成具体的方案和措施来实现它们。这一过程中比较重要的行动方案有职业生涯发展路线的选择,相应的教育和培训计划、轮岗计划、进修计划等的制订。

管理案例

朗讯科技(中国)的员工职业生涯规划

朗讯中国公司不仅为它的员工提供一个岗位,一份工作,而且最重要的是为员工创造施展才能的机会,给他们一个充分发展的空间。在人力资源管理方面朗讯最引以为自豪的是它的员工职业生涯规划。当一名新员工进入公司后,部门经理必定与他进行一次深入的长谈,内容包括:"来到本公司后你对个人发展有什么打算;一年之内要达到什么目标,三年之内达到什么目标;为了实现这些目标,除个人努力外还需要公司什么样的帮助。"所有这些都要形成文字材料存档。在朗讯,这已成为一项滚动发展的制度。每到年末,部门经理都要和员工一起对照上年规划进行检查和修订,重新制定下一年度的规划。

(三)职业发展辅导

职业发展辅导贯穿于整个职业生涯规划活动,包括规划前的宣传与推广、规划过程中的分析与指导、实施过程中的在职教练等。组织的职业发展辅导包括定期辅导、业绩改进辅导、行为与能力提升辅导等多种形式。另外,组织需在员工职业生涯的不同发展阶段,根据社会环境、企业环境的变化、员工个人情况的变化对职业生涯目标与规划进行评估,并作出适当调整,以更好地符合员工自身的发展和企业的发展情况。

通过职业生涯规划,员工对组织的归属感增强,同时员工对未来也充满信心。员工职业生涯设计有助于稳定组织员工队伍,有助于传承和发扬组织的企业文化,更有助于组织企业愿景的实现。

本章小结

本章主要介绍人力资源管理的三大环节:吸引人力资源、开发人力资源和保持人力资源。其中吸引人力资源环节包括人力资源的规划、招聘和人才选拔;开发人力资源环节包括人员的培训与开发、绩效评估和绩效反馈;保持人力资源环节包括薪酬设计、福利和职业规划。人力资源管理的三大环节形成合理化的人力资源配置的有效循环。

思考与探究

1. 什么是人力资源管理?人力资源管理的原则有哪些?
2. 请你描述人力资源规划的步骤,解释这些步骤之间的关系。
3. 企业招聘管理人员的程序有哪些?
4. 如何对90后的新员工开展培训?培训哪些内容,用哪些方法会比较有效?

5. 你认为应该怎样科学地进行员工的绩效评估？

6. 结合你所了解的某一单位或部门的实际,具体分析该单位的薪酬构成。

 **案例分析**

案例分析一

海尔的赛马规则

一、"届满要轮流"

海尔的经营在逐步跨领域发展,从白色家电到黑色家电,产品系列越来越大。但是集团整体高速的发展并不等于每个局部都是健康的,海尔集团内部的发展并不平衡,企业与企业之间不仅有差距,有的差距还很大。那些发展不好的企业多是没有目标,看不到自己的现状,也看不到自己与竞争对手的差距,头脑跟不上市场的变化,于是就原地踏步。针对这种情况,海尔提出了"届满要轮流"的人员管理思路,即员工在一定的岗位上任期满后,由集团根据总体目标并结合个人发展需要,将其调到其他岗位上任职。

二、"海豚式升迁"

"海豚式升迁"是一种沉浮升迁机制,是海尔的一大特色。这一安排的灵感来自海豚。海豚是海洋里最聪明的、最有智慧的动物,它下潜得越深,跳得越高。也就是说,一个干部要负责更高层次的部门时,不是让他马上到该岗位任职,而是先让他去该岗位的基层岗位锻炼一段时间。比如,一个员工进厂以后工作比较好,在生产系统从班组长做到分厂厂长,如果现在让他干一个事业部的部长,那么他对市场系统的经验可能就非常缺乏,就必须到市场上去从事最基层的工作,然后从这个最基层的岗位再一步步干上来。

三、"定额淘汰"

"定额淘汰"就是在一定的时间和范围内,必须要有百分之几的人员被淘汰。其实,这种淘汰机制是建立在对功劳的理解上的。"没有功劳也有苦劳"在海尔是没有生存空间的,不客气地讲,"无功便是过"。换个角度,对一个日新月异的行业来说,做不出成绩就意味着有可能被淘汰。

讨论分析

1. 比较以上三种管理方式的特点。

2. 你认为哪种方式更倾向于你的管理思路？

3. 以上三种管理方式对员工招聘将产生什么影响？

案例分析二

丰田薪酬福利制度的设计

一、员工的薪酬

丰田美国工厂的员工工资包括三个部分:基本工资、绩效奖金与业绩红包。基本工资是丰田根据行业工资水平与当地条件制定的工资,每半年调整一次,三年的"成长期"结束,所有成员与小组领导的基本工资都是一样的。

绩效奖金,又称为TIE(Targeted Improvement Extra Earnings),表示完成预定改进所获得的额外收入。这是一种将绩效与酬劳联系在一起的额外收入。比如,如果整个工厂达到了安全、质量、生产率、成本以及出勤率等KPI指标,员工就能够获得奖金。绩效奖金是一种内部生产性指标,与销售不挂钩,完全在员工的掌控之中,所有员工获得的绩效奖金基本上是相同的。

业绩红包每半年发一次,主要是由销售业绩决定的。

管理人员红包:管理人员会根据其制订的个人发展计划,而享受业绩红包奖励。

二、丰田的薪酬与福利目标:简单透明

丰田的目标是让员工懂得自己所处的位置,为此丰田提供了一个"薪酬文件团队信息库"给员工。这个信息库包括了薪酬系统相关问题的内部文件,丰田每两年回顾一次自己的薪酬在汽车行业的排名,并形象地体现在"薪酬文件团队信息库"中。

丰田在美国建厂二十多年,目睹美国三大巨头在高工资上的痛苦,于是丰田选择了做员工喜欢的优秀雇主,而不是最高工资雇主。丰田相信,选择高工资,长期来说对员工与公司都不是最好的。

丰田的基本工资中,工龄工资是重要的一部分,这样可以鼓励员工长期留下,但这样缓慢的工资过程也会使一部分优秀员工跳到其他公司。在这样的情况下,丰田选择了通过福利来留住员工。

以稳定性和相互信任为基础的福利包括以下几个方面:休假、带薪休假、短期病假、退休计划、提供进修学费、提供灵活工作时间、为员工提供购车折扣、提供无息贷款等。丰田每两年调整一次福利计划。

最后,丰田还有一些特殊的福利,比如完美出勤仪式(奖励那些出勤率百分之百的员工)、一站式儿童保育及健身中心等。每年,丰田都要邀请那些出勤率百分之百的员工到当地体育馆或剧院,为他们举办大型晚会,而且公司往往会邀请一些明星助兴。在晚会上,包括团队与宾客在内的全体人员都会享受豪华的晚餐,并且有随时的抽奖,奖品是12辆车。

讨论分析

请结合本章内容,评析丰田的薪酬制度。

第九章 ▶▶▶
领　导

◇◇◇◇◇◇◇◇◇◇◇◇◇◇◇◇◇◇◇◇◇◇◇ **章前导语** ◇◇◇◇◇◇◇◇◇◇◇◇◇◇◇◇◇◇◇◇◇◇◇

　　领导既是一门科学，又是一门艺术。其目的是通过影响下属来达到组织的目标。领导是管理全过程中不可缺少的重要部分，没有领导，组织难以实现理想的绩效与收益。领导水平的差异，对绩效成果产生不同的影响与作用，决定着组织的生存与发展。领导对于不同背景与特征的企业组织、机构，乃至对社会整体都十分重要。在现代管理工作中，领导者的眼光和作为，将对组织可持续发展起到关键作用。

◇◇◇◇◇◇◇◇◇◇◇◇◇◇◇◇◇◇◇◇◇◇◇ **本章导学** ◇◇◇◇◇◇◇◇◇◇◇◇◇◇◇◇◇◇◇◇◇◇◇

学习目标

了解领导的概念、领导者的权力来源、领导的作用；

熟悉常见领导方式的分类；

了解领导者的素质要求；

领会领导的艺术。

关键术语

领导　职位权力　个人权力　专长权力　威信

第一节 领 导 概 述

亚科卡的传奇经历

亚科卡是美国当代汽车行业著名的企业家，曾任美国两大汽车公司的总裁。1984年《亚科卡自传》的出版轰动了美国，引起世界瞩目。该书一出版就以每周出售10万册的纪录发行，1985年年底已再版16次。1982年美国《华尔街日报》和《时代》周刊都曾刊登过关于亚科卡可能被提名担任总统候选人的新闻，一时成为美国人民心目中的民族英雄。亚科卡的一生充满传奇：第一，他作为一个意大利移民的后裔，居然能一步步地最后当上福特汽车公司总裁，他凭的是什么本领？第二，连任福特汽车公司8年总裁的亚科卡，为什么在立下汗马功劳、正大展宏图之时，却突然被解雇，用他的话说是"从珠穆朗玛峰顶被一脚踢到谷底"。第三，临危受命，出任美国第三大汽车公司克莱斯勒公司总裁。当时，该公司濒于崩溃。1978—1981年，克莱斯勒公司共亏损36亿美元，创下了美国历史上亏损的最高纪录。人们普遍认为，该公司倒闭指日可待，然而事情的发展并不如人们所料，在亚科卡的领导下，经过几年的惨淡经营后，克莱斯勒公司竟奇迹般地从死亡线上活过来了！到了1982年，其股票价格上涨425%，11种新车投入市场；1983年，公司销售额增加了132亿美元，比1982年增长了近30%，盈利7.009亿美元，并提前7年偿还了联邦政府15亿美元的贷款。克莱斯勒公司终于战胜了"死神"。

亚科卡的传奇经历说明了什么？

一、领导的概念

（一）领导的定义

领导是领导者在特定环境下，对组织成员的行为进行引导和施加影响，把组织成员个体目标和组织目标进行有效的匹配，以实现组织目标的过程。这个定义包括下列三个要素：

一是领导必须有领导者与被领导者，否则就谈不上领导。

二是领导者要拥有影响追随者的能力或力量。这些能力或力量包括由组织赋予领导者的职位和权力，也包括其个人所具有的影响力。

三是领导的目的是通过影响下属来达成组织的目标。

（二）领导者的权力来源

领导者的权力主要来自两个方面：

1. 职位权力

这种权力是组织授予的，随职位的变化而变化，包括法定权力、奖励权力和强制权力。人们往往迫于压力和习惯不得不服从这种职位权力。

法定权力指组织内各领导职位所固有的、合法的、正式的权力。不同组织成员因其所处的地位不同,享有的法定权力也不同。这种权力可以通过领导者向下属发布命令、下达指示直接体现出来,也可以借助组织内部的政策、程序和规则直接体现出来。

奖励权力指提供奖金、提薪、升职、赞扬、理想的工作安排等物质奖励和精神奖励的权力。它来自下级追求满足的欲望。被领导者感到领导者有能力使他的需要得到满足,因而愿意追随和服从。领导者控制的奖励手段越多,这些奖励对下属越重要,其拥有的权力就越大。

强制权力就是领导者对其下属具有的绝对强制其服从的力量。下属不服从领导者的命令或指示,将会受到惩罚。换句话说,强制权力是指给予扣发奖金、降职、批评甚至开除等惩罚性措施的权力。它来自下级的恐惧感。这种权力的行使与领导者担负的工作和职位相关。

2. 个人权力

这种权力来自领导者自身,由于其自身的某些特殊条件才具有的,包括专长权力和个人影响权力。这种权力不会随职位的消失而消失,其产生的影响力是长远的。

（1）专长权力

专长权力就是由个人的特殊技能或某些专业知识而形成的权力。它来自下级的信任,即下级感到领导者具有专门的知识、技能,能够帮助他们排除障碍,克服困难,实现组织目标和个人目标,因此愿意跟随。

（2）个人影响权力

个人影响权力指个人的品质、魅力、资历、背景等相关的权力。根据来源不同,又可细分为个人魅力、背景权和感情权。

个人魅力是建立在对个人素质的认同及人格的赞赏基础之上的,即领导者具有良好的品质和作风,受到下级的敬佩,进而使下级愿意接受其影响。领导者的个人魅力可以激起追随者的忠诚和热忱,因此这种权力具有巨大而神奇的影响力。

背景权是指那些由于领导者辉煌的经历或特殊的人际关系背景、血缘关系背景而获得的权力。在领导工作中要设法减少这种权力所产生的负面影响。

感情权是指领导者由于和被影响者感情融洽而获得的一种影响力。

（三）领导者的威信及其组成因素

威信是指由领导者的能力、知识、品德、作风等个人因素所产生的影响力,这种影响力是与特定的个人相联系的,与其在组织中的职位没有必然的联系。由于这种影响力是建立在下属信服的基础之上的,因此有时能发挥比正式职权更大的作用。威信包括两方面内容:专长的和品质的。

专长方面的威信是指由于领导者具有各种专门的知识和特殊的技能或学识渊博而获得同事及下属的尊重和佩服,从而在各项工作中显示出在其专长方面一言九鼎的影响力。这种威信主要是基于领导者帮助下属明确方向、排除障碍的能力,其影响面通常是比较狭窄的,被单一地限定在专长范围之内。

品质方面的威信是指由于领导者优良的领导作风、思想水平、品德修养,而在组织成员中树立的德高望重的影响力。这种威信是建立在下属对领导者认可的基础之上的,它通常与具有超凡魅力或名声卓著的领导者相联系。

影响一个人威信高低的主要因素有以下四种:

1. 品格

品格主要包括领导者的道德、品行、人格等。优良的品格会给领导者带来巨大的影响力。因为品格是一个人的本质表现,好的品格能使人产生敬爱感,并能吸引人,使人模仿。下属常常希望自己具备领导者一样的优良品格。

2. 才能

领导者的才能是其影响力大小的主要影响因素之一，才能通过实践来体现，主要反映在工作成果上。一个有才能的领导者，会给事业带来成功，从而会使人对他产生敬佩感，吸引人们自觉地接受其影响。

3. 知识

一个人的才干与知识是紧密联系在一起的。知识水平的高低主要表现为对自身和客观世界认识的程度。知识本身就是一种力量，知识丰富的领导者，容易取得人们的信任，并由此产生信赖感和依赖感。

4. 感情

感情是人的一种心理现象，它是人们对客观事物好恶倾向的内在反映。人与人之间建立了良好的感情关系，便能产生亲切感，相互的吸引力越大，彼此的影响力也越大。因此，一个领导者平时待人和蔼可亲，关心体贴下属，与下属的关系融洽，他的影响力往往就较大。

由品格、才能、知识、感情因素构成的影响力，是由领导者自身的素质与行为造就的。在领导者从事管理工作时，它能增强领导者的影响力；在其不担任管理职务时，这些因素也会对人们产生较大的影响。

二、领导的作用

有研究表明，管理工作中的决策、计划、组织、控制等工作可以引发组织成员60%的才智，而领导工作则可以引发其余的40%的才智。领导工作有赖于领导者，领导者在一个组织或群体中充当着重要角色，在带领和指导群体为实现共同目标而努力的过程中，起着关键作用。领导的作用具体有：

（一）指挥作用

在人们的集体活动中，需要有头脑清晰、胸怀全局，能高瞻远瞩、运筹帷幄的领导者帮助人们认清所处的环境和形势，指明活动的目标和达到目标的途径。一方面，领导者必须具有广博的知识、深邃的思想、敏捷的反应、良好的判断力，有能力指明组织的战略方向和期望达到的目标；另一方面，领导者还必须是个行动者，能率领员工为实现组织的目标而努力。

（二）协调作用

在由许多人协同工作的集体活动中，即使有了明确的目标，由于各人的理解能力、工作态度、进取精神、性格等不同，加上各种外部因素的干扰，人们在思想上发生各种分歧、行动上出现偏离组织目标的情况是不可能避免的。因此，就需要领导者来协调人们之间的关系和活动，引领大家朝着共同的目标前进。

（三）激励作用

在组织中，劳动仍是人们谋生的手段。劳动者为了取得更多的报酬，大都具有积极工作的愿望，但这种愿望能否变成现实的行动，取决于劳动者的经历、学识、兴趣及需要的满足程度等。当劳动者的利益在组织的各项制度中得到切实的保障，并与其自身的物质利益紧密联系时，劳动者的积极性、智慧和创造力就会充分发挥出来。因此，需要领导者创造满足劳动者各种需要的条件、激励劳动者的动机来调动劳动者的积极性，激发他们的创造力，鼓舞大家的士气,使组织中的每个人都自觉地为实现共同的目标而努力工作。

三、领导方式的分类

领导方式是领导者运用权力对下属施加影响的方式,又称为领导者的工作作风,它表现出领导者的个性。影响领导工作的因素很多,这些因素的不同组合决定了不同的领导方式。

（一）以领导活动的侧重点为划分标准

领导活动的行为是在两个维度中展开的,结构维度反映了领导者的工作行为或任务取向,关系维度反映了领导者的关系行为或人员取向。

1. 任务取向的领导方式

任务取向的领导方式表现为关心组织效率,重视组织设计,明确职责关系,确定工作目标和任务。它注重任务的完成,而不注重人的因素,忽视人的情绪和需要。任务取向的领导方式是以领导者的工作行为为中心的。工作行为包括:建立组织,明确职责,规定信息交流渠道,完成任务的时间、地点及方法等。

2. 人员取向的领导方式

人员取向的领导方式表现为尊重下属的意见,重视下属的感情和需要,强调相互信任的气氛。领导者的关系行为包括:建立友谊,互相信赖,意见交流,授权,让部属发挥智慧和潜力并给予感情上的支持。

在现实生活中,领导者只有将任务取向的领导方式和人员取向的领导方式实现有机的结合,才能保证领导目标的达成。任何偏重于一方的领导方式都只能导致领导的失败。

（二）以领导组织领导活动的方式为划分标准

领导活动的一种重要职能是指挥,展示指挥功能的途径包括命令、说服、示范三种,故领导者组织领导活动的方式,可以分为命令式、说服式和示范式三种。

1. 命令式

命令具有强制性的特征,它是建立在下属对领导者职位权力之畏惧或恐惧的基础之上的。命令的强制性在不同的领域中的效应是不同的。从政府系统的行政领导到企业领导再到社会团体、学术机构中的领导,命令的效应呈递减趋势。

命令式领导的特征是:领导者采取单向沟通方式,以命令的形式向下属布置工作任务及完成任务的程序和方法,下属不了解或无法了解组织的整体目标和最终目的。领导者和被领导者相分离,领导者一般不参加集体活动。领导者凭个人的经验和了解,对下属的工作表现作出评价。这种领导方式,在领导者与被领导者之间,纯粹是一种命令与服从、指挥与执行的关系。

2. 说服式

说服式的领导方式较之命令式的领导方式来说,更符合领导学的原理,是一种建立在领导者的影响力之上的领导方式,其中领导者的威信、人格、能力是说服式领导方式能够取得成功的关键。

说服式领导与命令式领导的不同之处在于领导者作出决策后,不仅向下属人员发出指令,而且还要做说明工作,即所谓"推销其决策"。也就是说,通过双向沟通方式进行宣传和教育,使下属了解工作任务的要求，了解组织的整体目标。这样有利于提高他们的积极性。

3. 示范式

示范式领导方式是一种较为保守的领导方式，因为它是建立在下属对领导者的主动归依和主动模仿这一基础之上的。但是，示范式的领导方式在特殊情况下会取得意想不到的积极效果。

（三）以领导者运用权力的范围和被领导者的自由活动程度为划分标准

1. 集权型

集权型领导方式又称为独裁或专制的领导方式，就是领导者单独作决策，然后发布指示和命令，明确规定和要求下属做什么和怎么做。对于决策，下属没有参与权和发言权。在整个组织内部，资源的流动及其效率主要取决于集权领导者对管理制度的理解和运用，同时，正向的个人专长权和影响力是他行使上述制度权力成功的重要基础。

2. 参与型

参与型领导方式是在决策工作中，领导者让下属人员以各种形式参与决策。这种领导方式的特点表现在：在领导者与被领导者之间进行双向沟通；职工的民主权利得到尊重，他们的意见能够影响决策；能提高决策的科学水平，减少决策工作的失误；有利于决策的实施和执行。

3. 宽容型

宽容型领导方式又称为分权型领导方式，就是领导者向下属人员或部门进行高度授权，让下属相对独立地去完成任务和处理问题。这种领导方式又可具体分为放手型和放任型两种方式。

（1）放手型领导，就是上级为下级给定工作目标和方向，提出完成任务的大致要求和期限，同时授予下属完成任务所必需的权力，在工作进行过程中只实行宽松的监督和控制。

（2）放任型领导，就是领导者对下属实行高度的授权，下属可以完全独立地去开展工作。具体地说，就是领导者不为下属安排和规定具体的工作任务和目标，下属做什么，如何做，要达到什么目标，完全由自己决定。在工作过程中，领导也不进行经常性的监督。放任型比放手型还要宽松，是一种适用范围狭窄的领导方式。

总之，领导者的行为方式多种多样，它们没有绝对的优劣之分。只有与被领导者和工作环境的特点相适应，才能取得预期的领导效果。

 管理案例

对于刚刚进入某个岗位的员工，常常会因为不熟悉工作而不知道能否胜任，没有信心，容易打退堂鼓（既无能力又无积极性），因此，管理者要严加管理并明确告诉下属该如何去做（命令式）；随着时间的推移，员工逐渐对工作感兴趣了但还是缺乏足够的技能（有积极性但能力不够），这时管理者就应该鼓励并指导员工（说服式）；再后来，随着对工作的熟悉，能力得以提高，员工可能会对工作产生疲倦（有能力但积极性下降），这时管理者就必须设法调动员工的工作热情（参与式）；经过管理人员的努力，把这些有能力的人调动起来并给他自己的自由度让他们充分展示自己的才能是完全可能的（授权式）。

四、影响领导效率的因素

领导工作的效率是由三个相互作用的因素（领导者、被领导者和领导环境）决定的。

（一）领导者

领导者是领导工作的主体。领导者本身的背景、知识、经验、能力、个性、价值观念以及对下属的看法等,都会影响组织目标的确定、领导方式的选择以及领导工作的效率。因此,领导者是决定领导工作有效性的重要因素。

（二）被领导者

被领导者接受领导者的领导。被领导者的背景、专业知识、经验和技能、要求、责任心以及个性等,都会对领导工作产生重大影响。被领导者的状况,既影响领导方式和方法的选择,也影响领导工作的效率。

（三）领导环境

领导工作是在一定的环境中进行的,领导环境更多的是指组织内部环境。与环境相适应的领导方式可以成为有效的领导方式,而与环境不相适应的领导方式,则往往是无效的。

第二节　领导者与领导集体

一、领导者的素质要求

作为一名领导者必须具备一些基本的素质和条件。领导者的思想素质、知识素质、能力素质、心理素质、身体素质应符合下列条件:

（一）思想素质

领导者应有强烈的事业心、责任感和创业精神;有良好的思想作风和工作作风,能一心为公,不谋私利,谦虚谨慎,戒骄戒躁,不文过饰非,严于解剖自己,深入基层,善于调查研究,工作扎实细致,有布置、有检查,实事求是,不图虚名;艰苦朴素,与下属同甘共苦,不搞特殊化,品行端正,模范遵守规章制度和道德规范;有较高的情商,具有影响他人的魅力,平等待人,和蔼可亲,不计较个人恩怨,密切联系下属,关心下属疾苦,多为下属办好事,不拉帮结派。

（二）知识素质

领导者应具有现代企业管理方面的知识及相关技能。领导者应掌握的业务知识包括以下四个方面:

1. 懂得市场经济的基本原理,懂得管理的基本原理、方法和各项专业管理的基本知识和相关法律常识,了解国内外管理科学的发展方向。

2. 懂得生产技术和有关自然科学、技术科学的基本知识,掌握本行业的科研和技术发展方向,本企业产品的结构原理、加工制造过程,熟悉产品的性能和用途。

3. 懂得思想政治工作、心理学、人才学、行为科学、社会学等方面的知识,以便做好思想政治工作,激发职工士气,协调好人与人的关系,充分调动人的积极性。

4. 熟练应用计算机、信息管理系统和网络,及时了解和处理有关信息。

（三）能力素质

1. 分析、判断和概括能力

领导者应能在纷繁复杂的事务中,透过现象看清本质,抓住主要矛盾,运用逻辑思维,进行有效的归纳、概括、判断,找出解决问题的办法。

2. 决策能力

决策,特别是经营决策正确与否,对企业生产经营的效果影响巨大。企业的领导者决策是多种能力的综合表现。任何正确的决策,都来源于周密细致的调查和准确而有预见的分析判断,来源于丰富的科学知识和实践经验,来源于集体的智慧和领导勇于负责精神的恰当结合。

3. 组织、指挥和控制能力

领导者应懂得组织设计的原则,如因事设职、职权一致、命令统一、管理幅度等,熟悉并善于运用各种组织形式,善于综合运用组织的力量,协调人力、物力和财力。控制能力要求在实现企业预定目标的过程中,能够及时发现问题并采取措施予以克服,从而保证目标的顺利实现;在确认目标无法实现时,要能果断地调整目标。

4. 沟通、协调能力

善于与人交往,倾听各方面的意见,应是沟通的能手。对上,要尊重,争取帮助和支持;对下,要谦虚,平等待人;对内,要有自知之明,知道自己的长处和短处;对外,要热情、公平而客观。

5. 创新能力

能及时总结经验,吸取教训,善于听取不同意见,从中吸取有用的东西。对新鲜事物敏感,富有想象力,思路开阔,善于提出新的设想、新的方案,对工作能提出新的目标,鼓舞下属去完成任务。

6. 知人善任

要重视人才的发现、培养、提拔和使用,知其所长,委以适当工作;重视提高下属的业务能力,大胆提拔起用新人。

（四）心理素质

领导者心理素质主要包括良好的抗压能力和自我控制能力。

1. 抗压能力

领导过程中常常要经历多种磨难和坎坷,只有具备良好的抗压能力,才能清晰、理智的处理问题与难题,才能带领组织成员共同完成组织目标。

2. 自我控制能力

情绪控制、自我行为约束,都需要拥有良好的自我控制能力。面对问题时,善于控制自己的情绪,避免不良情绪对组织成员的影响。同时保持心境平稳,不盲目悲观和乐观,沉着冷静,理智分析判断问题症结,及时处理与解决。

（五）身体素质

领导者负责指挥、协调组织活动的进行,这项工作不仅需要足够的心智,而且需要消耗大量体力,因此,必须有强健的身体、充沛的精力。

管理实训

> 如果你问一问走在大街上的普通人，他们心目中的领导者应该是什么样的，你可能会得到一系列的品质特征的描述，如智慧、热情、正直、自信、公正等。这些回答反映出的是领导的特质理论的本质，领导者特质理论寻求的是区分领导者与非领导者的特质或特性。罗伯特·洛德将"领导者"特质依其重要性排列，列出12项，详细如下：聪明的、外向的、体谅的、条理的、积极的、果敢的、勤劳的、关怀的、明断的、投入的、教化的、穿着贴切的。
>
> 对照以上依据领导者特质理论而列出的领导者的特性，看看你自己已经拥有哪些特质，还有哪些领导者特质需要改进。

二、领导集体的构成

组织中的领导者是复数而非单数，是一群人而非一个人。某个组织的领导者是就这个组织的领导者集体或"领导班子"而言的。

在领导集体中，为首的领导者特别重要，他在领导集体中起着核心和舵手的作用。现代企业的生产经营活动异常复杂，如果单靠一个人的聪明才智，是很难有效地组织和指挥企业的生产经营活动的。世界上很少有无所不能的全才，可以说绝大多数都是某一方面的专才，但专才如果组织得好，可以构成全才的领导集体。一个具有合理结构的领导班子，不仅能使每个成员人尽其才，做好各自的工作，而且能通过有效的组合，发挥巨大的集体力量。领导班子的结构，一般包括年龄结构、知识结构、能力结构、专业结构等。

（一）年龄结构

不同年龄的人具有不同的智力、不同的经验，寻求领导班子成员的最佳年龄结构是非常重要的。

现代社会处于高速发展之中，知识更新的速度越来越快。尽管随着年龄的增长，也会增加知识数量的积累，但吸收新知识的优势无疑属于中青年人。现代生理科学和心理科学研究表明，一个人的年龄与智力有一定的定量关系。在知觉、记忆、比较和判断力、动作及反应速度等智力诸因素中，中青年占有明显的优势。人的经验与年龄一般呈正向关系，年老的人经验往往比较丰富。因此，领导班子应该是老、中、青三者的结合，向年轻化的趋势发展，有利于发挥各自的优势。

（二）知识结构

知识结构是指领导班子中不同成员的知识水平构成。领导班子成员都应具有较高的知识水平。没有较高的文化知识素养，就胜任不了管理现代化企业的要求。在现代企业中，大量的先进科学技术被采用，在复杂多变的经营环境中，为了使企业获得生存，求得发展，企业领导必须具备广博的知识。

（三）能力结构

领导的效能不仅与领导者的知识有关，而且与他的能力有密切的关系。能力是一个内容十分广泛的含义，它包括决策能力、判断能力、分析能力、指挥能力、组织能力、协调能力等。每个人的能力是不相同的,有的人善于思考分析问题,提出好的建议与意见,但不善于组织工作;有的人善于组织工作,但分析问题的能力较差。因此,企业领导班子中应包括不同能力类型的人物,既要有思想家,又要有组织家,还要有实干家,这样才能形成最优的能力结构,在企业管理中充分发挥作用。

（四）专业结构

专业结构是指在领导班子中各位成员的配备应由各种专门的人才组成,形成一个合理的专业结构,从总体上强化这个班子的专业力量。在现代企业里,科学技术是提高生产经营成果的主要手段。因此,领导干部的专业化,是搞好现代企业经营的客观要求。

此外,领导班子还有其他一些结构,如性格结构等也是需要注意的。按照这些要求形成的领导集体将是一个结构优化、富有效率的集体。

 管理案例

经济全球化对企业领导提出的新要求

在经济全球化背景下,中国企业领导人究竟需要哪些关键特质才能应对新经营环境下的高度不确定性?《世界经理人文摘》邀请世界经理人网站的广大用户、中国企业领导人和管理专家一起推荐和评选企业领导人的十大特质。

结果显示如下:

（一）建立愿景。确立企业发展方向是领导人最主要的职责之一。建立愿景的能力如果很糟糕,甚至不具备该能力,那么产生的后果就不仅仅是员工得不到激励,更严重的是他们会因此迷失方向或者怀疑目前的方向。当今经济环境不确定性因素的增加,给企业发展的方向确立带来了新的挑战。中国企业对企业愿景需要更多的认识。

（二）信息决策。在复杂多变的经营环境中,高度不确定性不应该成为企业领导人"拍脑袋"的借口。领导人必须能够在充满不确定性的模糊情形下进行有效决策,如果等到状态变得清晰,极有可能已经失去了最好的机会。

（三）配置资源。把有限的资源配置到能够产生最大效益的人员、项目与任务中,是企业运行的一项基本任务。合理配置有限的资源本身就是一种策略。配置资源中特别要讲究领导技巧,远离市场的企业领导人不应该直接指令所有资源的配置过程,而是下放权力,允许资源被"吸引"到直接面对市场的人员和他们发现的市场新机会上去。

（四）有效沟通。把复杂的事情使用简洁通俗的语言表达出来。沟通不能总是采取自上而下的模式,领导者需要成为倾听大师。在组织变革方面的沟通,要求领导人具备足够的耐心和热情。领导人应该选择不轻易放弃的事业,遇到挫折不气馁,并经常在不同场合宣扬这项事业。

（五）激励他人。激励机制一直是中国企业的一块"软肋"。在持续的竞争压力或企业变革中,员工需要的是不断的激励。成功的领导者必须在企业内部建立起有效的激励体制、透明的赏罚制度,实行"绩效付酬",让优秀的员工得到更多的认可,使他们产生归属感。

（六）人才培养。在成功的企业中,培养他人的能力,是判断领导成熟度的重要标准。如果一个领导者害怕自己的下属比自己"厉害",而把自己的下属给"淹死"的话,这样的领

导者手下不会有能干的人才。因此,一个不遗余力培养人才的领导者,才会拥有更多人才,成功的机会才会更多、更大。

（七）承担责任。即使是一个优秀的企业领导人,在不确定性的经营环境中也不可能总是一次就把事情做成功。在遭遇挫折和失败时,只要勇于负起责任,认真总结,从头再来,就会有成功的机会。企业领导人的岗位赋予了他们承担责任的义务。决定性的决策往往具有风险性,但是无论如何,在不确定性情形下进行决策,总比不作决策好。这种时候,领导人肯定要承担风险和责任。

（八）诚实守信。有效的领导者是那些有效地管理不确定性的人,而诚实守信则是有效地管理不确定性的第一条原则。成功领导者们的"最大的成功"在于号召力不只是他们手中的权力,或是施以实惠,而更多的是依靠自我纪律与诚信。只有诚信才能使自己在人际关系中保持吸引力,建立广泛而良好的社会、人际关系,从而吸引、留住企业需要的各种优秀人才。

（九）事业导向。成功的企业领导者一定具有强烈的事业心,把企业的事业当作自己的事业,全身心地投入到事业当中去。

（十）快速学习。许多成功的企业家都曾经历过各自事业的低潮或逆境,其实失败并不可怕,成功之路往往不是简单地写在管理大师们的书籍中的,而是企业家们在一次次失败中领悟,甚至顿悟形成的。

第三节　领　导　艺　术

领导不仅是过程,也是艺术。领导者的工作效率和效果在很大程度上取决于领导艺术。领导艺术主要包括决策艺术、用人艺术、授权艺术、协调艺术、处事艺术等。

一、决策艺术

决策除需遵循科学的决策程序外,还需注重决策前调查,决策中民主,决策后落实。决策是领导者的主要工作,一旦决策失误,就意味着损失,意味着失职。因此,领导者要强化决策意识,提高决策水平,减少各种决策性浪费。

（一）信息确认

决策信息应该正确、完整。错误或缺失的信息可能会导致错误的决策,因此在决策之前,必须注重对信息,尤其是重要信息的确认与去伪存真工作,确保在正确的信息基础之上进行决策活动。

（二）意见征求

决策方案的形成及选择需要征求有关专家、相关部门主管人员和群众的意见,集思广益,群策群力,获得更多信息、有创意的思路和方案,使决策更为科学与完备。

（三）充分重视不同意见

不同意见往往是通过不同角度来看待问题,重视各种不同的意见,有利于决策的全面、完善,减少决策差错或失误。

（四）重视经验,又不局限于经验

在决策中,既要借鉴有益的经验,又要充分考虑到经验背景的可比性,必须在经验的基础上有所创新,切不可原封不动地套用经验。

（五）决策方案的试点

对于重大问题的决策活动或争议较大的决策方案,可以采用小范围试点的方式进行运作,在运作过程中进行深入观察,及时调整决策方案,降低因决策失误带来的风险,为大范围的全面实施决策积累经验。

二、用人艺术

领导的对象是人。如何招聘到合适的人,如何选择合适人才,如何激励人才发挥其潜能,如何为人才创造稳定且有助于提升、发展的环境,是领导者所必须面对的重要问题,因此,领导者必须掌握用人的方法与艺术。

（一）激励下属

激励是实现目标的重要驱动力,也是保持组织成员目标与组织目标一致的重要方法与工具。领导者应善于运用各种刺激手段,唤起人的需要,激发人的动机,调动人的积极性,掌握基本激励理论和方法,结合团队内下属的需求与特点,设计制定一套完整的、系统的、切实可行的激励体系。

领导者激励下属的方式包括物质激励、精神激励,以及两者相融合的激励方式。激励的实施既要考虑不同人的特点,也要考虑不同时间、不同场合或环境的特点,采取恰当、合适的激励措施,使下属的需求得到真正的满足,从而激发起工作热情与动力。

（二）影响下属

领导者对下属施加有效的、积极的影响力能促使下属保持目标一致,行动方向一致,形成稳定、高效的组织团队,确保组织目标的最终实现。领导者要实现有效的领导,关键在于其影响力的大小,以及对下属的影响深度与广度。领导者对下属的影响不是简单地将意志强加给下属,而是通过交流、指导、培训等方式在组织文化观念、价值观念等方面逐渐形成共识,在组织行动中具有共同或相似的认同。领导者影响下属主要通过平等沟通、提供教育培训机会、参与管理等方式进行价值观的教育、启迪,使大家对组织目标达到基本一致的认识。

（三）知人善任

领导过程以围绕组织目标实现为中心,通过对人的管理及工作分配来实现的。如何选好合适的人,如何用好合适的人,如何安排合适的任务或工作,在领导过程中至关重要。领导者需要做到"知人善任","知人"是要了解人,对人进行正确的考察、识别,以便选择;"善任"是要用好人,使用得当。知人是善任的前提。

1. 识别人才

领导者要相信人才的客观存在,要爱惜人才。同时,要坚持实事求是的原则,用全面的、发展的观点看人才；要看人才的全部历史和全部工作，综合考察，科学分析；要坚持德才兼备的原则。

2. 正确使用人才

识别人才的目的是用人。人才用得好，能获得事半功倍的效果；使用不当，不仅会降低生产效率，还会导致人才的流失。领导者不仅应合理使用好人才，更应重视人才的开发与培养。

三、授权艺术

组织目标的实现依靠科学合理分工，成员紧密协作，领导者不可能事无巨细单独完成所有组织工作及任务。因此，领导者应该有效授权。

（一）集权有道

统一指挥，分级管理。领导者掌握对重大问题决策权，将日常事务性管理工作交由各不同专业部门进行分配管理与负责，实现专业化分工与协作，组织中不同的事务都有相应的专业人员进行处理与解决，使领导者从繁杂的事务工作中解脱出来，更有效地履行其应尽的管理职能。专业化分工协作也能充分发挥下属的专业能力，激发其工作热情、工作成就感，使得组织工作及任务能够更有效地完成。

（二）分权有序

组织内专业化分工协作时，不同层级的组织成员应获得相应的授权。领导者所赋予的授权体系也应是逐级授权、分权有序，领导者只对直接下级授权，而不干扰下级的再授权。逐级授权，既可以充分发挥下级的能动性，启动其管理潜能，又能培养下级对责任的担当能力，增强面对问题和困难时的抗压能力。

（三）授权有序

领导者应按组织的制度体系进行有序授权，不能随意地凭主观好感、凭关系亲密进行授权，授权的性质与大小要与下级履行职责的性质与范围相称，而且一般要以书面形式加以明确。任意主观的授权往往会使组织成员感到缺乏公平、缺乏公正，逐渐丧失对组织的信任，降低工作热情，影响组织工作与任务的完成程度。

（四）用权有度

授权的同时需要做好监督控制，制定明确的考核办法、报告制度与监控机制，以防止权力授空，或下级滥用职权。一旦发现不合理或滥用职权，应及时指出整改，必要时则收回所授之权。对于临时性授权管理，在任务完成后应及时收回。

（五）信赖有加

授权发挥最大效用，离不开领导者的充分信任。领导者鼓励与支持下属大胆用权，放手开展工作，除了必要纠偏以外，不应干预下属工作用权。

（六）授权培训

如何正确进行授权，需要进行培训和指导。承担授权责任的下属需要接受必要的培训，明确授权的意义、方法以及技巧，明确自己在授权过程中所承担的责任、义务，明确授权的具体内容，明确授权与组织目标间的关系。

四、协调艺术

协调艺术是领导者必须掌握的实用艺术。领导过程也是协调的过程，协调人与人、人与工作、领导者与下属、组织成员与环境之间的关系，协调方法和技巧的运用发展到高级阶段，就形成协调艺术。协调艺术归结起来主要有以下几个方面：

（一）虚怀若谷

领导者需广泛接纳他人的意见与建议，认真听取、仔细分析，对有益于组织发展、目标实现的好想法、好策略应予以采纳，并激励组织成员积极参与管理过程。

（二）以诚相待

领导者需要开诚布公，平等待人，与人为善。要思考如何有效地完成组织工作及任务，如何高效地实现组织目标成果，如何提升组织成员的专业技能及未来的发展空间等，关心下属的工作、生活，在领导过程中逐渐形成个人的感召力。

（三）刚柔相济

协调工作要做到原则性与灵活性的统一，刚柔相济。一方面要以柔为主，采用沟通、引导方式，关注人性、人情等；另一方面也要讲原则，柔要以刚为基础，刚要寓于柔之中。

（四）一视同仁

人与人之间的关系有亲有疏，这是正常的社会现象，领导者也不例外。为了加强组织的凝聚力，领导者既要团结与自己亲密无间、命运与共的骨干，更要注意团结同自己意见不一致甚至疏远或反对自己的人，领导者不应将其视为异己加以排斥，而应关心和尊重他们，努力争取他们的合作和支持。特别是在处理诸如提级、调薪、奖励等涉及经济利益和荣誉的问题时，必须一视同仁、公平公正。

五、处事艺术

处事艺术是领导者需要掌握的基本技巧。

（一）做自己该做的事

领导者必须认清哪些事情是领导层面必须完成的事，如组织战略发展、中长目标等，从而将主要精力放在这些领导层面的事情，对其他层面的事务工作要信任下属，充分发挥他们的工作热情，切忌大事小事都做，疲于应付。

（二）优先做最重要的事

领导过程可以将事务工作分为三类，一是愿意做，擅长做，必须做的事；二是愿意做，不擅长做，必须做的事；三是不愿意做，不擅长做，也不重要的事。领导者需要将三类事情进行合理规划与安排，优先做最重要、最紧急的事情，把握方向，抓住大事，不能主次不分。

（三）专注于专业区域提升

领导者要注重自我提升，在专业领域不断发展，逐渐形成个人魅力。领导者需要不断学习。领导者还要关注新生代年轻下属，深入了解他们的思想，掌握他们的需求与意愿，处理好与年轻一代成员的关系。

本章小结

领导是领导者在特定环境下,对组织成员的行为进行引导和施加影响,把组织成员个体目标和组织目标进行有效的匹配,以实现组织目标的过程。领导具有指挥、协调和激励等作用。

领导者要拥有影响追随者的能力和力量。这些能力和力量包括由组织赋予领导者的职位和权力,也包括其个人所具有的影响力。正式组织中有效的领导者应该是兼具职位权力和个人权力的领导者。

领导者应该具备一定的思想素质、知识素质、能力素质、心理素质和身体素质。

领导艺术主要包括决策艺术、用人艺术、授权艺术、协调艺术、处事艺术等。

思考与探究

1. 领导者的权力(威信)来自何方?如何树立领导者的威信?

2. 有个经理说:"什么是领导?下午5点下班时工作尚未完成,你能让员工将工作完成后再下班,这就是领导。"请谈谈你对这句话的理解。

3. 作为领导,你认为争取信任与合作的艺术要掌握哪些要领?

4. 如何理解"领导要做领导的事"?结合实际谈谈自己的认识。

5. 请与你所认识的某一个企业的领导交流,倾听他的领导经验,了解他在领导工作中遇到的问题,并与他一同探讨解决的办法。

案例分析

案例分析一

赋能领导力

"赋能"(Energize)一词,出自20世纪20年代西方的"赋能授权运动"(Empowerment)。

"赋能"这个概念能火起来,要归功于阿里巴巴执行副总裁曾鸣教授在《重新定义公司》推荐序中的一段话:"未来组织最重要的功能已经越来越清楚,那就是赋能,而不再是管理或激励。"曾鸣教授一语惊人,点醒了尚在黑暗中摸索的诸多传统领导者。

在颠覆性创新成为市场常态,个体价值崛起的指数时代,领导者们面临着一场全新的博弈与较量。组织的功能已被重新定义,职场员工的需求也早已重构,领导者的身份当然也应该重新定义,同时,领导者的核心价值观和关键能力更需要及时转型。

一、赋能领导力理念的五大关键词

1. 成长

传统的领导者把大部分精力用在组织的绩效增长上,而赋能领导者把更多的精力放在关注精英员工的成长上。赋能领导者必须把团队状态和组织能力当成常抓不懈的大事,切实关注每一个员工在工作中的持续成长,让他们在做好当前工作的同时得到充分的锻炼和成长。

2. 授权

在传统组织中,领导者希望对自己的业务和团队有掌控感,对于领导者而言,放权是一个痛苦的"革命过程"。在日新月异的互联网时代，领导者必须学会放权、放手、放心，给精英员工足够的授权。充分授权有利于推进各项业务的开展，有利于精英员工在工作中修炼成长和享受工作的乐趣。

3. 成就

传统领导者最大的成就感源自组织绩效，常常是领导者成就感越大，员工的成就感越小，因为表面上看，一切组织绩效都是领导有方的结果。而赋能领导者最大的成就感来源于员工的成就感，领导者的成就感不仅源自组织绩效，更多的源自支持、辅导下属取得成功。

4. 套路

方法技能是与具体的应用场景做了一定抽离的，解决某一类问题的流程和工具的集合。业务场景是复杂多变的，而方法套路则相对稳定，能够解决现实问题。关键是把具体、多变的业务场景装入恰当的方法和套路中，有套路的行为才是可复制的行为。

5. 迭代

互联网时代已经不能容忍先做需求分析，再做总体设计和详细设计，而后开发和测试的工程化思想。取而代之的是生物成长代谢式的迭代思想。在每一次迭代中，业务本身要有成长，每一个参与的员工也要有成长，领导者本人更要有成长。也正因为如此，赋能领导者才能真正做到：塑造员工的同时，员工也在塑造领导者；成就下属的同时，下属也在成就领导者；推进业务的同时，也在业务中磨炼人。

二、赋能领导者的三大关键业务

1. 业务设计

互联网时代业务设计的关键是商业生态链的利益设计。而组织的商业模式，是由高层的指导性概要设计和基层的创新性实践合力演变而成的。因此，商业模式不再是组织和最终客户之间的事，还要涉及合作伙伴、团队甚至社会的利益。商业设计自然要升级到商业生态链设计，整合不同干系人的利益诉求，让所有干系人都能从中找到意义和价值。

2. 引领变革

在外界环境剧烈变化的今天，领导者最不能回避的事情就是引领变革。变革是时代强音，领导者不能带领自己的组织主动求变，去主宰变革，那一定会遭遇被变革所主宰的命运。

3. 解决问题

带领团队快速解决问题才是未来领导工作的新常态。一方面，领导者需要意识到，越是复杂的问题越需要整合多种智慧，越需要酝酿时间，采取慢中求快的策略，开发和整合多人的顿悟，才能够找到高质量的答案；另一方面，解决问题的过程中，公式比答案更重要。

三、赋能领导者最重要的三大工作

1. 化解冲突

事物是在矛盾中发展的，团队也是在冲突中成长的。面对冲突，领导者应积极化解：

一是梳理各自诉求，把人们从过度合理化自己的行为和为自己立场辩护的状态中拉出来，引导双方进入自我觉察状态。

二是发出邀请，这不是妥协和示弱，而是更积极的表现。

三是尝试理解对方，做到真正的换位思考。

四是共同探寻第三途径，一旦双方把计较的维度岔开，冲突就容易化解了。

五是分工协作,把彼此竞争的问题转化成相互承诺、协同合作地解决共同面对的问题。

2. 教练下属

互联网时代的组织是以创意精英为主体的创新组织。真正有责任的领导者不仅为业绩负责,更要为员工的成长负责。担任下属的职业教练,确保下属在工作中处于正能量的工作状态是领导者义不容辞的责任。

3. 团队学习

组织要在未来的竞争中取胜,领导者最应该转型成为赋能型领导者,把团队建设、人员培养这种原来并不怎么被重视的工作,提高到空前重要的程度,充分激发员工深层次的内在动力,并在工作中培养下属的业务推进和带领团队的能力。

当然,只有自己的成长速度远大于团队平均速度,领导者才有资格晋升或保持现有的岗位。赋能领导者持续发展自身是带动整个团队成员在工作中成长的关键。

四、赋能领导者必备的三大能力

1. 构筑人脉

核心能力和人脉关系是个人发展的两条腿。互联网让所有人深切体会到人脉的价值,以至于有人慨叹,在互联网时代,"低调就是自残,先赚流量再变现"。现实情况是,有意识、有规划地发展管理能力和发展自己人脉的人并不多,正如很少有人把自己的饮食和健康纳入有意识关注的范围一样。

2. 传播思想

领导者的另一个角色是业务代言人。在互联网时代,不是网红的CEO不是好CEO,互联网时代的领导者更需要借助故事传播自己的思想,营销自己的业务。

3. 反思觉察

"行万里路,不反思也就是个邮差;读万卷书,不反思也就是个Kindle。"赋能领导者要努力在获得地位和权力之前,修炼自己的自我反思能力,把反思复盘当成工作中的习惯。这样,组织、下属以及领导者自身都将不断地重新定义、持续成长。

讨论分析

1. 你如何理解赋能领导力?
2. 一个成功的企业领导者应该怎样来影响下属?

案例分析二

三个领导,三种风格

刚刚大学毕业的吴君通过学校推荐来到某集团总公司下属的第三分公司,给张总经理做秘书。张总经理可谓日理万机,因为公司的大小事情都必须要向他汇报,得到他的指示才能行事。尽管如此,吴君感到工作还是比较轻松,因为任何事情她只是需要交给总经理,再把总经理的答复转给相关责任人,就算完成任务了。可是好景不长,因为张总经理每日太过奔波劳碌,终于病倒了。

　　新上任的是王总经理。王总经理开始对吴君每日无论大小事宜都要请示提出了批评,让她慢慢学会分清轻重缓急,有些事情可以直接转交其他副总经理处理。这样,王总经理每日有更多的时间去考虑公司的长远目标,确立组织发展方向,然后在高层领导者之间召开会议,进行研讨。自王总经理上任以来,公司出台了新的发展战略、市场定位及公司内部的规章制度,公司的业绩也在短期内有了很大的提高。同时,吴君也很忙碌,有时需要跑很多的部门去协调一件工作,让她觉得学到了很多东西,也充实了不少。因为业绩突出,王总经理干了一年就被调到总公司去了。

　　之后又来了李总经理。相对于张总经理的事必躬亲以及王总经理的有张有弛,李总经理就要随意得多了。他到任之后,先是了解了一下公司的总体情况,感到非常满意,就对下面的经理说:"公司目前的运营一切顺利。我看大家都做得比较到位,总经理嘛,关键时刻把把关就可以了,不是很重要的事情你们就看着办吧。"这样一来,吴君享受到了自工作以来从没有过的轻松,因为一周也没有几件事情要找总经理。

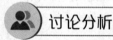 讨论分析

1. 你认为三个领导的风格有区别吗? 请按照领导活动方式进行归类。
2. 你认为哪个领导的管理风格更可取?

第十章 ▶▶▶
激　励

◇◇◇◇◇◇◇◇◇◇◇◇◇◇◇◇ **章前导语** ◇◇◇◇◇◇◇◇◇◇◇◇◇◇◇◇

　　激励是管理活动过程中不可或缺的环节,来自一系列激发、引导和维持行为的力量。现代管理工作中,管理者对完成组织任务或目标负有直接责任,因此,管理者需要充分调动组织成员的主动性与积极性,依靠组织成员的共同努力来完成组织任务,实现组织目标。

　　如何调动组织成员的主动性与积极性?激励是有效方法之一,也是管理者经常运用的管理手段与技巧。哈佛大学教授威廉·詹姆斯发现,按时计酬的职工一般仅发挥20%—30%的能力,即可保持住职业而不被解雇。如果受到充分的激励,则职工的能力可发挥到80%—90%。这其中的差距,则由激励的作用所致。可见,人的潜能是一个储量巨大的"人力资源库"。因此,使每位员工始终处于良好的被激励状态中,是管理者所追求的理想状态。

◇◇◇◇◇◇◇◇◇◇◇◇◇◇◇◇ **本章导学** ◇◇◇◇◇◇◇◇◇◇◇◇◇◇◇◇

学习目标

掌握激励的基本含义、来源、特点、要素和行为模式;
了解内容型激励理论、过程型激励理论;
掌握物质激励方法、工作激励方法和精神激励方法。

关键术语

激励　需求层次理论　成就需求理论　双因素理论　公平理论　期望理论　强化理论　物质激励　工作激励　精神激励

第一节 激励概述

组织目标需要由组织成员的共同努力而实现，而成员的积极性很大程度影响着组织目标、组织绩效的实现。如何激励组织成员积极、主动参与，对组织管理工作来说至关重要。

一、激励的含义

激励就是运用各种有效手段激发人的热情，启动人的积极性、主动性，发挥人的创造精神和内在潜能，使其行为朝向组织所期望的目标而努力的过程。简单地说，激励就是调动人的积极性的活动。

 管理案例

> 上海贝尔经营初期，公司福利更多承袭了计划经济体制下的"大锅饭"形式。随着公司的发展和中国市场体系日益国际化，公司福利管理日趋成熟，其中包括重要一条：福利跟随战略。公司设计别具特色的福利政策，形成自身的竞争优势，例如，为了让员工真正融入国际化的社会、把握国际企业的运作方式，上海贝尔的各类技术开发人员、营销人员都有机会前往上海贝尔设在欧洲的培训基地和开发中心接受多种培训，也有相当人数的员工能获得在海外的研发中心工作的机会，少数有管理潜质的员工还被公司派往海外的名牌大学深造。公司提供各种条件，使员工的知识技能始终保持在国际前沿水平，通过创造国际化发展空间打动员工的心。

二、激励的特点与要素

激励不仅要考虑努力的程度，还必须考虑努力的方向，即指向组织目标并且和组织目标保持一致的持久努力是激励所追求的效果。由激励激发人的积极性、主动性是一种内部心理过程，这种心理过程不能直接被观察到，只能从行为和工作绩效上进行衡量和判断。

（一）激励的三个特点

一是努力。这是员工在工作中表现出的行为强度。

二是持久。这是员工在完成工作任务方面表现出的长期性。

三是与组织目标有关。这是员工行为的质量。

（二）激励的三个基本要素

一是激励时机。激励时机是指给激励对象施以刺激的时间，应根据员工的具体需要而定。在员工最需要的时候施以激励，其效果也就越好。

二是激励频率。激励频率是指在一定时期内对激励对象施以刺激的次数。激励的次数要恰如其分，过高或过低都会达不到应有的效果。

三是激励程度。激励程度是指激励手段对激励对象刺激力的大小。激励手段越符合员工的需要,刺激力就越大。

三、激励的行为模式

激励行为是由需要、动机、行为、目标四个变量组成的关系模式,我们称之为简单激励行为模式,如图10-1所示。

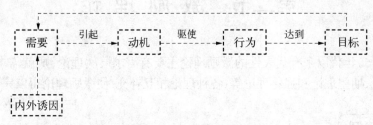

图10-1 简单激励行为模式

激励是需要、动机、行为三个要素共同作用的过程。需要是人类对事物的渴求的心理活动状态,是一种心理反应过程;动机是引发和驱动行为导向目标的愿望和意念;行为则是内在生理和心理变化的外在反应。激励是对需要的刺激,而需要是产生动机和采取行为的原动力。即需要引起动机,动机诱导行为,行为实现又会产生新的目标。

这一模式的心理机制是:需要未能满足就会产生欲望,欲望容易使人处于不安或紧张,形成行为驱使动机,并促使寻找、选择满足需要的途径及行为活动的产生。如果需要未能满足则需重新努力,采取新行为,或降低目标、变更目标;需要得到满足则会被成功鼓舞,产生新需要,进行新活动。因此,从需要的产生到目标的实现,是周而复始的心理与行为的循环活动过程。

四、激励的作用

在组织中,激励的作用主要表现在以下几方面:

一是提高人们工作的自觉性、主动性和创造性。一般来讲,个人目标与组织目标是一致的,两者统一的程度越高,职工的自觉性乃至主动性、创造性就越能得到充分发挥。

二是激发人们工作的热情和兴趣。通过激励,使员工对本职工作产生强烈、深刻、积极的情感,员工可以此为动力,投入自己全部精力为达到预定目标而努力。

三是使人保持持久的干劲,提高工作绩效。激励可以激发人的干劲并使之有工作的坚韧性,为实现目标而坚持不懈地努力。一般地说,在目标一致、客观条件基本相同的条件下,工作绩效与能力和激励水平之间可用一个数学公式来表示:

$$工作绩效 = f(能力 \times 激励)$$

工作绩效取决于能力和激励水平的高低。能力固然是取得绩效的基本保证,但是,不管能力多强,如果激励水平低,就难以取得好的成绩。

 **管理实训**

> 以你自己的体会，给"激励"下个定义。

第二节 激 励 理 论

从20世纪50年代以来有代表性的激励理论主要有需求层次理论、成就需求理论、双因素理论、公平理论、期望理论和强化理论等，各种理论相互补充，使激励理论得以完善。

 **管理案例**

雷根的订单激励

美国亚利桑那州全国销售专业人士协会（National Association of Sales Professionals）主席雷根指出，企业中存在"混日子"行为的员工，即"人来上班就能拿工资"，背离了以薪酬激励员工的初衷。他发现自己的一些员工没有动力去尽力完成工作或订单，也不愿意迟点下班完成订单，即使加班也无法保证他们会多做出多少订单。

为了改变这种现状，雷根把收到的每笔订单都与一定的金额挂钩并把订单挂在公告牌上。如果员工的产量按天算超过一定量，就可以从自己生产的价值中拿到一定金额。工厂总经理确定好订单生产的顺序，员工不能单挑那些金额高的订单进行生产。同时，雷根还严把质量关。如果产品质量差被退回，负责该产品生产的员工就必须返工，订单上会被钉上一个大大的"$0.00"，让员工知道他们没达到指标。实施后，生产员工密切关注起订单类型与价值，效率得到提高，也愿意主动帮忙。例如，公司生意清淡时，生产员工与销售人员一起拜访顾客，回答顾客的疑问，争取更多高价值订单；生意清淡时，雷根把厂内设备维修等工作与报酬挂钩，使员工们所做的工作都可纳入按业绩付酬的制度。

一、需求层次理论

需求层次理论是由美国心理学家亚伯拉罕·马斯洛在1943年提出的，并且成为行为科学管理理论中揭示需求规律的主要理论。马斯洛把人的各种需求归纳为生理需求，安全需求，社交、归属需求，尊重需求，自我实现需求五大类，并且按照其重要性和先后次序排列成一定等级。

（一）生理需求

维持生存的基本需求，包括对食物、水、衣着、住所、睡眠的满足等。如果生理需求得不到充分满足，以致生命难以维持，那么其他需求都不能起到激励作用。

（二）安全需求

安全需求即使人感到安全,免受危险和威胁的需求。除了最基本的身体、生命安全外,还包括职业安全、心理安全、财产安全等,如摆脱失业威胁、生病及年老时生活无保障、不公正的待遇等。

（三）社交、归属需求

社交、归属需求是指被他人爱和接受的需求,包括友谊、爱情、归属及接纳方面的需求。人的社会性决定个人希望与其他人交往,社交需求比生理和安全需求更加细腻。不同人之间差别较大,这与性格、经历、教育及信仰等都有关系。

（四）尊重需求

尊重需求即自我尊重和从他人处得到尊重的需求,包括自尊和受人尊重。自尊是驱使人奋发向上的推动力,受人尊重是希望别人尊重自己的人格,对自己的工作、人品、能力等给予承认,在组织中有较高的地位和威望。

（五）自我实现需求

自我实现需求即自我满足、感觉到成就以及将自身才能发展到可能的最高水平的需求,包括成长与发展、发挥自身潜能、实现理想的需求。这是追求个人能力极限的内趋力,是最高层次的需求。

马斯洛的需求层次理论有两个基本论点:一是人是有需求的动物,只有尚未满足的需求能够影响行为,已经得到满足的需求不再起激励作用;二是人的需求都有轻重层次,某一层需求得到满足后,另一层需求才出现。马斯洛将这五种需求划分为高低两级,生理需求和安全需求为较低级需求,而社交需求、尊重需求与自我实现需求为较高级需求。

马斯洛的需求层次理论启示管理者,在工作中要了解员工的真正需求,找出相应的激励因素,采取积极的组织措施,来满足不同层次的需求,以引导员工的行为,实现组织目标。值得注意的是,人们的需求并不是一成不变的,也不是一经满足就再也不发生变化的,需求也是不断变化的。

二、成就需求理论

成就需求理论,也称为三需求理论,是由美国心理学家戴维·麦克利兰提出的。与马斯洛的需求层次论不同,麦克利兰不讨论基本生理需求,他主要研究在人的生理需求基本得到满足的前提下,人还有哪些高层需求。他关注的是成就的需求,即成就、归属和权力的需求。

（一）成就的需求

高成就需求的个体需求挑战,渴望完成困难的事情,习惯于追求成功或在任务环境中达成目标,以获得某种较高的成功标准、掌握复杂的工作以及超过别人。这一群体的共同特征在于喜欢能够发挥独立解决问题能力的工作环境,具备承担中等难度的任务能力,能够承担适度的风险,勇于对行动承担责任,期望得到明确、具体的有关其绩效的反馈。

（二）归属的需求

归属的需求即渴望结成紧密的个人关系,寻求被他人喜爱、接纳的愿望,回避冲突以及建立亲密的友谊。高归属需求的人具有以下五个特征:其一,渴望被他人接受和喜爱,相当重视人际关系,感到被社会、集体排斥是莫大的痛苦;其二,工作中循规蹈矩合乎规范;其三,致力于构建并保持一种互相信任、互相理解的人际关系;其四,较之竞争,更喜欢合作;其五,非常适合客户服务、客户关系的工作岗位。

（三）权力的需求

权力的需求即渴望影响或控制他人、拥有高于他人的职权的权威，权力分为个人权力与制度权力。高权力需求的人具有以下四个特征：其一，高度渴望个人权力的人倾向于去引导和影响他人；其二，高度渴望制度权力的人乐于汇集他人努力去实现组织目标；其三，高权力需求的人喜欢竞争以及受地位取向影响的职位；其四，缺少必要的弹性和以人为本的管理技能。

三、双因素理论

20世纪60年代早期，美国的心理学家弗雷德里克·赫茨伯格提出了"激励因素—保健因素理论"，也称为双因素理论。赫茨伯格认为影响人的积极性的因素有两类：一类是与工作性质或工作内容有关的因素，称为激励因素；另一类是与工作环境或工作关系有关的因素，称为保健因素。

（一）激励因素

与工作本身有关的内在因素，能够产生满意情绪，增加满意度，激发工作积极性和热情，提高生产率。激励因素包括六个方面的内容：工作上的成就感、职务上的责任感、工作自身的性质、个人发展的前景、个人被认可与重用、提职与升迁。这类因素如果处理不当会产生不满意情绪，但不会导致不满。

（二）保健因素

又可称为"维持因素"，是指与工作周围的环境相关的外部因素。保健因素处理不好，会引发对工作不满情绪的产生；处理得好，则可以预防或消除这种不满。保健因素并不能对员工产生激励，只能保持其积极性，维持工作现状。保健因素包括十个方面的内容：公司的政策与行政管理、技术监督系统、与监督者个人的关系、与上级的关系、与下级的关系、工作的安全性、工作环境、薪金、人的生活、地位。

激励因素以工作为中心，具有调动积极性的功能；保健因素与工作以外的环境相关联，具有增强满意感的功能。当激励因素具备时，会对人产生很大的激励作用，使人的积极性提高；当激励因素缺乏时，人的积极性就会下降，但不一定产生不满意感。当保健因素具备时，会使人产生满意感，但不一定能调动其积极性；当保健因素缺乏时，则会使人产生很大的不满意感。在实践中，越来越多的组织在工作设计时强调双因素，强调将不同任务组合集中形成特定的工作，给组织成员更多的责任感、成功感和成就感的可能，实现激励效果。

四、公平理论

公平理论也称为社会比较理论，20世纪60年代由亚当斯提出。公平理论认为，组织中的员工都有估价自己的工作投入和获得报酬的倾向，他们不仅关心自己报酬的绝对值，也关心自己报酬的相对值。每个人都会自觉或不自觉地把自己付出的劳动和所得的报酬同他人付出的劳动和得到的报酬进行比较，也会把自己现在付出的劳动和所得的报酬同自己过去付出的劳动和所得的报酬进行比较。当发现自己的收支比例与他人的收支比例相等，或自己现在收支比例与过去收支比例相等时，便会产生公平感，增强其工作积极性；否则，便会感到不公平，影响工作积极性。

常见的付出要素有：知识、学历、年龄、性别、努力、建议、过去的功绩、级别地位、责任大小、能力、培训、资历、忠诚、时间、经验、现在的功绩、工作难度、任务风险等。常见的报酬要素有：工资、提升、承认、安全、个人发展、津贴、生活福利、交往机会、发展机会等。公平比较有三种可能的结果：第一种结果是双方的报酬与贡献的比值相当，个人感到得到公平的待遇；第二种结果是自己的报酬与贡献的比值，比别人的报酬与贡献的比值要高，这也是一种不公平的待遇（自己占了便宜）；第三种结果是自己的报酬与贡献的比值，比别人的报酬与贡献的比值要低，这是另一种不公平的待遇（自己吃亏）。不公平感使人紧张、心里不舒服、不平衡，往往通过改变投入、改变报酬、改变对于投入或报酬的知觉、改变他人的投入或成果、改变"参照人"、离开这种环境的方式来重新确立公平感。

五、期望理论

期望理论由美国心理学家弗鲁姆在20世纪60年代中期提出，弗鲁姆认为预期某种行为能带来某种特定结果，而且这种结果具有吸引力时，个体就会倾向于采取行动。期望理论是行为科学管理理论中揭示激励规律的主要理论之一。

（一）激励力衡量

期望理论认为，对人的激励取决于"激励力"的大小，而"激励力"是由"效价"与"期望概率值"（期望值）综合作用的结果，效价和期望值越高，对人的激励力就越强，反之越弱。员工工作态度受到努力与绩效、绩效与奖励、奖励与个人目标的关系影响，在这三种关系的基础上形成激励力公式，即：

$$M = V \times E$$

公式中：M——激励力，是调动人的积极性、激发人的内部潜力的强度。

V——效价，也称目标价值，是个人对某项工作及其结果满意程度的评价，用系数1来表示，一般在−1和+1的范围之间变化。对结果很不喜欢为−1，对结果无所谓为0，对结果有强烈偏好为+1。一般来说，把目标价值看得越大，目标的吸引力就越大，行为的积极性就越高。

E——期望值，能够顺利完成某项工作可能性的估计，其数值在0—1之间。这种概率值的估计是主观的，受每个人的个性、情感、动机的影响，个体认为可能性越大，积极性就越高；个体认为根本实现不了的目标，即使价值很高，也起不到调动积极性的作用。

（二）努力水平衡量

努力水平与绩效、结果、效价相关，三个关键变量是以一种倍增而不是累积的方式来决定投入到特定任务的努力程度。具体来说，只有当员工认为努力会带来良好绩效评价时，良好绩效评价会带来组织奖励，组织奖励会满足员工个人目标时，他才会受到激励，并付出更大的努力。

1. 努力—绩效预期

这对关系表示努力与绩效之间的关系，个体对自己付出努力后导致一定绩效的预期。努力与绩效之间的关系取决于个人对目标的期望概率，当个体主观上认为达到目标的期望概率很高时，他的积极性才有可能调动起来。

2. 绩效—结果预期

这对关系表示绩效与结果之间的关系，个体对达到一定绩效后能否获得预期结果的信任程度。绩效与结果之间的关系具有关联性，个体总是期望达到预期的绩效后得到合理的结果（如奖励、报偿等），否则，被诱因激发起来的动力就会逐渐消退。除绩效外，报偿的分配还会受到许多因素的影响，例如，资源是否足够、上司是否公正等。

3. 效价

这是指预期结果给个体带来的满足或不满足的程度，表示行动结果对满足个人需要的价值，个体在采取某项行动之前，会在内心盘算行动的结果能否带来需要的满足，可能带来的满足有多大。效价代表了个体对各种预期结果的偏好程度，有些人很重视升职机会，有些人很重视金钱回报。

期望理论的关键是了解个人目标及努力与绩效、绩效与报酬、报酬与个人目标满足之间的关系。许多员工在工作中不能被激励，是因为他们看不到努力与绩效的关系、绩效与报酬的关系，或者他们得到的报酬不是他们预期想要的。如果激励员工，就应该加强这三对关系的有机结合，不存在一种通用原则能够激励所有人，差别化、个性化的激励才是有效的激励。

 **管理案例**

内部激励的重要性

网络上曾爆出快递员月薪过万的新闻，引来无数白领的"羡慕嫉妒恨"。作为典型的论件计酬工作，只要足够努力，月入万元甚至更多并不是难事。"越努力报酬就越高"，在这个逻辑下，快递员是否成了最敬业的员工呢？商业软技能培训提供商 AchieveGlobal 为快递公司做咨询时发现，论件计酬实施的时间越长，对员工的激励作用就越弱，越来越多的员工出现懈怠、出错甚至请假等现象。那么快递公司应该怎么办？进一步提升单件计件价格？在目前的经济环境下，企业总体成本不断上涨，是否能确保一直有足够的钱用于员工激励？并且，更可怕的是，如果金钱激励一旦不能继续，员工的积极性将全面崩溃——这不仅是快递公司的难题，也是每一个企业管理者面临的挑战。

AchieveGlobal 调研实验，让两组人同时进行复杂的拼图游戏，对 A 组人说"做好了拼图后会有奖金"，对 B 组不提及奖金。10 分钟后，游戏结束，A 组人都停止了拼图，B 组人则选择了继续游戏。很明显，奖金成为 A 组完成拼图的唯一诱因，一旦诱因消失，他们也就不愿意再继续工作，即便这个工作本身也非常有趣。虽然在工作中奖金、期限、监管、威胁或其他激励因素能够产生短期的积极效果，却也掩盖了它们对即时绩效以及员工长期敬业度的负面影响。相比之下，内部激励更容易增加员工的长期敬业度。

六、强化理论

 **管理故事**

电视新闻中出现一条重达 8 600 公斤的大鲸鱼跃出水面 6.6 米，为观众表演各种各样的动作的画面。记者问鲸鱼驯导员，这个奇迹是怎样创造出来的。驯导员向记者披露了其中

的奥秘:在开始时他们先把绳子放在水面下,使鲸鱼不得不从绳子上方通过,因为鲸鱼每次经过绳子上方就会得到奖励,它就会得到鱼吃,会有人拍拍它并和它玩,驯导员以此对这条鲸鱼表示鼓励。当鲸鱼从绳子上方通过的次数逐渐多于从下方经过的次数时,驯导员就会把绳子提高,不过提高的速度必须很慢,不至于让鲸鱼因为过多的失败而沮丧。

　　这个故事就包含着强化论和目标设置论。毫无疑问,鼓励的力量使得这条鲸鱼飞跃过了这一可载入吉尼斯纪录的高度。对这条鲸鱼如此,对于聪明的人类来说更是这样,鼓励、赞赏和肯定,会使一个人的潜能得到最大限度的发挥。

　　强化理论是美国心理学家和行为科学家斯金纳等提出的理论,强化理论着重研究个体外在的行为表现。行为的结果如果有利于个体,这种行为便会加强并重复出现。如果不利于个体则这种行为会消退和终止。根据强化的性质和目的可把强化分为正强化、负强化、自然消退、惩罚四种类型。

　　正强化,又称积极强化,用于加强所期望的个人行为,当人们采取某种行为时,能从他人那里得到某种令其愉快的结果,这种结果反过来又成为推进人们趋向或重复此种行为的力量。如认可、赞赏、增加工资或奖金、提升等创造一种令人满意的环境,以表示对某一种行为的奖励和肯定,提高这种行为重复出现的可能性。

　　负强化,又称消极强化,为了减少和消除不期望发生的行为,通过某种不符合要求的行为所引起的不愉快的结果,对该行为予以否定。若职工能按所要求的方式行动,就可减少或消除令人不愉快的处境,从而也增大了员工符合要求的行为重复出现的可能性。

　　自然消退,又称衰减,同样为了减少和消除不期望发生的行为,对原先可接受的某种行为强化的撤销,由于在一定时间内不予强化,此行为将自然下降并逐渐消退。

　　惩罚,以某种带有强制性、威胁性的结果,如批评、降薪、降职、罚款、开除等,制造一种令人不愉快的环境,以示对某一种不符合要求的行为的否定,降低这种行为重复发生的可能性。

 **管理案例**

　　西洛斯·梅考克是美国国际农机公司创始人,也是世界第一部收割机的发明者。有一次,一个老工人违反了工作制度,酗酒闹事。按照公司的有关规定,他应受到开除的处理。梅考克在管理人员作出的决定上签署了赞同意见。决定一发布,那个老工人立刻火冒三丈,他委屈地说:"当年公司债务累累时,我与你患难与共,3个月不拿工资也毫无怨言。如今犯了这点错,就开除我,真是一点情分也不讲!"梅考克平静地对他说:"你知不知道,这是公司,是有规定的地方。这不是你我两个人的私事,我只能按规定办事,一次也不能例外。"

　　正强化、负强化、自然消退、惩罚相互联系、相互补充,构成了强化的体系,并成为一种制约或影响人的行为的特殊环境因素。其主要功能,就是按照人的心理过程和行为的规律,对人的行为予以导向,并加以规范、修正、限制和改造。正强化对行为的影响最有力和有效,因为它能增加组织成员有效工作行为的发生。相反,惩罚和自然消退只能用来减少组织成员无效工作行为的发生,因为惩罚和自然消退只告诉组织成员不该做什么,但没有指出应该做什么。应用负强化常常很麻烦,有时甚至没有可能,因为它要求建立一种对组织成员来说是不愉快的环境,并持续到所希望的行为发生为止。此外,负强化和惩罚所用的方式令人不愉快,也会产生相反的效果。

 **管理实训**

> 结合激励理论,想想你的学习效率在什么时候能够发挥出较好的水平,举一例简要说明。

第三节　激　励　方　法

在激励理论的指导下,管理者要在实践中建立科学、合理、规范的激励制度,运用多种激励方法和手段来激发成员的工作积极性,提高工作满意度,实现组织目标。激励方法不同,成果也不同,常用激励方法可以归纳为物质激励、工作激励、精神激励等。

管理案例

> 群体管理方式有一个趋势叫游戏化。一个著名的心理学家提到一个观点,玩的对立面是什么。其实玩的对立面是内心的抑郁,当它消除的时候,工作力会更好地释放。在惠州某公司,员工要求宿舍里面安装Wi-Fi,公司担心有网络以后员工打游戏,影响出勤状况,很长一段时间没有把网络开起来,结果发现员工状态没有好起来。后来做一些Wi-Fi开放的尝试,发现员工并没有彻夜玩,工作效率反而提升,后来彻底开通了网络。上海某游戏互联网公司对员工的管理像玩游戏一样,有任务、有积分,通过这样的方式记录你的表现。合益集团在这方面也做过尝试,在员工入职时候做培训,通过游戏化的方式让他们玩一把,在玩的过程当中让他们知道原来情商、与人合作是非常重要的,这种效果就非常好。到2015年,全球2 000强的企业里面至少70%会推出一款游戏化应用。玩的对立面不是工作是抑郁,通过玩让我们的员工得到释放。

一、物质激励

物质激励是指以物质利益为诱因,在正确评估员工工作成果的基础上给予其合理的奖惩,以保持员工行为的良性循环。物质激励是激发组织成员工作动机的有效方式与手段,主要包括奖酬激励和处罚两种。

（一）奖酬激励

奖酬激励主要表现为工资薪酬、奖金福利、鼓励性报酬、奖励性报酬、红利、公司支付的保险金等。实施物质奖励时,需要注意以下三个方面:

一是奖酬激励必须公正。其公正性在于,第一,组织成员对于奖酬额度设置的刺激量感到公正。刺激量包括绝对量,即实际取得金额数量;也包括相对量,即与组织内相似工作的他人相比、与自己过去获得数量相比、与组织外相似的同类人相比。设置好合适的奖酬额度才能激发组织成员的满意度与积极性。第二,组织成员对奖酬政策、流程及制度保障感到公正。如果政策、制度出现漏洞,奖酬激励方式不仅无法达到预期激励效果,还可能出现相反的作用,引起组织成员更多的抱怨。

二是奖酬激励必须有序。其有序性在于,第一,奖酬激励时间安排有序。在不同时间段内既能确保奖酬激励措施长期、稳定、有效地推行,使之成为常态化激励方式。第二,奖酬激励轻重有序。对不同项目、不同工作任务、不同目标,依据其重要程度、成员能力水平、耗费的时间与精力水平等,设置不同层次的奖酬激励政策或制度,以确保重大目标、重要工作能优先推进。

三是奖酬激励必须透明。其透明性在于,第一,奖酬激励政策清晰、透明。各项奖酬激励政策均以正式文书形式发送给组织成员,各项条款解释清晰、明确,不会造成组织成员对其理解产生偏差。第二,奖酬激励计算准确、透明。各项奖酬激励通常由多种考量因素组合而成,每个成员最终获得的额度可能会有所差异,因此,必须保证计算的透明性,使组织成员清晰明白其最终额度的准确性。

(二)处罚

在物质激励中,除了奖酬激励,还包括处罚性质的负激励措施。如带有强制性、威胁性的处罚控制,批评、降级、罚款、降薪、淘汰等方式来创造一种令人不快或带有压力的条件,以否定某些不符合要求的行为。现代管理理论和实践都指出,员工激励中的正面的激励作用远大于负面的激励,越是素质较高的人员,处罚对其产生的负面作用就越大。它容易给员工造成工作不安定感,同时还会使员工与上级主管之间的关系紧张,使同事间关系复杂。因此,应用处罚方式时必须有可靠的事实依据和政策依据,做到令人信服;处罚的方式与处罚量要适当,既要起到教育作用,又不能激化矛盾;同时要与思想政治工作相结合,注意疏导,尽可能减少其负面影响,化消极为积极,真正起到激励作用。

(三)实践中的一些具体措施

1. 股票期权激励

股票期权作为企业管理中一种激励手段源于20世纪50年代的美国,70—80年代走向成熟,为西方大多数企业所采用。中国的股票期权计划始于20世纪后期。股票期权指买方在交付了期权费后即取得在合约规定的到期日或到期日以前按协议价买入或卖出一定数量相关股票的权利,是企业对员工进行激励的众多方法之一,属于长期激励的范畴。目前,股票期权是国际上使用最为广泛的股权激励模式,股票期权是一种不同于职工股的崭新激励机制,它能有效地把企业高级人才与其自身利益很好地结合起来。

2. 年薪制

企业依据自身规模和经营业绩,以年度为单位支付经营管理者收入的一种分配制度。经营管理者年薪由基本年薪和风险年薪两部分组成。以一个较长的经营周期(通常为年)为单位,按此周期确定报酬方案,并根据个人贡献情况和企业经营成果发放报酬的一种人力资本参与分配的工资报酬与激励制度。从人力资源的角度看,年薪制是一种有效的激励措施,对提升绩效有很大的作用。

3. 绩效工资

绩效工资制度是通过对员工绩效的有效考核为基础,实现将工资收入与考核结果挂钩的工资制度，理论基础就是"以绩取酬"。它的基本特征是将雇员的薪酬收入与个人业绩挂钩。其前身是计件工资，但它不是简单意义上的工资与产品数量挂钩的工资形式，而是建立在科学的工资标准和管理程序基础上的工资体系。绩效工资的计量基础是雇员个人的工作业绩，既体现了客观公正，又推动了员工之间的竞争，从而推动企业提升业绩。绩效评估是绩效工资的核心。企业利用绩效工资对员工进行调控，以刺激员工的行为，通过对绩优者和绩劣者收入的调节，鼓励员工追求符合企业要求的行为，激发每个员工的积极性，努力实现企业目标。

4. 技能工资

技能工资制是一种建立在对员工技能进行评估基础上的工资制度，可按员工技能类型和水平的高低划分出不同的工资级别标准。技能工资制度确定员工工资水平的标准是员工的技能而不是其所任职位的特征。与传统的职位工资相比，技能工资制将组织的注意力主要放在提高员工的技能上，因此，技能工资制在组织内部员工的流动性以及员工个人发展等方面具有优势。

5. 灵活的工作日程

灵活的工作日程主要指取消对员工固定的每周五日上班、每日工作八小时工作制的限制。修改的内容包括4日工作制、灵活的时间以及轮流工作，执行4日工作制就是每周工作4天，每天10小时，而不是每周5日工作制中的每天从上午8点到下午5点的8个小时（午休1小时）。这一激励目的，是满足员工想得到更多闲暇时间的需要。灵活的时间就是让员工自己选择工作日程。轮流工作是让两个或两个以上的人共同从事某一项40小时工作周的工作。这一激励计划意味着公司同意使用兼职员工。这很大程度是为了满足带小孩的母亲的需要，同时又有利于消除员工因长期从事某种工作而导致的枯燥和单调。

管理案例

美国一个毕业于斯坦福大学的年轻人，一直想找一个既可以赚大钱又不耽误他白天打高尔夫球的工作。当硅谷一家计算机系统集成公司了解到他真的很有才华和能力以后，决定满足他的要求。于是，此人白天打高尔夫球，晚上工作，而且工作质量和效率很高。该公司和这个年轻人都感到很满意，这个年轻人到现在也没有离开公司。人们将这种工作时间称为"超弹性工作时间"。

二、工作激励

工作激励是指通过设置合理的目标，设计丰富的工作内容和形式，分配恰当的工作，鼓励员工参与管理等来激发员工内在的工作热情、动机的方式与手段，主要包括目标激励、参与激励。

（一）工作激励的要求

1. 工作内容要考虑到员工的特长和爱好

组织内员工拥有的知识和能力各不相同，不同工作组织对成员的知识和能力要求也不同。工作内容设计需要把人与工作有机地结合，将组织内各种任务组合优化，使工作的设计能够反映环境变化、组织技术、技术能力及员工偏好的要求等，组织成员能够愉快的胜任分配的工作任务，并能在工作中寻找乐趣，激发工作潜能。

2. 工作目标应具有一定的挑战性

设计和分配工作,不仅要使工作的性质和内容符合员工的特点和兴趣,而且要使工作的要求和目标富有挑战性,这样才能真正激发员工奋发向上的精神。根据成就需要理论,成就需要只有在完成了具有一定难度的任务时才会得到满足,只有在完成一些能充分体现组织成员才能、技术的工作,成员才能感到任务完成的满足感、兴奋及知足。

(二)实践中的一些具体措施

1. 目标激励

目标激励就是以适当的、具有刺激或诱导性的目标,诱发组织成员工作动机和行为,调动成员工作热情、工作积极性,朝目标方向一致推进。目标作为一种诱因,具有引发、导向和激励的作用,目标激励主要有三类,即工作目标、个人成长目标和个人生活目标。领导者设计目标时,首先,需要将三类目标进行融合,使相互之间产生较为紧密的联系性,组织目标的实现,也有利于个人成长目标、个人生活目标的实现。其次,目标实现与奖酬、晋升等挂钩,加大目标实现的效价。第三,组织目标需要持续进行宣传,使组织成员对目标有更深入了解,并牢牢记住自己的前进方向,了解自己在目标的实现过程中应起到的作用,注意把组织目标和个人目标结合起来。

2. 参与激励

参与激励是指以参与管理的方式,使组织成员参与组织管理,为组织目标实现出谋划策,调动成员参与意识、创造意识,以及互助意识,有助于组织形成和谐、信任的氛围。组织成员在不同程度上参与组织决策和各级管理工作的研究和讨论,有利于集中成员意见,防止决策失误;有利于满足成员的归属感和受人赏识的心理需求;有利于成员感受到管理者的信任、重视和赏识,从而体验到自己的利益同组织的利益、组织发展密切相关而产生相应的责任感;有利于成员对决策的认同,从而激励他们自觉地去推进决策的实施。

三、精神激励

精神激励是对成员精神上的激励,使员工能够感觉到来自组织的关怀、关心。精神激励的方法有很多,比如尊重、关爱、赞美、宽容员工,给员工提供公正的竞争环境等。

(一)关怀激励

组织内领导发自内心的关注成员工作、生活,帮助成员成长,帮助成员解决工作、生活难题。关怀激励不仅仅对业绩好、技术强的成员实施,更需要对组织内业绩和技术并不突出,甚至垫底的成员实施,通过真诚的关怀,帮助这类成员快速成长,解决组织在运营管理方面潜在的"短板"危机。

管理案例

日本的很多企业,除每6个月发半年奖、年终奖外,每年4月还会再发一次奖金,但不发给员工本人,而是发给员工的太太,被称为"太太奖金"。日本企业认为,太太奖金很重要,能督促员工太太们更好地支持丈夫的工作。

（二）尊重激励

尊重激励是指以平等的态度相处共存，一方面，领导者对组织成员应保持尊重，尊重他们的工作成果，不进行盲目干扰与指责，不以职权强势压人，为组织成员营造民主、平等的组织环境，使每位热忱工作的成员在组织中都能得到应有的尊重；另一方面，组织成员对领导者应保持尊重，尊重领导决策、目标的制定，不胡乱评论，不发泄抱怨，不将不良情绪在组织内传递。对于决策、目标异议，应采用正式沟通或与领导者的非正式沟通方式，将意见、建议有效传递。因此，人人都需要尊重，人人都能从尊重中得到激励。

（三）荣誉激励

荣誉是组织对个体或团队的崇高评价，如发奖状、证书，记功，通令嘉奖，表扬等。荣誉激励可以满足自尊需要，激发进取力，调动积极性，形成内在的精神力量。具体措施有开展优秀员工的评比活动；给予员工荣誉；颁发内部证书或聘书；借助荣誉墙和企业年鉴来激励员工；以员工的名字命名某项事物；进行奖励旅游；对新进员工进行荣誉激励等。

（四）榜样激励

榜样激励的核心是在组织中树立正面典型和标兵，以他们良好的行为鼓舞员工，创造业绩。从心理学的观点看，任何人，特别是青少年都有强烈的模仿心理，榜样的力量是无穷的。

 管理实训

> 设想组织一场活动，由你来分析评价最重要的激励因素或指标，你可能会提出什么样的激励方式？

本章小结

激励是指运用各种有效手段激发人的热情，启动人的积极性、主动性，发挥人的创造精神和内在潜能，使其行为朝向组织所期望的目标而努力的过程。

激励是充分调动组织和员工工作积极性、主动性，提升工作效率，挑战工作任务难度的有效方法之一。

激励是建立在需要基础上的管理活动，包括从心理到行为的活动过程。掌握和运用各种管理激励理论对激励实践工作具有指导意义。激励理论主要包括需求层次理论、成就需求理论、双因素理论、公平理论、期望理论、强化理论等，不同理论有各自的特点与利弊。

实践运用中产生了不同的激励方式，主要有物质激励、工作激励、精神激励等。物质激励是管理活动中必不可少的，精神激励是物质激励的重要补充。

 思考与探究

1. 有人说："钱不是万能的，但没有钱是万万不能的。"你是否赞同这一观点？请阐述你的理由。

2. 根据强化理论的观点,管理人员不应该惩罚员工,但在我国许多企业中都有罚款制度。你如何解释这种现象?

3. 如果要你为公司设计奖励制度,你会依据哪种激励理论或激励因素来设计?为什么?

4. 在你的工作或学习中,是什么激励你去争取优秀的业绩?这些激励力量有没有在本章介绍的一些理论中出现?

5. 设想你是一个部门主管,你怎样用强化理论纠正一名员工经常迟到的行为?

6. 回想你遇到的印象最深的一次挫折,你的反应是什么?你认为还有更好的应对措施吗?

案例分析一

李云龙的团队激励技巧

电视剧《亮剑》以其主人公李云龙骁勇善战、刚中带柔的鲜明个性特点使该剧红遍了大江南北,也成了无数销售人员必看的一部电视作品。请看下面几个场景:

场景一:八路军新一团被日军围困在一个山头,为了从正面突围,冲锋前李云龙作战前动员:"都说小日本拼刺刀有两把刷子,可说起这拼刺刀咱中国人是他祖宗,今天我们就教教他们怎么做人,不敬祖宗还行?!弟兄们,我跟你们说过'狭路相逢勇者胜'。"

场景二:八路军新一团从正面突围后,有士兵报告一营长被鬼子困住了,李云龙讲:"独立团从成立到现在,还没有丢下过一个自己的弟兄,弟兄们,杀回去!"

场景三:八路军独立团被日本特种部队打败后,士气低落,领导派李云龙接管新一团,李云龙到任后,发现了独立团士气的低落,便向领导请求让原独立团团长孔捷留任独立团副团长,并作首次动员,他说道:"各位知道我李云龙喜欢什么吗?我喜欢狼,狼这种动物,喜欢成群结队、团队配合作战,一群狼,连狮子都要怵它几分。狼行千里吃肉,狗行千里吃屎!"

讨论分析

请结合激励理论,对案例进行评价,同时思考李云龙是如何对团队进行激励的。

案例分析二

麦当劳的员工激励

在麦当劳里,人们有一个普遍的信念:只要付出了努力,必有保障获得相应的地位和报酬。麦当劳的用人方法就是让打工者相信他们能够得到相应的地位和报酬。

一、公开化的职位与酬劳

一走进麦当劳餐厅后面的办公室,首先映入人们眼帘的是一张宽1米、高70厘米的大布告板。布告板上方写着"新观念"三个大字。这个布告板经常成为计时工作人员的话题。布告板的左侧是"职位和工资",写着餐厅所有的工作人员的姓名和职位。职位分为A级组长

（ASW）、组长（SW）、接待员（STAR）、需要训练的接待员（TR）、见习员（TN）等,还用英文字母的A、B、C代表计时工作人员的等级。在工资栏上,通常用的记载方法是以C级为基准。组长的工资是C级的1.25倍,A级组长是C级的1.5倍,而且一年可以分得两次红利。这种把地位和工资公开化和透明化的做法能够让每个计时工作人员逐步体会到,上司和他们的同伴之间不可能有私下交易。大家的眼睛都是雪亮的。只要努力工作,必然可以获得相应的地位和报酬。

二、不受限制的晋升

麦当劳的环境能够让每个服务员始终牢记公司理念。服务员一走进休息室,首先映入眼帘的是一块"观念交流园地"公告栏。上面记载着餐厅内所有的工作人员的姓名、职级。在"训练进度表"上还记载有每个服务员的进店日期以及他们所学习的教材和学习的进度。此外,服务员的帽子颜色、制服形式、名牌的用途和形状、参加会议的名单、营业时分配的位置、安排工作时间的长短、计时卡摆放的位置等,都代表着服务员在餐厅中的身份和地位,都让服务员时刻记住,在麦当劳这个世界里,只要你努力向上,在技术和服务能力上取得了进步,必定能够获得相当的满足和成就感。更为重要的是,在麦当劳工作的计时员工也有可能会当上经理。一般企业虽然也用职位提升的方法来刺激计时工作人员的积极性,但到了某个职位便"到此为止"了。但是,麦当劳餐厅没有这个限制。麦当劳规定计时工作人员"凡有3个月以上工作经验者皆可为经理级的组长,不受年龄和性别的限制"。公司的简报上也有同样的说法:"麦当劳公司机会之多,绝不亚于其他任何企业。"麦当劳公司也提供了培养这个机会的园地。"使用你的自主性,发挥你的实力吧!"这些话既适用于正式职工,也适用于计时工作人员,从而使他们的能力能够最大限度地发挥出来。有了这种信念以后,这些新服务员才会认识到,在取得相应的地位和报酬之前,最重要的事情是善于有计划地学习,提高服务和工作的技术水平。

三、"多头评价"制度

根据业绩提升职位和增加工薪是重要的刺激因素。尽管所有的餐厅都会这样做,但麦当劳的业绩考核制度是独特的。麦当劳餐厅每个月进行一次考核。考核表上分为质量、服务、清洁、劳务管理、训练、书面作业、自我管理、仪容等八项。每项均有一个评分。在表格的下端是意见栏,分为四项:对下属的影响力、对顾客和管理以及对店面的影响力、提案、总评估。麦当劳建立了独特的业绩评估制度,凡是在加薪或升级的时候,必须经过以下程序:自我推荐、公开评价、预先设定目标、事后晤谈、定期评价。虽然业绩评价的实质性人物是餐厅的中心经理,但麦当劳实行的是"多头评价"制度,即作为管理组成员的计时经理和组长等都参加评价。中心经理一般是在每月的25日填写考核表以前征求管理的意见。公布考核结果以后要进行个别谈话。这种做法使服务人员感到自己受到了关心,因而增强了工作的热情,愿意为获得下一次更佳的评价而努力,这本身就是在激励工作人员向下一个位置挑战。在对员工的激励方面,麦当劳通过春游、职业发展、抽奖、聚会、带薪休假(兼职员工每年工作超过1 440小时会获得一周)、竞赛、轮换等方式对员工激励。因此,即使在很严格的工作标准下,员工依然充满活力。

四、积分奖励

麦当劳的激励机制运用得很充分,麦当劳每天都会按照具体情况为每个不同岗位的人制定目标,一旦达到目标,就可以得到公司内部的积分奖励。举例来说,麦当劳每一段时间都会推出新活动以利于促销。麦当劳规定促销出新产品,前台服务员下班以后就可以按照管理组制定的目标拿到相应的奖券。假如一共卖了25套促销的套餐,就可以得到5元奖券,35套可以得到10元,依此递增,全部积攒下来到月底或年底兑换相应价钱的奖品。员工内部的奖品有手表、雨伞、手电筒、腰包等。这就需要每天都尽力做到最好,得到尽量多的奖券。这种积分奖励方法,在麦当劳内部营造了比较好、比较持久的竞争气氛。

五、最佳员工评选

细心的顾客进入麦当劳餐厅,会发现在墙壁上有一个专栏,上面写着"当月最佳员工",还有照片和名字。这是麦当劳对优秀员工的一种奖励方式,鼓励大家向优秀者学习。

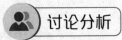

麦当劳综合运用了哪些激励方法? 对你有何启示?

第十一章 ▶▶▶
沟　通

◇◇◇◇◇◇◇◇◇◇◇◇◇◇◇◇　**章前导语**　◇◇◇◇◇◇◇◇◇◇◇◇◇◇◇◇

　　人类活动中之所以会产生管理活动，是因为随着社会的发展，产生了群体活动和群体行为。在一个群体中，要使每一个群体成员能够在一个共同目标下，协调一致地努力工作，就离不开有效的沟通。沟通是协调的基础和前提。

　　在每一个群体中，成员要表示愿望、提出意见、交流思想，领导者要了解下情、获得理解、发布命令，这些都需要有效的沟通。可以说，组织成员之间良好有效的沟通是提高组织效率的保证，而管理者和被管理者之间的有效沟通则是所有管理艺术的精髓。现代管理艺术中，沟通的作用正日益体现，在管理工作过程中发挥着不可替代的作用。

◇◇◇◇◇◇◇◇◇◇◇◇◇◇◇◇　**本章导学**　◇◇◇◇◇◇◇◇◇◇◇◇◇◇◇◇

学习目标

理解沟通的基本模型、方式和过程；
掌握沟通的不同渠道分类，能够将沟通渠道与信息进行简单匹配；
了解沟通障碍的产生及改善方法；
学会运用沟通的技巧。

关键术语

沟通　发送者　接收者　噪声　沟通渠道　正式沟通　非正式沟通　沟通障碍
冲突

第一节　沟　通　概　述

　　有效沟通是现代管理的重要手段之一，领导者与追随者之间需要沟通，激励政策的实施与推行需要沟通，人际关系之间冲突处理需要沟通，组织成员间分工合作及行为协调需要沟通。有效沟通使主体、客体间的信息能够完整地发送和接收，减少信息在传递过程中的流失。

一、沟通的含义

　　沟通是信息在个体间交换并被理解的过程，即借助一定的手段把可理解的信息、思想和情感在两个或两个以上的个体或群体中传递或交换的过程。管理者每天80%的工作时间都是通过面对面交流、电话、电子邮件、现代移动交流工具、会议、演讲、报告、备忘录等方式进行沟通，通过沟通来影响他人，通过沟通来传递管理目标、策略、期望、管理理念和价值观等一系列信息。

（一）沟通的模型

　　如何进行沟通？信息如何发送和接收？影响沟通不畅的因素会是什么？沟通的基本模型（图11-1）解释了沟通从发送者到接收者的整个过程。

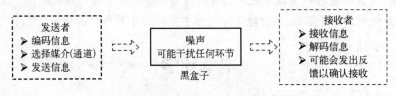

图11-1　沟通的基本模型

从沟通模型可见，所有沟通都包含四种行为和五个要素。

1. 四种行为

（1）信息编码。发送者将需要发送的信息以口头语言、书面语言、肢体语言等形式进行编码，经过编码后的信息更容易被接收者所理解。

（2）信息发送。信息发送往往以多种媒介形式进行信息传递，在传递过程中经常会受到"噪声"干扰，影响信息接收的完整性、准确性。有时"噪声"干扰过大，可能使信息传递中断、失真或无法传送至接收者，使沟通无法实现。

（3）信息接收。信息的接收包括接收、解码和理解三个环节。在接收环节中，接收者尽可能确保信息完整、准确的被接收，避免信息遗失造成对信息不完整的解码与理解，影响信息的正确解释。

（4）信息解码。所谓解码，是指信息接收者接到传递而来的"信息信号"或"信息载体"，以相应的办法还原为自己可以理解的语言，即信息接收方对接收到的信息所作出的解释。

　　为了核实、检查沟通是否达到预期的效果，信息沟通过程还需要有反馈的环节。只有通过反馈，信息发送者才能最终了解和判断信息传递是否有效。

2. 五个要素

（1）发送者。组织中任何个体或群体都可能是信息发送者，信息发送者有时也会是信息接收者。在组织沟通过程中,信息既可由发布命令、制订计划、颁布规章的部门或个人发送,也可由提供情况、反映意见的部门或个人发送。

(2)信息。主要指需要发送的信息内容,包括政策、制度、观点、情感、情报和消息等。

(3)媒介。主要指信息传递渠道,如备忘录、计算机、电话、电视、互联网等。媒介选择取决于沟通双方是否方便、环境条件等。不同媒介各有利弊,传递效率也各不相同。选择适当的传递渠道对实施有效的信息沟通是极为重要的。

知识拓展

这是个在微博叫卖白菜多少钱一斤的年代。微博从2006年进入中国,到如今的微博、微信时代,互联网向大众再次证明无所不在的影响力与千奇百怪的应用方式。

新浪微博团队:微博只言片语"语录体"的即时表述更符合现代人的生活节奏,眼下与移动互联网的结合,也使得微博应用更为宽泛。数据表明,现在通过智能手机或平板电脑使用微博应用的用户比例,大大高于通过WAP登录的非智能终端。微博未来可能存在六大商业模式,分别包括互动精准广告、社交游戏、实时搜索、无线增值服务、电子商务平台以及数字内容收费。

腾讯微博团队:我们对微博的理解是,一个综合媒体、社交、娱乐、阅读等多重属性的基础互联网服务平台,而目前微博所表现出来的媒体属性,我们认为只是其所有产品属性中的很少一部分,微博作为基础产品的潜力很大,未来有着巨大的空间。

(4)噪声。对信息发送及接收产生干扰的各种因素,如发送信息时的环境是否适合、选择的媒介是否合适,接收者的关注态度与心理状态等都会成为干扰信息发送或接收的"噪声"。要避免噪声,发送者需要对发送的信息进行有效编码,选择恰当媒介,以及对接收者要有充分的认识。

(5)接收者。接收者在沟通中的作用十分关键,其态度、关注程度、接收方式、解码能力等都会影响到沟通的有效性。在组织沟通中,领导者越来越重视信息的接收。从经验决策过渡到科学决策,需要接收大量的系统调查研究所提供的数据信息,从而为决策制定提供参考信息。

沟通的基本模型是最根本的,也是最普遍、最基础的模型。无论身处何种文化或组织,只要有沟通,它就必然存在。虽然沟通的基本行为和要素基本相同,但是这些行为的实践方式以及要素的特征由于受到文化、组织或个人背景的影响而产生不同的沟通效果。

管理案例

TPS "水土不服"

2005年3月,一汽集团在生产部大规模开展"推进TPS(Toyota Production System)工作方案"。这种方式试图杜绝浪费任何一点材料、人力、时间、空间、能量和运输等资源。这是一种非常先进的生产方式,TPS使得丰田的生产成本压到了最低。以库存管理为例,一汽丰田平均库存为1.5天,而解放的平均库存为1.5个月,是一汽丰田的30倍,仅此一项,解放的财务成本一年就要多花1.8亿元。

但是TPS在中国"水土不服",遇到阻力。一部分工人表面上没什么反应,事实上都在消极抵抗TPS,甚至发生过汽车零配件丢失的事情。大家不接受的原因很多,其中最突出的一项就是员工的利益受到损害。一汽执行TPS的一个直接结果是,生产时最大限度地利用人力,原来10个人干的活现在6个人就能干,这样,事实上造成了一批工人下岗。另外,和其他合资汽车工厂的工人相比,工人们认为自己"干得多,挣得少"。其实这个困难并不难解决,一项优秀的管理制度或者措施,可能会损害部分员工的利益,但却是保证大多数员工的利益的(否则它就谈不上优秀)。这时候,企业要做的不是强行推广,而是首先要争取大部分员工的支持。

（二）沟通的方式

沟通通常以语言或非语言方式产生,管理者需要了解每种沟通方式的利弊。

表11-1　语言和非语言沟通

实例	语 言 方 式		非语言方式
	口头的	书面的	
实例	谈话、演讲、电话、视频会议	信件、备忘录、报告、电子邮件、传真	肢体、音调、手势、表情
优点	生动、有刺激性、引人注意、很难忽视、灵活、适应性强	减少误解、精确	与口头表达越一致,沟通有效性越高,能强调要表达的意思
缺点	短暂、易被误解	在解码中精确性降低、不灵活、易被忽视	通用性较低

按沟通对象划分,沟通可分为机—机沟通、人—机沟通、人—人沟通三种类型。这三种类型都是沟通双方发送和接收信息的过程,只是由于沟通参与者的类型不同而会出现不同的特点。

（三）沟通的过程

根据沟通的含义、沟通行为及沟通要素的分析,完整的沟通过程包括以下几个环节,即:沟通主体(信息发出者或来源)、编码(主体采取某种形式来传递信息的内容)、媒介(沟通渠道)、沟通客体(信息接收者)、译码(客体对接收到的信息所作出的解释、理解)、反馈(编码、译码和沟通渠道)。

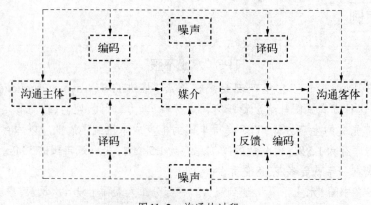

图11-2　沟通的过程

二、沟通的作用

（一）沟通是正确决策的前提与基础

信息是决策的前提，及时、完整、准确的信息更是科学决策所必不可少的。组织目标的实现，不仅取决于组织内部的日常管理，更取决于组织重大方针的决策，而决策需要以大量的信息为基础。"知己知彼，百战不殆"，通过沟通收集获取充分而确定的信息，为正确决策提供参考依据。

（二）沟通是明确任务并行动一致的工具

由于组织成员或内部部门所处角色不同、利益不同、掌握信息不同，对决策或政策的态度也不同。为了使组织成员及部门明确未来任务并且行动一致，必须进行充分而有效的沟通，以交换意见、统一思想、明确任务并一致行动，以最有效的方式完成组织任务。

（三）沟通是改善人际关系、鼓舞士气，建立良好工作环境的基本手段

良好人际关系的建立对于实现组织目标是至关重要的。组织内部人际关系通常与组织的沟通水平、态度与方式有关。如果一个组织内人际关系良好，大家都能和睦相处，上下级之间相互信任，相互尊重，那么组织就容易做到上下一条心，团结成一个整体，士气也就高昂，组织成员可以获得归属感，而归属感是人的情感的需要之一。

（四）沟通是加强组织与外部联系，创造良好发展环境的重要途径

与组织外部进行沟通也是组织工作的重要内容和重要任务。通过沟通，从外界环境中获得生存和发展所必需的信息，及时了解和掌握市场信息，摸清市场变化的规律，掌握市场动态；通过沟通，及时了解竞争者信息，收集竞争者的决策变化、产品创新程度；通过沟通，及时了解消费者未来的消费需求或潜在的消费需求，获取消费者对现有产品与服务的意见与建议。而这些信息的收集，对组织决策来说都是至关重要的，缺一不可。

 管理实训

去与一个你不认识的人谈上五句话，内容是：

_____

_____

第二节 沟 通 渠 道

沟通渠道是指信息流动的线路或途径，信息沟通按照一定的线路或途径在特定人群之间流动。不同沟通渠道几乎同时存在于组织之中，各有利弊，管理者应掌握不同渠道特点从而选择合适的沟通渠道。

🏠 **管理案例**

苏宁电器从2007年开始实施的明星代言人策略，如黄晓明、王珞丹、潘玮柏、孙俪等，不仅使年轻、时尚化的苏宁广告更具有吸引力，在消费者心目中树立了差异化的品牌形象，提升了市场号召力，还使消费群体从传统家庭用户向年轻人群延伸，受众群体实现立体化。苏宁电器品牌策划部闵涓清在接受《广告主》采访时介绍，传统家电产品主要以30岁以上的消费群体为主，随着电脑、手机等3C电子产品销量的日益上升，这些产品的目标消费者——20—25岁的年轻人逐渐成为商家需要重点传播的对象，通过他们熟悉的明星进驻其内心是必要的举措。除了启用新的代言人，苏宁电器还将老口号"买电器，到苏宁"升级为"为幸福做点什么"。老口号更多地传达苏宁能为消费者提供什么和苏宁自身能做到什么；新的口号从为消费者创造更多价值的角度出发去阐释。

一、按照组织系统分类

（一）正式沟通

正式沟通一般指在组织系统内按照系统与层次进行沟通，通过组织明文规定的渠道进行信息的传递和交流，如组织与组织之间的公函来往；上级的命令、指示等按系统逐级向下传送；下级的情况逐级向上报告；组织内部规定的会议、汇报、请示、报告制度等。除此之外，也包括参观访问、技术交流、市场调查、展销广告，以及企业内部局域网上的产、供、销和人、财、物信息发布等。其优点在于沟通效果好，比较严肃，约束力强，易于保密，可以使信息沟通保持权威性。其缺点在于，因为依靠组织系统层层传递，所以比较刻板，沟通速度慢，也存在着信息失真或扭曲的可能。古典管理理论认为在组织系统中，越级报告或命令、不同部门人员间彼此进行沟通，都是不允许的。

（二）非正式沟通

组织进行决策时所利用的部分参考信息来源于非正式信息系统传递，非正式沟通是正式沟通的有益补充。非正式沟通渠道是以非正式组织为信息传递系统，如组织成员私下交换看法、朋友聚会、传播谣言和小道消息等都属于非正式沟通。对于组织系统而言，建立良好人际关系和团体向心力，非正式沟通往往能比正式沟通效果更为明显。

二、按照信息传递的方向分类

（一）下行沟通

传统组织内最主要的沟通类型是信息自上而下的沟通与传递。通常以命令、正式文书方式传达上级的决策、政策、计划、规定、通知等信息，它是上级向下级传递信息的过程。信息涉及目标、计划、纲领、政策、程序和规章制度等内容，以文件、通知、批示及指示等形式出现，这种沟通具有权威性和指令性。常见问题在于如果组织层级较多，传递过程较为迟缓，信息内容容易发生扭曲、遗失。

（二）上行沟通

上行沟通具有民主性和主动性特点,信息自下而上的沟通与传递。上行沟通依赖于良好的组织文化和便利的沟通渠道的建立,通常以意见箱、热线电话、征求意见座谈会及领导"接待日"等形式来鼓励上行沟通,它是下级向上级传递信息的过程。信息涉及提交工作报告,向上级反映情况、问题、要求和建议以及向上级请示,采取正式书面或口头报告、交流等形式。常见问题在于下级基于自身的利益关系,沟通信息容易发生与事实不符或失真的情形。

（三）平行沟通

平行沟通也称横向沟通,具有协商性和双向性特点,信息在组织内同层次、不同部门之间的沟通与传递。平行沟通有助于协调人际关系,加强组织内部的协调与合作、联络感情、增进理解,加强成员或部门之间的协作,增强组织的内聚力。平行沟通在正式沟通中并不多,多采用协调会议形式进行,且效果并不显著。非正式沟通渠道中平行沟通则更能实现信息传递,达到沟通目的。

（四）斜向沟通

斜向沟通具有协商性、主动性,提升信息传递效率的特点,它是信息跨部门、跨层级间沟通与传递。随着现代网络信息交流技术与工具发展,斜向沟通的应用频率显著提升,如电子邮件在斜向沟通中普遍使用等。斜向沟通用于相互之间的情况通报、协商和支持,沟通中伴随着上行沟通或下行沟通。

三、按照信息传递过程中是否使用语言分类

（一）语言沟通

语言沟通包括口头沟通、书面沟通和电子媒介等形式。沟通的形式分类如表11-2所示。

表11-2　沟通的形式

沟通形式	说　　明	优　　点	缺　　点
口头沟通	面谈、电话、会议、讲座、传闻、小道消息等	信息传递速度较快、信息量大、反馈及时	信息传递容易失真,信息难以保存
书面沟通	以正式文书作为信息媒介,传递信息,如报告、文件、通知、工作手册、海报等	信息可持久保存	信息传递不够灵活,译码容易产生偏差
电子媒介	电子邮件、微信、微博、QQ、传真、投影、电视、局域网等	兼具口头沟通和书面沟通优点,信息量大而传递及时,能够产生面对面的效果	对使用者技术背景有一定要求

（二）非语言沟通

非语言沟通是指通过人的动作和行为传递信息,而不是利用语言。主要包括面部表情、声调、姿势、物理距离和沉默。在面对面的沟通中非语言沟通方式使用频率较高,非语言的暗示在传递信息方面比实际上的语言更具解释力,如无意识的肢体语言就能呈现出情绪、态度等。

非语言沟通比语言沟通有更少的规则界定，容易引发情绪感染现象。所谓情绪感染现象就是通过模仿别人面部表情或其他非语言行为，来感知或分享别人感情的自发过程，有利于获得发送者情感和思想，理解并加深获取的信息，使发送者与接收者的联系变得紧密，增加双方的凝聚力。

四、按照沟通过程是否有反馈分类

（一）单向沟通

单向沟通是指信息从发送者到接收者单向传递，是一种没有进行反馈的信息传递方式，没有形成从发送者到接收者的闭合循环。单向沟通适用于发送者不需要了解和掌握接收者对信息的解释、反应与反馈。

（二）双向沟通

当信息传递者传送信息后，再从接收者得到反馈的信息，这时称为双向沟通。双向沟通有利于信息传递的有效性，对管理的组织效率十分有利，但需要投入的精力较多，时间较长，需要组织在基本制度方面建立长效的反馈制度。

五、按照信息传递的路线分类

20世纪50年代，美国管理心理学家巴维拉提出小群体沟通网络的概念。之后，莱维特在此基础上提出了沟通网络的四种形态，即轮盘型、链型、Y型和环型，随后沟通网络模型得到进一步研究与发现，以五人参与的沟通网络有60多种，其中最主要有五种典型形式。

表 11-3　按信息传递的路线分类的沟通形式

沟通形式	模　型	说　明
轮盘型沟通		控制型网络，以一个成员为各种信息的汇集点与传递中心。网络集中化程度高，解决问题的速度快，但沟通渠道少，组织成员的满意程度低，士气低落。在组织接收紧急任务，要求进行严密控制，以及争时间、抢速度的情况下，可以采取这种方式。
链型沟通		纵向沟通网络，五级层次的直线系统。信息可自上而下或自下而上进行逐级传递，但经过层层筛选后，容易失真，各个信息传递者所接收的信息差异较大，平均满意程度有较大差距。如果组织系统过于庞大，需要实行分权管理，链式沟通网络是一种行之有效的方法。
Y型沟通		纵向沟通网络，以一个成员为沟通中介中心，网络集中化程度高，解决问题速度快，但容易导致信息曲解或失真。除中心人员（C）外，组织成员的平均满意程度较低。适用于领导者工作任务繁重，需要有人选择信息，提供决策依据而又要对组织实行有效控制的情况。

（续表）

沟通形式	模　型	说　明
环型沟通	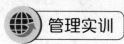	链式封闭结构,表示五人之间可以依次联络和沟通。此网络中组织的集中化程度较低,组织中成员具有比较一致的满意度,组织士气高昂。其中,每个人都可同时与两侧的人沟通信息。如果组织需要创造高昂士气来实现组织目标,环型沟通是一种合适的选择。
网型沟通		开放式网络系统,每个成员都能相互联系,彼此了解。由于沟通渠道多,组织成员士气高昂,合作气氛浓厚。此网络对于解决复杂问题,增强组织合作精神,提高士气均有很大作用。但是网络沟通渠道太多,易造成混乱,而且费时,影响效率。

　　各种沟通网络都各有其优点、缺点和适用条件,作为管理者应根据组织的特点和需要选用适当的形式,并扬长避短,进行有效的沟通,不断提高组织的管理水平。

管理实训

　　你常用什么方式和老师、同学进行沟通?请对你的沟通方式进行评价。

第三节　沟通障碍及改善

　　在管理实际中,沟通障碍是普遍存在的,而且往往困扰着管理者,使他们的管理效率下降。信息沟通的障碍会阻止信息的传递或歪曲信息,这些障碍可能来自信息发送者,也可能来自信息接收者,或者来自环境因素,但无论障碍来自何方,均会破坏整条信息的连续性和有效性。由于沟通是人与人之间的沟通,所以沟通必然会受人的性格、气质、态度、情绪、见解、处世方式、思想观点、文化水平、工作经验、思维能力等各种主观因素的影响。组织结构造成的职位差别是沟通的客观障碍,特别是在等级森严的组织内,往往只能实现下行的单向沟通,而上行的沟通就比较困难。沟通方式的障碍主要表现在沟通方式选择不当所造成的沟通低效和沟通无效。此外,沟通还会遇到语言、信息超载、环境噪声的干扰等障碍。

一、沟通障碍

（一）编码与解码过程中的误差

　　编码者在对信息编码时应该充分考虑信息接收者的经验背景,因为经验背景的不同会使解码还原时出现困难和错误。使用不同的语言会使沟通无法进行,这是人们熟知并会自觉避免的。但事实上,即使是使用相同的语言时,沟通的效果也会有很大的差异,对于这一点,沟通的双方往往不能引起足够的重视。比如对某些内容的概括及术语的使用,发送者如果不考虑接收者的情况,而只是依照自己的知识结构进行编码,当双方的经验背景不相重叠,接收者解码时就会出现错误,无法正确理解信息发送者的真实意思。

 管理故事

> ### 秀 才 买 柴
>
> 有一个秀才去买柴,他对卖柴的人说:"荷薪者过来!"卖柴的人听不懂"荷薪者"(担柴的人)三个字,但是听得懂"过来"两个字,于是把柴担到秀才面前。
>
> 秀才问他:"其价如何?"卖柴的人听不太懂这句话,但是听得懂"价"这个字,于是就告诉秀才价钱。
>
> 秀才接着说:"外实而内虚,烟多而焰少,请损之。"(你的木柴外表是干的,里头却是湿的,燃烧起来,会浓烟多而火焰小,请减些价钱吧)卖柴的人因为听不懂秀才的话,于是担着柴就走了。
>
> 问题:这个故事给了我们什么启示?

(二)滥用专业术语

专业术语的滥用也是构成组织中信息传递不顺畅的一个重要原因。大量受到很好教育的工作人员,他们来自不同的专业背景,在不经意之间使用术语(在国内经常出现英语),结果,由于经历和位置的不同,会导致误读现象出现。

另外,一些人大量使用外语或者晦涩的术语,会给人以故作高深、装模作样的浅薄感。这种给人厌恶感的表现会损害沟通效果。

(三)信息过滤

信息过滤是指用某种方式改变信息方向,或当信息流经沟通系统时不允许其全部通过,包括删除或延迟负面信息,用相对缓和的语言叙述负面事件,或为达到个人目的采取一些方法歪曲信息等。通过信息过滤来向上级呈现良好的自身形象,获得上级对其项目或政策的支持,或诱导上级对其不赞同的项目或政策表示反对。

(四)信息疏漏

信息解码和编码时,往往在传递给下一个个体或群体时容易产生错误,导致信息扭曲,于是产生信息疏漏。如越战期间发生"烧毁村庄"信息疏漏:总部发出"不要烧毁任何村庄"的命令,被扭曲成"命令烧毁村庄"。其信息扭曲传递经过如下:

图11-3 信息扭曲案例图

（五）信息超载

现代社会是信息丰富的世界，人们每日被无穷的信息所包围，需要处理大量的信息，当不能充分快速处理信息时，该信息就会被忽视或误解。在工作信息量超过了个人信息处理能力时，而接收者处理信息能力由于长时间保持处理状态而逐渐下降，于是便会发生信息超载现象。

（六）性别差异

男性和女性在沟通行为方面的微妙差别也会在沟通系统中引入信息噪声，并导致误解和争论。研究显示，男性通常认为谈话是一场地位和权力的谈判，往往不受感情影响并进行有效的信息交流，习惯用攻击性语言来维护，会更多打断对方，也较少修正谈话风格。而女性则通过"亲切谈话"使相互间的关系紧密，一般使用非直接的请求语言，不直接表明自己的立场，通常也比男性会有更多道歉，也容易接受他人建议。

（七）部门障碍

部门的设置是组织内部分工的结果，不同部门承担特定的职能或任务。通常部门和部门之间缺乏交流，只关注自己职能任务，对组织目标缺乏整体认识，也就形成了部门障碍。组织中要打破部门障碍，需要加强沟通，建立以组织的整体目标为核心，运转灵活、高效协作的组织体系。

二、沟通障碍的改善方法

沟通是可以改进的，噪声是可以减少的。改进沟通，限制信息噪声，需要沟通双方将媒介与信息相匹配，逐步减少信息超载，更好地让信息传达。因此，在改善技巧方面，接收信息时需要积极倾听，主动利用不同的信息渠道来收集并传播信息，加强与员工直接沟通，并且要改进沟通工具。

（一）媒介与信息匹配

媒介对沟通双方而言是熟悉的、精简的、常规的、清晰的，且运行良好的，沟通双方共享媒介，共享思维模式，实现信息传送无障碍，实现对信息相同的解释与预测。清晰的信息需要匹配的媒介，模糊而非常规的信息会增加信息噪声，削减噪声需要更加丰富的媒介。信息发送者和接收者，通过丰富的媒介获取更多的即时反馈信息，从而共享其从观察和经验得来的复杂解释。

（二）减少信息超载

媒介种类的多样性、丰富性会带来密集的、大量的信息，加剧信息超载。媒介与信息的有效匹配有助于减少信息超载的现象，提升信息传递的效率与效果。减少信息超载通常采用中转、忽略、摘读等形式，即将大量信息处理通过中转他人或群体处理，忽略"垃圾"信息，对普通信息内容进行摘读，以快速获取简要信息。

（三）强调信息传达

接收者面对众多信息时，会呈现出移情体验。所谓移情体验是指个体理解并感知来自他人的感情、想法和境况的能力。发送者进行信息编码时，要将自己置身于接收者的情境下，具有对接收者的移情能力，反复发送信息，选择适当的时间进行会谈，并且要重描述轻评价。只有当信息被接收并准确理解时，有效沟通才会产生。在强调信息传达时，要注意多次重复信息关键点、选择适当的时间传递信息、负面信息描述性传递。

1. 多次重复信息关键点

重复强调重点十分必要，"告诉他们你想告诉他们的东西；再一次告诉他们；然后再告诉他们你告诉过他们什么！"强调并明晰了关键信息，一直重复直到被接收者充分理解。

2. 选择适当的时间传递信息

接收者接收信息在不同时点的意愿会不相同，不同时点发送的信息与其他信息和噪声冲突程度不同，因此选择合适的时间，减少接收者注意力分散程度是十分重要的。

3. 负面信息描述性传递

当信息伤害到他人自尊时，接收者通常会拒绝接收该信息，发送者应避免直接指出问题所在，采用描述性的语言来传递负面信息，关注问题本身，而不是评论个人，尤其不要使员工感觉受到人身攻击。

（四）积极倾听

俗语说："上天赐予人类两只耳朵和一张嘴，就是告诉我们要多听少说。"倾听的三要素是感知、评估和回应，即沟通过程中主动感知发送者的信息，准确评估这些信息，并做出适当的回应。积极倾听者要接收来自发送者的信息，对其进行解码，向发送者提供适当、及时的反馈信息，并持续重复感知、评估、回应的行为循环。然而许多人属于消极倾听者，在对方发出信息前就先定下结论，频繁地打断对方，不关注信息真正表达的内容。开发有效的积极倾听技能需要关注以下方面（见表11-4）。

表11-4 倾听技能

倾听技能	说　　明
目光接触	目光接触可以集中精力，减少分心可能，并能鼓励发送者。缺少目光接触，大多数人将其解释为冷漠和不感兴趣。
赞许性地点头	对听到信息表现兴趣，赞许性地点头、恰当的面部表情，表明认真聆听。
避免分心动作	避免思想走神、厌烦或不感兴趣的举动，如看表、心不在焉地翻阅文件、拿着笔乱写乱画等，也表明接收者并未集中精力，可能会遗漏发送者本想传递的信息。
提问	提问以确保理解的清晰度，避免理解上出现偏差，也表现出聆听状态。
释意	释意是指用自己的话重述说话者所说的内容。释意的原因在于：核查是否认真倾听，如果思想走神，则不能全面复述出完整的内容；检验理解的准确性。
避免中间打断	在发送者表达时不要去猜测他的想法，也不要在发送者未讲完时便开始评价与反应。
不要多说	大多数人乐于畅谈自己的想法而不是聆听他人所说，然而好的倾听者会更多关注发送者所要表达的信息，而不是自己想讲的话。
角色转换	有效的倾听者能够使"说者"到"听者"、"听者"再回到"说者"的角色转换十分流畅。

（五）积极利用非正式沟通

非正式沟通信息往往会在组织成员私下传播，并且传播速度迅速，其主要功能是传播员工所关心的和与他们有关的信息，它取决于员工个人兴趣、利益，往往与正式组织的要求无关。非正式沟通不必受到规定程序或渠道的种种限制，沟通途径非常繁多且无定式，常常被称为"葡萄藤"，用以形容它枝繁叶茂，随处延伸。与其禁止传言媒介，倒不如利用它作为获得信息的来源，如利用私人网络平台获得传言媒介，掌握当前发生的真实情况，关注成员真实反应，检查正式沟通渠道是否有严重疏漏等。也可以利用传言媒介来检验新想法、试行新政策等，以观察接收者的想法与反应。与正式沟通相比，非正式沟通信息传递速度快；信息量大、覆盖面广；沟通效率较高；可以满足员工的部分需要；但有一定的片面性。

（六）工作空间设计

组织成员工作的物理空间大小也会影响沟通的能力和动机，如对走廊、办公室和公用区域的安排和设计都会影响到沟通双方是谁，交流以及沟通的频率如何等。通常人们之间的障碍越少，交流就越多，但缺乏私人空间的开放型办公室会增加员工压力。工作空间最重要的作用是提供能够专心工作的环境，设计工作空间应该在个人隐私与社会交际之间取得平衡。

 管理实训

与过分自信的人、自卑的人、有果断力的人、自夸的人，该如何交换意见？

第四节 沟 通 艺 术

管理以人为中心，以人为对象，但它不是简单的管理者管理被管理者的活动，而是管理者与被管理者相互作用的过程。在这个过程中，自始至终都伴随着相互沟通的活动，因此掌握沟通的艺术是十分重要的。掌握沟通的艺术，有利于管理者与被管理者相互理解，取得下级的支持，做到上下一致，共同努力去完成组织任务。掌握沟通艺术，有利于管理者增强自己的权威。

一、掌握语言表达艺术

掌握语言表达艺术的前提是要通过学习和训练，提高自己运用文字和语言表达的能力，使自己运用语言的水平达到一个较高的水准，这样使用起来，才能熟练自如，得心应手。沟通中语言的运用首先要与沟通的内容相一致。如科学性强、严肃性强的沟通内容，应少用形容词，少用比喻、夸张等修辞手法；鼓动性的宣传、演讲、倡议、大会报告，需要选择有感染力的字句；在同事之间交流谈心时，则要注意语言的真挚动人，以表达诚恳真诚的心愿。

沟通中语言的运用要与对象相一致。不同的沟通对象，其理解能力不一样，要求也就不同。要注意语言文字规范。在沟通中，为了使人容易记住，应尽量使用短句。要学会用肢体语言表达，强化沟通效果。在交谈中，两个人坐得很近，表明彼此之间没有距离感，就容易推心置

腹地沟通。什么样场合使用什么样的肢体语言，既受沟通内容、沟通对象的约束，同时也受风俗文化的约束。

二、掌握聆听艺术

信息发送者发出信息之后，信息接收者对传递的信息主要通过两条途径来接收：一是眼读，二是耳听。在更多的场合，信息接收者是通过耳听来接收信息的。因此，掌握聆听艺术，一是要学会有效的聆听方式，二是要克服不良的聆听习惯。

（一）聆听方式的分类

从信息接收者的态度来看，聆听方式可分为三种：

1. 漫不经心式

这种方式最容易伤害信息发送者的自尊心，阻碍信息的正常发送，沟通效果最差。一般来说，在沟通中应注意防止这种聆听方式的出现。

2. 争论式

即信息接收者一边听，一边反馈信息，同信息发送者进行争论。这种方式的沟通效果好坏取决于参与沟通的双方的身份、地位和沟通内容。一般来说，在下行沟通和上行沟通中，争论式聆听的沟通效果不会好。如果沟通的双方是同级人员，并且关系比较密切的话，争论式的沟通就可以取得比较好的效果。

3. 全神贯注式

如聆听中时不时记笔记，点头表示赞同，一般来说，这种方式沟通效果较好。

（二）克服不良聆听习惯

不良的聆听习惯既会影响信息接收者对重要信息的注意，也会影响信息发送者发送信息，在沟通中要加以防止和克服。这些不良的聆听习惯主要有如下几种表现：

1. 对谈话的主题无兴趣，不能安下心来听对方讲话，表现出漠不关心的态度；

2. 被对方说话的姿势所吸引，忽略了说话的内容；

3. 听不到合意的内容便激动，影响了对其余信息的接收和理解；

4. 只重视事实而忽视原则或推论；

5. 过分重视条理，对于条理较差的谈话内容不愿多加思索；

6. 假装注意，实际上心不在焉；

7. 注意力不集中，分心于他事；

8. 对较难懂的内容不提问，不反馈，不求甚解；

9. 被对方的感情语言所分心，抓不住实质性的内容；

10. 不爱动笔，内容太多时，听了后面忘了前面。

克服不良聆听习惯，有助于提高沟通效果，这需要管理者从时时处处做起，养成一个良好的聆听习惯。

三、掌握反馈艺术

充分运用反馈是指在情况允许的条件下更多地运用双向沟通，可以较好地避免沟通障碍。反馈是指输出信息的返回信息流动，许多管理问题是直接由于误解或理解不准确而造成的，如果在沟通中信息发出者能充分运用反馈,则会减少这些问题的发生。反馈有语言反馈与非语言反馈两种。对于管理者来说,可以通过提问及鼓励接收者复核或评论等方式来获得反馈信息,也可以通过仔细观察对方的神态或行动来获得反馈信息。

四、掌握说服艺术

管理者需要通过别人来进行工作,而要让组织成员有效地按照管理者的想法与要求去工作,就需要管理者进行有效的说服。说服本身也是取得认同、沟通情感的重要手段,说服技能包括明确说服的意义与说服技巧两方面。每个人的思想感情不同,其接受能力也各不相同,如果管理者不了解自己员工的这些差别,就会影响说服的效果。要说服必须要先了解,要有耐心。而且要创造说服的条件,能够有针对性地进行说服。

 管理案例

奇妙的"下午茶"

下午茶是英国对世界文明的贡献之一。维多利亚时代的英国社会缩影:总有几位举止优雅的女士,一边拿着银制小勺在精致的瓷杯中轻轻搅动,一边与同伴们窃窃私语。下午茶是她们最私人、最随意的交际时间。这种方式在一些外资企业得到推行,下午茶时间一到,员工们围坐在一起,一边吃点心一边热烈地聊天。短短数十分钟的下午茶时间,依然让神经紧绷了六七个小时的员工们得以稍稍放松一下。员工对此自然是喜爱有加,而从企业的角度来说,此举也成就了两方面的益处。

其一,体现企业对员工的关怀。曾经有一则招聘广告,上面白纸黑字地在福利待遇一栏里列举了下午茶一项。

其二,自然而然地构建起非正式沟通的渠道。眼下,越来越多的公司开始强调沟通。公司做了各种培训,制定了各种方法条例,但鼓励来鼓励去,却都不如"下午茶"来得便宜,来得让员工都乐于"执行"。员工边吃边聊的时候,往往能相互启发,聊出一些独具创意的好想法。

 管理实训

如果你希望别人喜欢你,理解你,那么你平时应该如何与人交往?

第五节 组织冲突与有效谈判

由于组织之间以及组织成员之间存在本质区别,沟通并非尽善尽美,组织摩擦和人员摩擦往往不可避免地发生,从而引起额外的组织管理成本。摩擦越大,组织管理成本越高。

一、组织冲突与管理

冲突是指由于某种差异而引起的抵触、争执或争斗的对立状态。这种差异可能源于组织之间、组织成员间在未来目标、利益、价值观、观点、掌握的信息以及对事件的理解等不同。冲突管理实际上包括两个方面：一是管理者要设法消除冲突产生的负面效应。二是要求管理者激发冲突，利用和扩大冲突对组织产生的正面效应，因为有些冲突支持组织的目标，属于建设性的、功能正常的冲突。因而，冲突管理实际上是一种艺术，优秀的管理者一般按下列方式管理冲突：

（一）谨慎地选择需要处理的冲突

管理者可能面临许多冲突，有些冲突非常琐碎，不值得花很多时间去处理；有些冲突虽然很重要，但不是自己力所能及的，不宜插手；有些冲突难度很大，要花很多时间和精力，未必有好的回报，不要轻易介入。管理者应当选择那些员工关心，影响面大，对推进工作、打开局面、增强凝聚力、建设组织文化有意义、有价值的事件，亲自抓，一抓到底。

（二）仔细研究冲突双方的代表人物

哪些人卷入冲突？冲突双方的观点是什么？差异在哪里？双方真正感兴趣的是什么？代表人物的人格特点、价值观、经历和资源因素如何？对冲突双方深入了解，才能在处理和解决冲突时占据有利形势，做好充足的准备。

（三）深入了解冲突的根源

掌握冲突的根源，才能根治冲突问题。因此，不仅要了解公开的表层的冲突原因，还要深入了解深层的原因。冲突可能是多种原因交叉作用的结果，如果是这样，还要进一步分析各种原因作用的强度。

（四）妥善地选择处理办法

通常的处理办法有五种：回避、迁就、强制、妥协、合作。当冲突无关紧要，或当冲突双方情绪极为激动、需要时间恢复平静时，可采用回避策略；当维持和谐关系十分重要时，可采用迁就策略；当必须对重大事件或紧急事件进行迅速处理时，可采用强制策略，用行政命令方式牺牲某一方利益后，再慢慢做安抚工作；当冲突双方势均力敌、争执不下，需要采取权宜之计时，只好双方都作出一些让步，实现妥协；当事件十分重大，双方不可能妥协，就经过开诚布公的谈判，采用对双方均有利的、合作或双赢的解决方式。

二、有效谈判

谈判是一种特殊的沟通，是一个拥有各自利益和偏好的双方交换意见、达成一致的过程。谈判的目的是通过沟通期望双方达成互惠的一致意见，谈判和沟通有着不可分割的联系。谈判是通常双方或多方进行沟通，其目的是为实现目标而达成具体协议，这种目标可能是战略或策略合作，可能是争取地位或待遇，可能是争取优惠政策，可能是弥合相互分歧等。

（一）谈判的基本方法

谈判有两种基本方法，即零和谈判和双赢谈判。

1. 零和谈判

零和谈判就是有输有赢的谈判，通常一方所得就是另一方所失。零和谈判能够成功，在于双方目标都有弹性并有重叠区存在,重叠区就是双方和解达成协议的基础。

2. 双赢谈判

双赢谈判的结果是你赢了,但我也没有输。把谈判当作一个合作的过程,谈判的双方通常在利益与需求上存在一定的矛盾,需要通过谈判来化解矛盾,并尝试和对手像伙伴一样,共同去找到满足双方需要的方案,使冲突更少、费用更合理、风险更小。通过谈判,不仅化解矛盾,同时找到最好的方法去满足双方的需要,解决权利、责任和义务的分配。双赢谈判通过开诚布公的谈判,找到可能双赢的方案,从而建立起牢固的长期的合作关系。

知识拓展

"林中散步"谈判法是由哈佛大学公共卫生学院伦纳德·马库斯(Leonard Marcus)博士和巴里·多恩(Barry Dorn)博士创办的,用于不同环境下搭建富有成效的谈判框架。"林中散步"得名于美苏核武器条约谈判期间的一次互动。

双方在谈判桌上紧张对弈,会议间歇期,双方代表团的团长偶然碰到了一起,于是两人在会议中心旁边的树林里散了一会儿步。他们边走边谈,发现其实双方有很多共同点:他们都注意自己国家的名誉,都想把一个更美好的世界留给子孙后代,并且都不希望看到核战争爆发。他们开始将对方看成有血有肉的人,而不仅仅是各自国家的代表。这次散步扭转了整个会谈的走向,谈判取得了很大进展(尽管双方政府并未批准这次会谈达成的协议)。"林中散步"实质上是一种基于利益的谈判方法。

(二)有效谈判原则

1. 理性分析谈判事件

保持理性状态,抛弃历史和感情上的纠葛,理性地判别信息、依据的真伪,分析事件的是非曲直,分析双方未来的得失。

2. 理解谈判对手

对谈判对手信息有充分了解和掌握,清楚对方的制约因素、真实意图、关注点、兴奋点和抑制点,预测谈判战略,制定谈判方案与策略。

3. 抱着诚意谈判

谈判态度不卑不亢,条件合情合理,提法易于接受,尽可能寻找双赢的方案,必要时可主动让步。

4. 坚定性与灵活性结合

坚持目标的基本要求,不必在意双方初始试探性意见。当谈判陷入僵局时,应采取暂停、冷处理后再谈,或争取第三方调停,尽可能避免谈判破裂。

5. 关注双方的利益

谈判要关注双方的利益,而不是双方立场。利益是关注点和需要,而立场则是对待这些利益的态度。

6. 关注问题或争论点

谈判要关注问题或争论点,而不是涉及人员,"严于事,宽于人"。谈判者应该将精力集中于意见分歧的实质是什么,而不是谁不同意或他们是怎样的人。

7. 建立协作的气氛

谈判中有帮助的原则就是建立协作的气氛,一种"多赢"的局面,缓和双方的在竞争中"你输我赢"的局面。鼓励谈判双方达成创造性的解决方案,增加双方共享和分配的资源总量。

8. 独立第三方干预

如果发觉谈判非常复杂,各方似乎都已将情绪因素引入结果之中,应要求独立第三方的干预。第三方充当裁判角色处理谈判,决定可能的最好方案。

 管理实训

假如你希望在班级推行一项活动,但大多数同学持反对意见,你该如何去说服他们?

 **本章小结**

沟通是信息在个体间交换并被理解的过程,即借助一定的手段把可理解的信息、思想和情感在两个或两个以上的个体或群体中传递或交换的过程。

沟通分为多种类型,管理者需要选择恰当的沟通方式进行沟通。在沟通中需要对沟通障碍进行充分的认识,减少或避免沟通中的噪声,遵循沟通原则,改善与提升沟通技巧。同时,管理者要处理好组织间、组织成员间的冲突,对冲突进行合理利用、处理与解决。

 思考与探究

1. 有效沟通中一个很重要的技巧就是学会倾听,谈谈你自己是不是一个好听众? 你在某些方面是否存在不足? 如果有的话,你该如何提高你的倾听技巧?

2. 仔细观察身边的同学与朋友,思考你与他们之间可能会存在哪些沟通障碍?

3. 请人吃饭,你会使用哪一种或哪几种方式(电子邮件、电话、面请)? 为什么?

4. 什么是非正式沟通? 以你所处的班级为例,说明是否存在非正式沟通形式?

5. 结合实际谈谈如何跨越沟通障碍?

6. "冲突就是对立,对企业没有好处。"这句话对吗? 为什么?

案例分析

案例分析一

网络笑话两则:

1. 老爷子给儿子买房子,去购房现场办理分期付款手续登记。银行业务员问道:"先生,您是季付,还是月付?" 老爷子一听火了,说:"我既不是继父,也不是岳父,我是……父亲!" 于是,业务员就在申请表格上打钩了——一次性付清。

2. 大妈上了空调车投了一块钱。司机说："两块。"大妈回答："是的,凉快。"司机说："空调车两块！"大妈说："空调车是凉快。"司机说："投两块！"大妈笑着说："不光是头凉快,浑身都凉快。"说完往后头走。司机说："我告诉你钱投两块。"大妈说："我觉得后头人少更凉快！"司机"晕倒",一车人笑倒了！

讨论分析

在日常生活工作中,怎样做到良好沟通? 在遇到分歧时有什么更好的方法进行沟通从而避免冲突的发生?

案例分析二

某饭店管理层希望了解客人对餐饮的真实评价,于是制定《餐饮菜肴及服务质量征询制度》,要求每位员工在客人用餐后,让客人填写意见表。同时让厅面经理在客人结账时,当面征询客人对餐饮的评价意见。员工对这项政策的实施表现得并不积极,而厅面经理征询客人意见时,得到的信息大多是"还不错"、"还行"、"挺好的"等,并没有收集到饭店所需要的有效信息。

讨论分析

有什么更好的方法去获取客人对餐饮质量的评价信息?

第十二章 ▶▶▶
控　　制

∽∽∽∽∽∽∽∽∽∽∽∽∽∽∽∽∽∽∽∽∽ **章前导语** ∽∽∽∽∽∽∽∽∽∽∽∽∽∽∽∽∽∽∽∽∽

　　"控制"一词最初来源于希腊语"掌舵术",意思是领航者通过发号施令将偏离航线的船只拉回到正常的轨道上。现代组织规模庞大,人员众多,工作复杂,要使组织的各项活动达到协调一致,管理者就必须依赖于控制手段监督管理的全过程。比如在高速公路上行驶的汽车,既要有动力系统,又要有控制系统。控制系统缺乏或控制不力都不可能到达目的地。计划"确定了轮船的航线",而控制则"保证轮船在正确的航线上运行"。控制具有很强的目的性,是为了保证组织的各项活动按计划进行。

∽∽∽∽∽∽∽∽∽∽∽∽∽∽∽∽∽∽∽∽∽ **本章导学** ∽∽∽∽∽∽∽∽∽∽∽∽∽∽∽∽∽∽∽∽∽

学习目标

理解控制的含义;

了解控制的作用、对象、基本过程和分类;

熟悉和掌握常用的控制技术与方法。

关键术语

控制　控制标准　前馈控制　同期控制　反馈控制　预算控制　内部审计　外部审计　管理审计　视察　报告分析控制　经营控制　质量控制　人员行为控制

第一节 控制概述

一、控制的内涵

（一）控制的含义

控制就是按照计划和目标的要求来监控、衡量各项工作,并且发现和纠正各种偏差,以确保计划和目标实现的活动过程。控制是管理的基本职能。

控制的含义包括以下三点:一是控制有很强的目的性,即控制是为了保证组织中的各项活动按计划进行。二是控制是通过"监督"和"纠偏"来实现的。三是控制是一个过程,贯穿于管理的始终。

（二）控制的必要性

控制的必要性在于环境的变化、管理权力的分散、组织成员素质能力的差异三个方面。

1. 环境的变化

现代组织是一个开放性系统。组织所面对的外部环境和内部环境是不断变化的,这种变化会影响计划的执行,甚至使其无法执行。要加强对计划实施过程的控制,随时注意环境变化带来的影响,根据变化对实施方案进行调整,有时甚至需要将整个决定和计划推倒重来。

2. 管理权力的分散

随着组织规模的扩大,分权将成为必要。但由于分权后会出现职责错位的情况,许多管理者不愿向员工授权。若形成一种有效的控制系统,则会使分权的效率提高,组织的分权程度越高,控制就越有必要。

3. 组织成员素质能力的差异

组织计划的实现要求每个部门的工作严格按计划的要求协调进行。然而,由于组织成员在不同的时空进行工作,他们的认识能力不同,对计划要求的理解也会发生差异。即使每个员工都能完全正确地理解计划要求,由于工作能力上的差异,实际工作结果也可能在质和量上与计划要求不符。个别环节产生偏离计划的现象会对整个组织目标的实现造成破坏性的影响。因此,加强对这些环节的控制显得非常必要。

（三）控制的作用

控制的作用主要表现在:

1. 保证组织目标或计划的实现

控制职能是管理循环中重要的一环。控制能及时发现计划执行的各个环节存在的问题,并提出解决问题的措施,使计划得以实现。

2. 使组织活动适应环境变化

这一过程包括对决策方案与计划实施过程和结果的检查,分析由环境因素所造成的偏差与影响,并及时反馈给决策者,决策者依据环境变化对决策方案与计划作出调整。

3. 限制偏差的累积

组织活动中与组织决策目标或计划产生偏离是不可避免的。我们要对这种偏离保持高度的警惕,特别是要对那种易于忽视而产生"累积效应"的偏差更应严加防范。

 知识拓展

蝴蝶效应

美国气象学家洛伦兹认为：一只亚马孙流域热带雨林中的蝴蝶，偶尔地扇动几下翅膀，这股细小的气流运动也许在两周后引起美国得克萨斯州一场强烈的龙卷风，最后很可能在南太平洋掀起一场强烈的飓风。原因在于，蝴蝶翅膀的运动，导致其身边空气系统发生变化，并引起微弱气流的产生，又会引起四周空气或其他系统产生相应的变化，由此引起连锁反应，最终导致天气系统的极大变化。自此，"蝴蝶效应"的说法不胫而走。

控制的重要作用之一是限制偏差的累积。小的差错和失误并不会立即给组织带来严重的损害，然而时间一长，小的差错就会得以累积放大，并最终变得极为严重。

4. 组织分权的保证

在分权的过程中建立起必要的控制系统，能保证组织在调动各级管理者积极性、主动性的同时，又能够控制监督下属的工作，及时获得下属工作进程的有效信息，发现问题并及时纠正。

5. 提高组织整体的管理水平

控制能帮助组织不断发现显性问题，使工作技能和操作熟练程度进一步提高；帮助组织发现隐性问题，使组织的工作水平和业绩迈上一个新台阶，进而引发组织的创新。

6. 提高组织运作效率和效果

没有控制，就没有各种消耗水平的下降，就没有资源配置的调整、优化，就没有工作积极性、主动性和创造性的发挥。控制使工作更有成效、资金周转加快和成本降低等愿望变为现实。

（四）控制的对象

1. 控制的基本对象

控制的基本对象可分为以下几类：

（1）物。物是组织系统所需要的各种原材料、辅助材料及各种设施的泛称，是产品实体的重要组成部分或实现产品的过程中所必不可缺的物料消耗品及设施、工具等。

（2）财。财泛指资金，资金是组织的血液。组织运作的过程可以说就是资金运动的过程。组织的运转从资金开始，然后资金物化为组织运转所必需的各种资源，最后通过成果的实现又转化为资金。在组织运作的任一阶段，不管是资金还是物化了的各种资产若存在问题，将导致组织运作的失败或低效率。

（3）人。这里指的是人力资源。组织中每一项工作都与人有关，没有人、人力不足或人的素质达不到要求，组织目标就无法实现或实现得低效率、低效益。

（4）时间。时间是公平的，对世间万物都一视同仁。只有将时间与具体对象相联系时，时间才具有价值。如人的工作时间、物的使用时间或资金的占用时间。对占用原材料的时间、生产时间、资金占用时间等希望愈短愈好；而对人的工作时间、设备的可利用时间则希望愈长愈好。时间融于具体对象之中，在控制中它是隐性存在的。

（5）信息。信息是组织重要的资源。信息必须是有效的才具有价值。外部的信息能帮助组织进行正确的决策，内部的信息有助于发现问题的存在。与时间一样，信息只有与某一具体对象相联系时才具有意义。如原材料供应和使用的信息、人力资源方面的信息及市场需求信息等。在控制中，信息是基础，是实施控制的依据。

2. 控制的具体对象

针对在各个运作系统中的资源组合状态的控制，控制的具体对象可分为：

（1）财务控制。财务控制致力于资金的积累，着重于控制经营的收益性、资产的结构性和财务的抗风险性等指标。它关注资金的获取、配置和使用状况，以确保组织的生存和发展。

（2）作业（经营）控制。作业就是指从劳动力、原材料等资源到最终产品的转换过程。作业控制就是通过对作业过程的控制来评价提高作业的效率和效果，从而提高组织提供的产品和服务的质量。作业控制一般又分为生产控制、质量控制、库存控制等。

（3）产品（服务）质量控制。质量是一个组织工作水平的综合反映，是组织的生命线，只有提供高质量的产品或服务，组织才能得到消费者的认可，才能生存。影响质量的因素很多，质量控制要有全面的观点，实行全面质量管理，进行全员、全过程控制和管理。

（4）人力资源控制。人力资源控制专注于组织的人力资源队伍对组织各项工作的支持与参与，着重于保持人力资源队伍的活力与创造力的监督与控制。

（5）安全控制。安全控制是指对组织活动过程中的人身和财产保障的控制，包括人身安全控制、财产安全控制、资料安全控制、生产安全控制等内容。通过加强安全控制有利于组织成员人心的稳定，有利于组织活动的正常开展。

（6）绩效控制。管理者的主要职责就是达成组织目标，而组织绩效充分反映了目标的达成程度。要维持或改进一个组织的绩效，管理者应该关心绩效控制。常用的组织绩效控制标准有生产率、产量、销售额、利润、员工士气、出勤率等。有效实施对组织绩效的控制，关键在于科学的评价和衡量组织绩效。

（五）控制的基本要求

1. 控制要有重点

控制的过程就是发现和纠正偏差。不是所有出现偏差的事项都对组织或活动的目标有影响或是影响的程度都相同，这其中总存在着一些关键事项，当这些事项出现偏差或是偏差超过了一定的限度就会影响组织或活动目标的实现。所以，我们应抓住过程中的重点环节进行控制，而不是"眉毛胡子一把抓"。

 知识拓展

什么是 ABC 分类法?

ABC 分类法由意大利经济学家帕累托首先提出，又称帕累托分析法。1879 年，帕累托在研究个人收入的分布状态时，发现少数人的收入占全部人收入的大部分，而多数人的收入却只占一小部分。后来帕累托分析法被不断应用于管理的各个方面。1963 年，德鲁克将这一方法推广到全部社会现象，使 ABC 分类法成为企业提高效益的普遍应用的管理方法。

该分析方法的核心思想是在决定一个事物的众多因素中分清主次，识别出少数的但对事物起决定作用的关键因素和多数的但对事物影响较少的次要因素，从而有区别地确定管理方式的一种分析方法。由于它把被分析的对象分成 A、B、C 三类，所以又称为 ABC 分类法。

ABC 分类法在库存管理中的应用要点是：把企业的物资按其金额大小划分为 A、B、C 三类，然后根据重要性分别对待。A 类物资是指品种少、实物量少而价值高的物资，其成本金额约

占70%,而实物量不超过10%。C类物资是指品种多、实物量多而价值低的物资,其成本金额约占10%,而实物量不低于70%。B类物资介于A类、C类物资之间,其成本金额约占20%,而实物量不超过20%。通常情况下仅对A类物资进行最优批量控制或重点控制。

ABC分类法在企业营销管理中的应用要点是:企业在对某一产品的顾客进行分析和管理时,可以根据用户的购买数量将用户分成A、B、C三类用户。由于A类用户数量较少,购买量却占公司产品销售量的80%,企业一般会为A类用户建立专门的档案,指派专门的销售人员负责对A类用户的销售业务,提供销售折扣,定期派人走访用户,采用直接销售的渠道方式。而对数量众多,但购买量很小,分布分散的C类用户则可以采取利用中间商,间接销售的渠道方式。ABC分类法的另一种表述方式就是"80∶20原则",即"企业80%的利润来自20%的顾客"。

ABC分类法在产品质量管理中的应用要点是:先计算出每个产品质量问题在问题总体中所占的比重,然后按照一定的标准把产品质量问题分成A、B、C三类,找出对企业产品质量影响较大的一至两个关键性问题,并把它们纳入企业产品质量的PDCA(即计划、执行、检查、调整)循环中去,从而实现有效的产品质量管理。它既保证解决重点质量问题,又照顾一般质量问题。

2. 控制要及时准确

在控制过程中要迅速及时地发现问题并及时采取纠正措施,准确地有针对性地解决问题。它体现为两方面的要求:一方面要求及时准确地提供所需要的信息和措施,避免时过境迁,使控制失去应有的效果;另一方面要估计可能发生的变化,使采取的措施与已变化了的情况相适应,即纠正措施的安排应有一定的预见性,使得采取的措施能在较长的时期内保持有效。

3. 控制要有灵活性

控制要有灵活性就是指在控制过程中要尽可能制定多种应付变化的方案和留有一定的弹性,并采用多种控制手段来达到控制的目的,以便于灵活地适应各种变化。

4. 控制要经济可行

控制时必须做到经济上合理,技术上可行。在进行控制时必须做到经济上合理:一是要求实行有选择的控制,正确选择控制点,太多会不经济,太少会失去控制;二是要求努力降低控制的耗费而提高控制效果。控制的最后落实应该是纠正措施的实施并发挥出应有的效果,这些措施必须具有可操作性,是可以投入实际运作的。

5. 控制要反映计划的要求

控制的目的是为了实现计划,计划是控制所采用的衡量标准的原始依据,计划是控制的前提。没有计划,就无所谓控制,计划是控制的总标准。计划具有多样性,控制标准和手段也应该多样化。

二、控制的基本过程

不管控制的对象如何变化,控制的过程是不变的,即确定控制标准、衡量工作成效、发现分析偏差以及采取纠正措施。

(一)确定控制标准

要控制,就要有标准,标准是衡量实际工作或预期工作成果的尺度。因此,控制工作的第一个步骤就是确定控制标准。计划和目标是控制的总的标准,为了对各项业务活动实施控制,还必须以计划和目标为依据设置更加具体的标准作为控制的直接依据,这样就更有利于控制工作的进行。

📖 **管理故事**

美国麦当劳快餐店的管理员控制标准包括:一、95%以上的顾客进门后3分钟内,服务员必须迅速上前去接待;二、事先准备好的汉堡包必须在5分钟内热好送给顾客;三、服务员必须在顾客离开后5分钟内把餐桌打扫干净。

1. 控制标准的分类

控制标准可分为定量标准和定性标准两大类。

（1）定量标准。指能够以一定形式的计量单位直接计算的标准,也就是将设定的标准数值化。在一定程度上,量化的标准便于进行度量和比较,所以,在可能的情况下,应当尽可能使用定量标准即数值化的标准。例如,工程进度、费用开支、产量、销售量、销售利润、收益状况、质量等都可以数值化。

（2）定性标准。指难以用计量单位、用数值直接计算和衡量而采用实物或定性描述的标准。例如,一些物品如服装、酒类、大米等的外观质量,难以用数值表示,所以多采用实物标准,评定时采用样品比较和实物观察;再如有关服务质量、组织形象、组织成员的工作表现（如士气、人际关系）等,也难以用数值化的指标来衡量,这时,通常由有经验的人来通过观察和评估来作出判断。

2. 确定控制标准应注意的问题

（1）标准的制定要依据总的计划和目标,不能"另起炉灶",不能与总计划和目标相违背。

（2）标准尽可能量化,减少感情色彩和印象成分,但不能一味追求量化。

（3）标准要事先公布于众,而且要让相关人员清楚地知道标准的具体内涵,做到公开、明确,以避免将来出现"不知道、不清楚、不执行"的事情发生。

（4）标准要合理而且是能达到的,如果标准太高或太低,就起不到激励作用。

3. 确定控制标准的方法

一般来说,企业建立标准的方法有四种:

（1）统计法。统计性标准,也叫历史性标准,是在分析反映企业经营在历史上各个时期状况数据的基础上为未来活动建立的标准。这些数据可能来自本企业的历史统计,也可能来自其他企业的经验。

（2）估算法。对于新从事的工作,或对于统计资料缺乏的工作,可以根据管理人员的经验、判断和评估为之建立标准。利用这种方法建立工作标准时,要注意利用各方面管理人员的知识和经验,作出综合判断,给出一个相对合理的标准。

（3）工程法。工程标准是通过对工作情况进行客观的定量分析来进行的。这种测量又称为时间研究和动作研究,它是由泰勒首创的。经过几十年乃至上百年的实践和完善,形成今天所谓的"标准时间数据系统"（SDS）。这种方法适用于组织环境变化剧烈的时期,有时需要与经验估计法结合使用。

（4）技术法。它是根据产品设计和工艺的需求,按照构成定额的组成部分和影响定额的各种因素,在充分考虑先进技术和先进经验的基础上,通过科学分析和技术计算制定出来的标准。利用这种方法制定的标准比较准确,但工作量大。一般是在产品定型、技术资料较全的情况下采用。

 **知识拓展**

通用电气公司(美国)的控制标准

通用电气公司在分析影响和反映企业经营绩效众多因素的基础上,选择了对企业经营成败起决定作用的八个方面,并为它们建立了相应的控制标准。这八个方面是:

一、获利能力。通过提供某种商品或服务取得一定的利润,这是任何企业取得效益的直接动因之一,也是衡量企业经营成败的综合标志,通常可用与销售额或资金占用量相比较的利润率来表示。它们反映了企业对某段时期内投资应获利润的要求。

二、市场地位。其实质是对企业产品在市场上占有份额的要求。这是反映企业相对于其他企业经营实力和竞争能力的一个重要标志。

三、生产率。生产率标准可用来衡量企业各种资源的利用效果,通常用单位资源所能生产或提供的产品数量来表示。其中,最重要的是劳动生产率标准。

四、产品领导地位。产品领导地位通常指产品的技术先进水平和功能完善程度。通用电气公司是这样定义产品领导地位的:它表明企业在工程、制造和市场方面领导一个行业的新产品和改良现有产品的能力。

五、人员发展。企业的长期发展在很大程度上依赖于人员素质的提高。要通过人员发展规划的制定和实施,为企业及时供应足够的经过培训的人员,为员工提供成长和发展的机会。

六、员工态度。员工的工作态度对企业目前和未来的经营成就有着非常重要的影响。测定员工态度的标准是多个方面的,比如,离职率、缺勤率、合理化建议的数量、员工对企业的关心程度等。如果员工态度不符合企业的预期,那么任其恶化是非常危险的,企业应采取有效的措施来提高他们在工作或生活上的满足程度,以改变他们的工作态度。

七、公共责任。企业必须履行必要的社会责任,包括提供稳定的就业机会、热心公益事业等多个方面。公共责任能否很好地履行,关系到企业的社会形象。

八、短期目标与长期目标平衡。企业目前的生存和未来的发展是相互依存、不可分割的。

(二)衡量工作成效

衡量工作成效就是根据控制标准衡量、检查工作情况,并对计划执行的现状和阶段性成果进行如实反映和客观评价。衡量工作成效应贯穿于工作的始终。

1. 衡量工作成效的目的

(1)全面、确切地了解实际工作进展情况,掌握计划的执行进度以及相关信息。

(2)找出实际工作成效与控制标准之间的差异,以便于找出组织目标和计划在实施过程中的问题,为纠正偏差和改进工作提供依据。

(3)为管理者评价和奖励下属提供依据。

2. 衡量工作成效的方法

衡量工作成效的方法主要有以下几种:

（1）亲自观察

亲自观察就是由负责控制的人员亲临工作现场，通过观察及与工作人员现场交谈来了解工作进展及存在的问题。

（2）调查研究

调查研究是为了系统地了解某个方面的执行情况，专门组织一定的人力、物力而进行的活动。调查研究一般都要根据控制目的事先设计调查提纲或调查表。按调查的范围，调查研究可分为全面普查、抽样调查和典型调查三种类型。

（3）统计报表

通过对原始信息加工整理，形成统计报表，逐级进行上报。这种方法节省时间，效率较高，但在信息的真实性、全面性方面对资料的依赖性很大。

（4）汇报

听取下级汇报也是管理者掌握信息的常用形式。汇报包括口头汇报和书面汇报。口头汇报可以通过会议形式集体进行，也可以面对面或通过电话个别听取。这种形式比较快捷，便于相互交流，反馈性好，但弊端与统计报表相似。

衡量工作成效重要的是要对信息进行整理归纳，将结果与控制标准相对照，考察有无偏差，并确定偏差的方向和大小，为下一步纠偏提供对象。对于评定绩效而言，重要的是如何及时地收集使用可靠的信息，使信息传递到主管人员手中。从控制职能的角度看，除了要求信息的准确性以外，还要对信息的及时性、可靠性和适用性提出新的要求。

3. 衡量工作成效的要求

（1）以系统检查为主，综合运用各种衡量方法，全面、确切地了解和反映实际的工作业绩。

（2）定期进行，使之成为经常性的工作。

（3）要有制度保证，建立统计制度、报告制度、报表制度、总结制度等必要的规章制度，以保证衡量工作的顺利进行和取得良好效果。

（4）抓住重点，对于需要加强控制的关键环节，应重点检查以使控制更有针对性。

进行有效的工作成效评价必须具备三个重要条件：一是在衡量绩效的具体指标上管理者要达成一致，如最佳指标是销售额还是客户服务质量；二是在衡量所需达成的精确度上管理者要达成一致，有时评价是可以相当精确的，像销售额，不过有时评价就无法精确，像顾客投诉、服务品质等，但它对于绩效的质量评价可能至关重要；三是由谁来衡量管理者也要达成一致，在很多企业中，实行了180°、360°考核法，谁说了算、权重是多少，事先一定要明确。

（三）发现分析偏差

1. 确定可接受的偏差范围

并非所有的偏差都影响企业的最终成果。有些偏差可能反映了计划制订和执行工作中的严重问题，而另一些偏差则可能是由一些偶然的、暂时的、区域性因素引起的。所以，在衡量过程中，要确定可接受的偏差范围（大小和方向），如果偏差超过这个范围，就应该引起管理者的注意。

2. 寻找偏差产生的原因

发生偏差的原因一般有：

（1）由于执行者自身的原因造成的偏差。例如，工作不负责任，能力不够或者不熟练，甚至是唯利是图、私欲膨胀、渎职等，它能把一个企业搞垮。

（2）由于外部环境发生重大变化，事先又没有估计到，以致产生偏差。例如，国家宏观政策发生变化、国际局势变化、市场变化、供应商的变化等。这些原因通常是不可控的。

（3）由于计划目标本身不合理。制定目标时，不切合实际，好高骛远，盲目把目标定得太高，而实际上根本达不到。也有在制定目标时，过于保守，低估自己的力量，把目标定得太低，这时也要调整目标。难度系数为50%的目标是合理的目标。

3. 确定纠偏的方向和对象

纠偏的方向有两个方面：若由于执行者没有按照实施方案要求开展工作，致使工作出现偏差，此时纠偏对象就是执行者，要由他们提出具体改进方案实施纠偏；若出现全局性的偏差，且主要是由不可控和不可克服的外部原因造成的，此时纠偏的方向就是计划和标准本身，纠偏的对象就是组织的决策者和标准的制定者。

（四）采取纠正措施

控制过程的最后一项工作就是采取管理行动——纠正偏差。针对偏差产生的原因，主管人员可能采取重新制订计划或修改目标的方法来纠正偏差，也可能利用组织手段来进一步明确职责、补充授权或是对组织机构进行调整，还可能用撤换责任部门主管或是增配人员的办法来纠正偏差，也可能通过改善领导方式、增加物质鼓励等办法来纠正偏差。

由于偏差是控制标准与实际成效之间的差距，因此纠正偏差的方法也有两种：一是改进工作绩效，二是修改控制标准。

1. 改进工作绩效

如果分析表明计划是可行的，控制标准也是切合实际的，问题出在工作者本身，那么就要采取改进工作的行动；如果问题出在外部环境上，那么就要采取其他的补救措施，尽量消除不良影响，随后修改战略、修正目标、另辟蹊径。

改进工作绩效的行动可以分为立即纠正行动和彻底纠正行动。立即纠正行动是指发现问题后马上采取行动，用最快的速度纠正偏差，以避免造成更大的损失。彻底纠正行动是指发现问题后，通过对问题本质的分析，挖掘问题产生的根源，并且采取切实的措施，力求永久性地消除偏差。在实际工作中，两者通常结合使用。

2. 修改控制标准

工作中的偏差也可能是由于标准定得太高或太低，此时管理者应该采取的纠正行动就是修改控制标准。如果没有员工能够达到控制标准，控制标准可能就定得过高了；如果员工都能超过控制标准，标准则可能定得过低了。当然，管理者应该从控制的目的出发，仔细分析，在确认标准的确不符合现实的要求时，方可修订标准。标准过高会影响士气，标准过低会产生懈怠。

如果评估显示，事情正在按照计划执行，就不需要采取管理行动。但是这并不意味着管理者无所作为，管理者可以表扬达标的员工，以此激励员工继续努力工作。

制定和实施纠偏措施时要注意以下问题：

（1）使纠偏措施双重优化。一是采取行动比不采取行动要好；二是所采取的行动是解决偏差效果最好的方案。

（2）充分考虑原计划实施的影响。纠正偏差实际上是一种决策而且是非初始决策，它属于追踪决策。要认识到初始决策的实施已形成的各种资源投入和对客观环境造成的影响，要尽量利用初始决策。

（3）消除对纠偏措施的疑虑。任何决策都会带来既得利益阶层的失望和不满。决策的任何变化都会涉及利益的重新分配并导致支持者和反对者的产生。在纠偏方案的实施过程中，要把纠偏的利弊分析清楚，给员工讲明白，尽可能地避免决策实施的人为障碍。

三、控制的类型

控制工作按照不同的标准分为多种类型。按照业务范围可把控制分为生产（作业）控制、质量控制、成本控制和资金控制等；按照控制对象的全面性，又可分为局部控制和全面控制；根据控制来源的不同，可以分为外部控制与内部控制，组织控制与非组织控制；根据改进工作的方式不同，可以分为直接控制和间接控制等。

管理中的控制手段可以在行动之前、进行之中，也可以是在活动结束之后，与此相对应，就有前馈控制、现场控制和反馈控制之分。

（一）前馈控制

前馈控制是一种防患于未然的控制，通常又称为预先控制。在工作正式开始前对工作中可能产生的偏差进行预测和估计，并采取措施将可能的偏差消除于产生之前。

前馈控制的优点有：一是防患于未然；二是适用于一切领域的所有工作；三是针对条件的控制，对事不对人，易于被接受并实施，不易与员工发生冲突。

前馈控制需要及时和准确的信息，并要求管理人员充分了解前馈控制因素与计划工作的关系。其缺点有：一是需要大量准确的信息；二是需对过程充分了解；三是需要及时了解新情况、新问题。从现实来看，要做到这些是十分困难的，因此，组织还要依靠其他方式的控制。

（二）现场控制

现场控制是在工作进行中所给予的控制，也称同步控制、同期控制。管理者亲临现场是一种最常见的现场控制活动，管理人员可以及时发现问题并解决问题。这类控制方法主要被基层主管人员所采用。现场控制的主要职能有两个方面：监督与指导。监督是按照预定的标准检查正在进行的工作，以保证目标的实现；指导是管理者针对工作中出现的问题，根据自己的经验指导下属改进工作，或与下属共同商讨纠正偏差的措施，以便使员工能够正确地完成所规定的任务。现场控制的标准来自计划，控制工作的重点是正在实施的计划过程。控制的有效性取决于管理人员的个人素质、个人作风、指导的表达方式以及下属对指导的理解程度。

现场控制的优点是：有助于提高员工的工作能力和自我控制能力。

现场控制的缺点是：一是受时间、精力和业务水平的限制，管理者不能时时事事都进行现场控制，只能偶尔或在关键项目上使用这种控制方式；二是应用范围较窄，一般来说，对于便于计量的工作容易进行现场控制，而对一些难以计量的工作，就很难进行现场控制；三是易产生对立情绪，伤害控制者的工作积极性。

 管理故事

英国管理学家 H·赫勒认为，当人们知道自己的工作有人检查的时候会加倍努力。有人发现：在厕所出口摆上一个募捐箱，并在募捐箱上印上一双眼睛，这个募捐箱内的捐款会远远多于另一个厕所出口没有画眼睛的募捐箱。

（三）反馈控制

反馈控制是在工作结束或行为发生之后进行的控制，也称事后控制。它是管理控制工作的传统方式，也是最主要的方式。

这种控制把注意力主要集中在工作或行为的结果上。其工作过程主要由几个环节构成：首先对比预期工作标准与实际工作结果，找出偏差；其次分析偏差产生的缘由；最后制订出纠正计划并实施，有时还会对原有的预期标准进行调整，为下一阶段的工作做好计划与准备。

反馈控制的优点是：一是在周期性重复活动中，可以避免下一次活动发生类似的问题；二是可以消除偏差对后续活动过程的影响，如产品在出厂前进行最终的质量检验，剔除不合格产品，可避免不合格产品流入市场后对品牌信誉和顾客使用所造成的不利影响；三是可以提供员工奖惩的依据。因此，在实际工作中，反馈控制得到了相当广泛的应用。

反馈控制的缺点是：只能事后发挥作用，在矫正措施实施之前，偏差、损失已经产生，且无法改变和挽回，只能"亡羊补牢"。

大多数公司兼用前馈控制、同步控制和反馈控制。管理者的一项重要工作就是选择最适合具体情况的控制方法。

 管理案例

麦当劳的控制类型

麦当劳公司通过详细的程序、规则和条例规定，使分布在世界各地的所有麦当劳分店的经营者和员工们都遵循一种标准化、规范化的作业。麦当劳公司对制作汉堡包、炸土豆条、招待顾客和清理餐桌等工作都事先进行详实的动作研究，用以指导各分店管理人员和一般员工的行为。公司在芝加哥开办了专门的培训中心——汉堡包大学，要求所有的特许经营者在开业之前都接受为期一个月的强化培训，确保公司的规章条例得到准确的理解和贯彻执行。

为了确保所有特许经营分店都能按统一的要求开展活动，麦当劳公司总部的管理人员还经常走访、巡视世界各地的经营店，进行直接的监督和控制。例如，有一次巡视中发现某家分店自作主张，在店厅里摆放电视机和其他物品以吸引顾客，这种做法因与麦当劳的风格不一致，立即得到了纠正。

除了直接控制以外，麦当劳公司还定期对各分店的经营业绩进行考核。为此，各分店要及时提供营业额和经营成本、利润等方面的信息，这样，总部管理人员就能把握各分店经营的动态和出现的问题，以便商讨和采取改进的对策。

请思考：麦当劳公司同时采用了哪些控制类型？

第二节　常用的控制技术与方法

与其他的管理职能一样，控制工作的开展也需要一定的技术与方法。了解控制方法与理解管理控制职能是相辅相成的。本节将对几种常用的控制方法作一些简单的介绍。

一、预算控制

预算控制是管理控制中使用最广泛的方法，它清楚地表明了计划与控制的关系。预算是计划的数量表现。预算是一种计划，更是一种重要的控制方法。

（一）预算的类型

依据不同的分类标准，预算可以区分为不同的类型：收入与支出预算；刚性预算与弹性预算；零基预算与滚动预算；总预算与部门预算。

（二）预算的作用

预算的作用主要体现在以下四个方面：

1. 帮助管理者掌握全局，控制组织的整体活动。通过预算，组织管理者可以清楚地看到资金由谁使用、在什么项目上使用、使用的额度是多少，以及资金的来源如何，从而可以通过资金状况来了解和控制组织的整体活动。

2. 帮助管理者合理配置资源。管理者可以通过预算合理配置资源，确保组织重点活动的开展，对非重点活动进行有效的控制。

3. 有助于管理者对各部门的工作进行评价。根据各部门执行预算的情况，可以看出各部门资金使用的效率以及工作任务的完成情况，从而对各部门的工作进行评价。

4. 有利于提高资金的使用效率。组织管理者常常把预算的执行情况作为考核下级管理人员的依据，部门管理者在收支方面会尽可能精打细算，避免浪费，提高资金的使用效率。

（三）预算的编制

编制预算要经历一个由上而下、再由下而上的基本步骤：

1. 由组织的高层管理者向主管预算编制的部门提出组织在一定时期内的发展战略、计划与目标。

2. 主管部门根据组织的发展战略、计划与目标，向各部门提出有关编制预算的建议和要求，并提供必要的资料。

3. 各部门依据组织的计划与目标要求，结合本部门的实际情况，编制本部门的预算，并上报主管部门。

4. 主管部门将各部门上报的预算进行汇总、协调整理，编制出组织的各类预算和总预算，最后上报高层管理者审核批准。

（四）预算控制的程序

预算控制是根据预算规定的收入和支出标准来检查和监督各种活动或各个部门的活动，以保证各种活动或各个部门在完成既定目标、实现利润的过程中对资源的合理利用，从而使费用支出受到严格有效的约束。

对于企业来说，预算控制一般需要经过如下程序：

1. 了解过去预算执行的情况和未来的发展规划；

2. 制定企业总预算；

3. 分解总预算，由各部门、基层单位做本单位的预算；

4. 调整部门预算和总预算，确定预算方案；

5. 组织贯彻落实预算确定的各项指标，在实施过程中予以监控。

二、审计控制

审计是对反映企业资金运动过程及其结果的会计记录及财务报表进行审核、鉴定,以判断其真实性和可靠性,从而为控制和决策提供依据。审计包括外部审计和内部审计。

(一)外部审计

外部审计是由外部机构(如国家审计机关、会计事务所)选派的审计人员对企业财务报表及其反映的财务状况进行独立的评估。为了检查财务报表及其反映的资产和负债的账面情况与企业真实情况是否相符,外部审计人员需要抽查企业的基本财务记录,验证其真实性和准确性,并分析这些记录是否符合公认的会计准则和记账程序。外部审计的优点是审计人员与管理当局不存在行政上的依附关系,不需要看企业经理的眼色行事,只需对国家、社会和法律负责,因而可以保证审计的独立性和公正性。

外部审计常常作为发现和调查借贷欺诈行为的反馈控制手段。

(二)内部审计

内部审计是指由部门、单位内部的审计机构或财务部门的专职审计人员对本单位及所属单位财政收支、财务收支、经济活动的真实性、合法性和效益性的独立监督和评价行为,目的是促进经济管理和经济目标的实现。内部审计的主体是单位设立的内部审计机构或专职审计人员。

内部审计是企业经营控制的一个重要手段。其作用主要表现在三个方面:提供了检查现有控制程序和方法能否有效地保证达成既定目标和执行既定政策的手段;促使公司政策符合实际,工作程序更加合理,作业方法被正确掌握,从而更有效地实现组织目标;有助于推行分权化管理。

内部审计内容十分广泛,现代企业内部审计工作主要涵盖以下内容:

1. 财务收支审计。主要是评价和监督企业是否做到资产完整、财务信息真实及经济活动收支的合规性、合理性及合法性,对会计记录和报表分析提供资料真实性和公允性证明。

2. 经济责任审计。它是评价企业内部机构、人员在一定时期内从事的经济活动,以确定其经营业绩、明确经济责任,这里包括领导干部任期经济责任审计和年度经济责任审计。

3. 经济效益审计。审计重点是在保证社会效益的前提下以实现经济效益的程序和途径为内容,对企业的经营效果、投资效果、资金使用效果作出判断和评价。

4. 内部控制制度评审。主要是对企业内部控制系统的完整性、适用性及有效性进行评价。

5. 明晰产权的审计。审计明晰其产权归属,避免造成国有资产、集体资产流失或其他有损企业利益的行为。

6. 管理审计。它是对企业所有管理工作及其绩效进行全面系统地评价和鉴定。管理审计既可以由内部的有关部门进行,也可以聘请外部的专家来进行。管理审计的方法是利用公开记录的信息,从反映企业管理绩效及其影响因素的若干方面将企业与同行业相关企业,或者其他行业相关企业进行比较,以判断企业经营与管理的健康程度。管理审计可以发现的问题有:库存控制不良,机器设备使用不经济,资源浪费,工作流程不科学等。管理审计可以对整个组织的管理绩效进行评价,为指导企业在未来改进管理系统的结构、工作程序和工作业绩提供有用的参考。

7. 其他审计。结合企业自身的行业特点，开展对经营、管理等方面的审计工作，以增强组织后备力量。

三、数量控制技术

数量控制技术是基于用数字衡量绩效的方法。如每分钟打字80个、每天拜访客户5人。

（一）甘特图

甘特图是一种用图表描述一项工作计划的与实际的进展情况，其目的是说明项目进展情况。

（二）PERT

PERT（Program/Project Evaluation and Review Technique）即计划评审技术，是利用时间预测安排活动时间的一种方法，其目的是衡量项目与时间表的吻合度。

（三）盈亏平衡分析

盈亏平衡分析是研究固定成本与价格减去可变成本的比率，其目的是衡量组织绩效以及作为纠正组织行为的基础。

（四）偏差分析

偏差分析是生产中最主要的策略，其目的是设定原材料、劳动力、管理费用的标准成本，并衡量其偏差。

（五）比率分析

比率分析又可以分为财务比率分析和经营比率分析。

1. 财务比率分析

就是通过计算实际的财务比率，并将其与目标值相比较，作出判断进行管理控制的方法。常用的财务比率有：销售利润率、负债率、资金周转率等。

2. 经营比率分析

就是通过计算实际的经营比率，并将其与目标值相比较，作出判断进行管理控制的方法。常用的经营比率有：市场占有率、投入产出率、客户满意率等。

数量控制技术目前被广泛使用，因为它们看起来准确而客观。

四、视察

视察就是到现场进行督导。这种方法是一种最古老、最直接的控制方法，它的基本作用就在于获得第一手的信息。视察是成功企业常用的管理方法。

基层管理者通过视察，可以判断出产量、质量的完成情况以及设备运转情况和劳动纪律的执行情况等；职能部门的主管人员通过视察，可以了解到工艺文件是否得到了认真地贯彻，生产计划是否按预定进度执行，劳动保护等规章制度是否被严格遵守，以及生产过程中存在哪些偏差和隐患等；而高层管理者通过视察，可以了解到组织的方针、目标和政策是否深入人心，可以发现职能部门报告的情况是否属实以及员工的合理化建议是否得到认真对待，还可以从与员工的交谈中了解他们的情绪和士气等。所有这些，都是管理人员最需要了解的，但却是正式报告中见不到的第一手信息。

亲临视察的好处使得一些优秀的管理者始终坚持这种做法。一方面，即使是拥有计算机化的现代管理信息系统提供的实时信息、作出的各种分析，仍然代替不了主管人员的亲身感受、亲自了解；另一方面，管理的对象主要是人，是要推动人们去实现组织目标，而人所需要的是通过面对面的交往所传达的关心、理解和信任。视察还能够使得上层主管人员发现被埋没的人才，并从下属的建议中获得不少启发和灵感。此外，亲自视察本身就有一种激励下级的作用，它使得下属感到上级在关心着他们。所以，坚持经常亲临现场视察，有利于创造一种良好的组织气氛。

五、报告分析控制

报告分析控制方法是利用第二手资料对活动结果进行分析，衡量实际工作成效并采取相应的纠偏措施的控制方法。

报告是用来向负责实施计划的主管人员全面地、系统地阐述计划的执行情况、存在的问题及原因、已经采取的措施、已经获得的效果、预测可能出现的问题等一系列情况的一种重要方式。控制报告的主要目的是提供一种如有必要即可用作纠正措施依据的信息。报告可以根据需要分为专项性报告和综合性报告。

对控制报告的基本要求是必须做到适时、突出重点、指出例外情况、尽量简明扼要。

 管理案例

> 美国通用电气公司建立了一种行之有效的报告制度。报告主要包括以下八个方面的内容：一、客户的鉴定意见以及上次会议以来外部的新情况。二、进度情况。三、费用情况。四、技术工作情况。关于进度、费用和技术性能的报告，从三个方面说明了计划执行情况。五、当前的关键问题。六、预计的关键问题。当前的关键问题和预计的关键问题两项是需要上层主管人员决策和采取行动的那些项目。七、与计划有关的其他情况。八、组织方面的情况。

六、经营控制

经营控制，也称作业控制，指的是对组织资源转化过程的控制。它是组织资源投入和产出成果之间的中间阶段。经营控制的目的是保证整个转化过程中的成本最低（各种物料消耗），保证转换的连续性和节奏性，缩短转化周期，保证和提高产品或服务质量。

（一）经营控制的必要性

企业的生产目标、生产方式和方法必须适应生产环境的变化，在以多样化为特征的市场需求条件下，组织的资源转换过程日益重要且复杂。

1. 产品更新换代速度加快

由于科学技术的飞速发展，市场竞争的日益加剧，产品的更新换代速度正以前所未有的规

模和态势向前发展。各种新技术、新发明的应用周期也愈来愈短。产品更新换代速度加快，必然对企业的资源转化过程提出了更高的要求。

2. 产品寿命周期缩短

产品寿命周期与产品的更新换代速度加快密切相关。产品寿命周期一般要依次经过开发、成长、成熟、衰退后退出市场。该周期的缩短和竞争的压力，要求企业必须努力将产品、服务在最短的时间内推到市场上并迅速形成规模。

3. 买方市场的形成

在买方市场下，要以满足消费者需要为中心，企业生产什么、生产多少、如何生产都取决于消费者。企业的资源转化系统必须适应这一变化。

（二）经营控制的主要内容

1. 原料 / 物料控制

形成产品实体或在产品或服务形成过程中的各种物料消耗是构成产品成本的重要内容。如为保证转化系统对物料的需求的订货量与订货期间的选择；保证物料仓库管理方法和半制品、在制品的管理控制等。

2. 生产控制

生产各种各样的产品、进行各种服务，需要协调大批职员和各种设备之间的活动。

3. 生产进度控制

它涉及在资源转化过程中人、物料、设备和时间及信息的组合优化，没有生产进度控制，就没有高效的生产。

4. 产品质量控制

质量是企业的生命。质量是设计出来的，是在转化过程中实现的，没有资源转化过程的质量控制就没有产品和服务的质量保证。

（三）经营控制的作用

1. 保证转化过程的效果，以降低各种物耗、库存费用。
2. 保证转化过程的高质量，以稳定和提高产出产品和服务的质量。
3. 保证转化过程的速度，通过对转化过程中生产技术组织水平的提高，加快转化的节奏，提高产量。

（四）经营控制的常用方法

ABC 分析法、经济批量法、材料需要量计划、准时盘算控制。

七、质量控制

（一）质量的类别

1986 年，国际标准化组织（ISO）提出：质量是指产品或服务所具备的满足明确或隐含需求能力的特征和特性的总和。质量的类别有：

1. 产品质量，指有形产品的质量。包括：（1）时间上的质量特征，如耐久性、可靠性等；（2）技术性或物理化学的质量特征，如产品的光洁度、化学成分、硬度等；（3）安全上的质量特征，如使用的安全性；（4）心理上的质量特征，如产品的外观设计、包装，产品的名称等给消费者带来的心理满足。

2. 服务质量,指提供给用户的服务所具有的质量特征。包括:(1)时间上的质量特征,如服务的及时、快捷;(2)心理上的质量特征,如用户感受、心情;(3)伦理上的质量特征,如诚信、责任感。

3. 工作过程质量。质量不是检查出来的,而是在工作过程中生产出来的,工作过程质量是质量的重要组成部分。

(二)质量控制的含义

质量控制是为满足质量要求而使用的操作技术和活动。简单地说,质量控制是指在生产过程中,对确保和达到产品质量所必需的全部职能和活动的控制。质量控制既包括产品(商品和服务)的质量控制,也包括工作的质量控制。质量控制是企业生产经营控制过程的一个重要环节。其目的在于保证本企业所生产的产品或提供的服务达到一定的质量水平,以满足顾客需要,维持或提高自己的市场占有率。

(三)质量控制的方法

1. 全面质量管理(TQC或TQM)

全面质量管理,就是企业全体人员及各个部门齐心协力,把经营管理、专业技术、数量统计方法和思想教育结合起来,建立起产品的研究与开发、设计、生产作业、服务等全过程的质量体系,从而有效地利用人、财、物、时间、信息等资源,提供符合规定要求和用户期望的产品和服务。

全面质量管理实行全过程管理、全部工作保证和全员参与。实行全过程管理的基本思想是优质产品是设计和制造出来的,而不是检验出来的;越是处于开始阶段的问题,对成品的质量的影响就越大。全面质量管理其范围是产品质量的产生、形成和实现的全过程,包括市场调查、研究、开发、设计、制造、检验、运输、储存、销售、安装、使用和维护等多个环节和整个过程的管理。对产品质量实行全部工作保证,对产品质量的控制不能只着眼于产品本身,还应着眼于产品赖以形成的全部工作,对工作的质量进行控制。企业的全体员工都要参与质量管理,企业应积极建设质量文化,通过建立质量管理小组开展质量控制活动。

2. ISO9000系列标准

ISO9000系列标准是国际标准化组织为适应国际贸易发展的需要,最早于1987年发布的一套关于质量管理和质量保证的系列标准。内容包括正式的国际标准、技术规范、技术报告、手册和网站文件等,大约有25个文件。它集中发展了世界上技术先进、工业发达的国家质量管理的实践经验。ISO9000系列标准一经发布就很快得到世界上众多国家的普遍重视,现已成为国际公认的对供方质量体系实施评审、注册的统一标准。

ISO9000系列标准的目标是通过顾客满意让该组织全体成员和社会受益,以达到长远成功。一般来说,一个组织能够为社会提供产品或服务,就具备一个质量体系,但这个体系通常都是不完善的,存在这样或那样的问题。要健全这个体系,可以充分利用ISO9000系列标准,从而为企业有效地进行全面质量管理提供保证。

在《ISO9000:2000质量管理体系基础和术语》以及《ISO9004:2000质量管理体系业绩改进指南》标准中,给出了质量管理的八大原则,即:以顾客为中心、领导作用、全员参与、过程方法、管理的系统方法、持续改进、基于事实的决策方法、互利的供方关系。八项质量管理原则可以统一概括为:组织的最高管理者应充分发挥"领导作用",采取"过程方法"和"管理系统方法",建立和运行一个"以顾客为关注焦点"、"全员参与"的质量管理体系,注重以数据分析等

"基于事实的决策方法"，使组织得以"持续改进"。在满足顾客要求的前提下，使供方受益，并建立起"与供方互利互惠的关系"，以便在供方、组织和顾客这条供应链上实现良性运作和多赢目标。

3. PDCA工作循环

PDCA工作循环由美国质量管理专家戴明提出，是全面质量管理的思想方法和工作步骤。在推行产品质量管理的方法时，普遍运用PDCA工作循环的方法。

PDCA循环的步骤：第一个步骤是计划阶段（Plan）。具体内容包括明确质量管理的任务，建立质量管理的机构，设立质量管理的标准，设计质量问题检查、分析和处理的程序。第二个步骤是实施阶段（Do）。具体内容包括完成上述计划制订的各项质量管理任务，主要是实施质量标准，按照质量标准进行作业。第三个步骤是检查阶段（Check）。对实施后产生的效果进行检查，并和实施前进行对比，以确定所做的是否有效。第四个步骤是处理阶段（Action）。对现存的质量问题立即进行纠正，同时，对未来质量的改进方案不断提出建议，并将未解决的问题转入下一轮PDCA循环。计划、实施、检查、处理是一个不断循环往复的动态过程，每一次循环后都应该进入一个新的质量阶段。通过这四个阶段的反复循环，产品质量和工作质量就不断地得到提高。

PDCA循环的过程就是人们在认识问题和解决问题中不断螺旋式上升的过程，管理者要善于将PDCA循环应用于其他的管理工作中去。

八、人员行为控制

人员行为控制并不是限制人员的行为，而是希望员工能按照组织所期望的方式去工作。下面一些方法的运用，可以增大员工按照所期望的方式去工作的可能性。

（一）配备合适的人员

管理者要善于在工作开始之前为目标和计划的实施配备那些价值观、态度和个性、能力符合组织要求和岗位需求的人。

（二）设定明确具体的目标

当员工接受了具体的目标之后，这些目标在一定程度上就会指导和规定着他们的行为朝着目标所指的方向前进。

（三）直接监督

监督人员亲临现场可以约束员工的行为，迅速发现偏离标准的行为。

（四）培训

通过培训，可以让员工提高技能、改进态度，从而减少偏差发生的可能性。

（五）标准化

建立标准化的规则、政策、岗位职责、操作说明以及其他的规章制度，可以让员工明白组织需要的行为和禁止的行为分别是什么，从而自觉规范自己的行为。

（六）绩效评估

通过绩效评估，每一位员工的表现都可以根据考核制度得到鉴定。员工的业绩好，就可以得到加薪或其他的奖励，这样，他们的工作就会干得更好；员工的业绩达不到，管理者就应该根据偏差采取相应的措施,使已经出现偏差的工作今后不再出现偏差,使出现偏差的人不再犯同样的错误。

(七) 合理的报酬

人们总是按照能得到报酬或奖励的方式去行事的。合理的报酬可以强化和鼓励管理者所期望的行为不断出现,同时还能消除不期望的行为。

(八) 建设组织文化

通过组织文化,可以传递组织需要什么样的人、什么样的行为等信息,在无形之中规范约束着组织成员的行为。

本章小结

控制就是按照计划和目标的要求来监控、衡量各项工作,并且发现和纠正各种偏差,以确保计划和目标实现的过程。控制是为了保证组织计划与实际运作状态动态适应的管理职能。

控制的内容涉及管理的各个环节,归纳起来主要是对组织资源(人、财、物、时间、信息)以及对财务、作业(经营)、产品(服务)质量、人力资源、安全和绩效等方面的控制。

完整的控制过程可分为四个步骤,即:确定控制标准、衡量工作成效、发现分析偏差以及采取纠正措施。

根据控制时点的不同可以将控制分为前馈控制、现场控制和反馈控制。

预算控制是管理控制中一种常用的方法。审计、视察、报告分析、数量控制技术和经营控制、质量控制、人员行为控制等方法,在实践中也被广泛地使用。

思考与探究

1. 什么是控制? 有人说"计划是事前的事,控制是事后的事",这种说法对不对? 为什么?

2. 举例说明前馈控制、现场控制和反馈控制。

3. 一个成功的控制过程有哪些基本要求? 在实际实施控制的过程中如何实现这些要求?

4. 常用的控制方法有哪些? 如何应用?

5. 利用节假日,调查一家饭店企业,了解一下他们控制的重点主要集中在哪些方面? 分别是如何进行控制的?

6. 请找一个成功控制的实例,描述控制的基本过程,并总结其经验。

案例分析

案例分析一

综合控制计划的制订

张钢在几天前被任命为一家公司的总经理。他很快就发现这家公司存在着很多问题,而且大多数问题都与公司不适当的控制管理有关。例如,他发现公司各部门的预算是由各部门自行制订的，前任总经理对各部门上报的预算一般不加修改就签字批准；公司内部也没有专门的财务审核人员，因此对各部门的预算和预算的实施情况根本就没有严格的审核。在人事方面，生产一线人员流动率大，常有人不辞而别；行政工作人员迟到早退现象严重，而且常有人在工作时间利用公司网络炒股票或购物。

公司对这些问题都没有采取有效的控制措施，更没有对这方面的问题进行及时调整或解决。不少中层管理者还认为，公司业务不景气，生产人员想走是很正常的，行政工作人员在没什么工作可做的情况下，迟到早退、自己想办法赚点钱、干点私活也是可以理解的，对此没有必要大惊小怪。

张钢认为，要改变公司的面貌，就一定要加强资金、人员等方面的控制，为此，必须制订出一个综合控制计划。

讨论分析

为了改变公司的面貌，这个综合控制计划应包括哪几方面的内容？在实施过程中可能会遇到什么样的问题？怎样解决？

案例分析二

恼人的会议

周五下午是某研究所例行办公会议时间。每次会议从下午2点开始，讨论和处理近期需要做的工作，对一些需要作出决策的问题形成决议。每次会议的议题数量平均在5—7个之间。会议会持续很晚，到7点多钟才会结束。后来，所长要求会议秘书会前向每一位与会人员征集会议议题，由所长确定议题数量并排序。结果会议还是开到很晚。再后来，所长规定例会必须在6点前结束，结果排在前面的议题讨论占用了很多时间，后面的议题没有时间处理，赶上议题紧迫，便无奈又得延长时间。再后来，一些与会者故意把给研究生上的课程挪到周五晚上，到点回家吃饭上课，会议可以按时结束了，但许多事情被迫推迟到下周或增加会议次数。

讨论分析

如何很好地解决这一问题呢？

第十三章 ▶▶▶

创 新

◇◇◇◇◇◇◇◇◇◇◇◇◇◇◇◇◇◇◇ **章前导语** ◇◇◇◇◇◇◇◇◇◇◇◇◇◇◇◇◇◇◇

20世纪50年代以来,随着科学技术的飞速发展,市场需求瞬息万变,社会关系日益复杂,管理者每天都会遇到新情况、新问题。如果墨守成规,没有创新,就无法应对新形势的挑战,从而无法完成所肩负的管理任务。创新是社会发展的源泉,人类社会在不断的创新中取得了进步、发展和进一步的完善。创新对于社会经济发展的强大推动作用已经远远超过了以往任何一个时代。创新是管理的永恒主题。

◇◇◇◇◇◇◇◇◇◇◇◇◇◇◇◇◇◇◇ **本章导学** ◇◇◇◇◇◇◇◇◇◇◇◇◇◇◇◇◇◇◇

学习目标

理解创新的含义;

了解创新的基本类型和主要内容;

掌握技术创新和管理创新,形成创新意识。

关键术语

创新 渐进性创新 根本性创新 主动创新 被动创新 自主创新 模仿创新 合作创新 技术创新 管理创新

第一节 创 新 概 述

一、创新的概念

"创新"这一概念，最早是由奥地利经济学家约瑟夫·熊彼特提出来的。他在1912年出版的著作《经济发展理论》一书中首次阐述了"创新"的含义，指出创新就是建立"新的生产函数"，即企业家对生产要素的新组合，也就是把一种从来没有过的生产要素和生产条件的新组合引入生产体系，从而引起生产方式的变革，形成一种新的生产能力。具体来说，创新包括以下五种情况：

一是引进一种新产品，即消费者还不熟悉的产品，或提供产品的一种新功能。

二是采用一种新的生产方法，即制造部门中未曾采用过的方法。这种新的方法并不一定需要建立在新的科学发现基础之上，也可以是商业上处理产品的一种新的方式。

三是开辟一个新的市场，就是使产品进入以前不曾进入的市场，不管这个市场以前是否存在过。

四是获得一种原材料或半成品的新的供给来源，不管这种来源是已经存在的，还是第一次创造出来的。

五是实行一种新的企业组织形式，比如造成一种垄断地位或打破一种垄断地位。

熊彼特所指出的创新的五个方面，都具有特殊的含义。他所说的采用一种新产品，不是开发一种新产品，而是向消费者推销一种他们尚不熟悉的产品的方式方法的运用过程；他所提到的采用一种新的方法，也不是建立在新的科学发现之上的方法，而是新的商业处理方式；他所指出的开辟一个新市场、寻求新的原材料供给来源、创造新的组织形式等均可以理解成资源配置的新方式。可见，熊彼特所提出的创新概念，其含义是相当广泛的。凡是能够提高资源配置效率的新活动都是创新，但创新并不一定是全新的东西，旧的东西以新的形式出现或以新的方式结合，只要这种新组合能够带来资源配置效率的提高，都包含在创新范畴之内。

二、创新的基本类型

由于创新主体所在的行业、规模、环境及创新能力不同，创新必然表现出不同的类型。我们简要介绍两种。

（一）按创新的广度和深度分类

1. 渐进性创新

渐进性创新是指渐进的、连续的小创新。这些创新常出自直接从事生产的工程师、工人、用户之手。渐进性创新所涉及的变化都是建立在现有技术和生产能力之上的变化和用于现有市场和顾客的变化。通常情况下，渐进性创新对产品成本、可靠性和其他性能都有显著的影响。虽然每个渐进的创新所带来的变化是小的，但它的重要性不可低估。这是因为：一是许多大创新需要有与它相应的若干小创新辅助才能发挥作用，如计算机是一项重大创新，但离开软件的不断升级换代这些小创新，计算机就不可能普及得那么快。二是一些创新虽然从规模、科学突破上较小，但却具有很大的商业价值。三是渐进创新的累积效果，常常促使创新发生连锁反应,如由火柴盒、包装箱发展起来的集装箱、由收音机发展起来的组合音响等,都是渐进创新的结果。

2. 根本性创新

根本性创新是指在观念上和结果上有根本突破性的创新,通常是指企业首次向市场引入的、能对经济产生重大影响的创新产品或技术。它一般是研究开发部门精心研究的结果,常伴有产品创新、过程创新和组织创新的连锁反应。这类创新要求全新技能、工艺,以及贯穿整个企业的新的组织方式。根本性创新不仅会造成现有技术和企业原有的核心能力过时,而且会引起产业结构的变化,从而使竞争的性质和竞争格局发生改变。

根本性创新主要表现在三个层面上:一是对企业系统的局部变革,如生产工艺、操作方法的改进等。它既可能形成新的学科理论,也可能产生新的管理方法。二是对企业系统的整体变革。其特征是波及企业生产经营活动的整个系统,形成了有关联的创新簇群,并因此形成全新的管理模式。三是超企业系统的社会变革,即企业通过创新成果的扩散影响或改变整个社会的结构和条件。

(二)按创新的动力来源分类

1. 主动创新

主动创新是指企业受到激励而产生的主动创新行为,表现为"我要创新"。主动创新在创新时间、创新成果和创新的持续性上领先。企业从事主动创新的前提是企业家看到或寻找到潜在的市场机会或发现科技成果的应用前景。企业主动创新的支持力量来源于企业强烈的创新倾向,以及创新所需的知识积累和人才、资金、信息。从事主动创新的企业在创新方式上可以多样化,既可以是自主创新,也可以是模仿创新。

主动创新的企业有三种类型:一是突破型。企业始终致力于开发同行业中的全新产品或用新产品打入新的行业。这类企业多为各行业中的竞争优势企业或著名企业。二是依存型。企业的生存与发展依赖于技术的更新换代,依赖于技术领先,没有这些变化企业难以生存。在新兴产业和竞争性产业中,这类企业较多。三是超越竞争型。这类企业旨在通过创新提高竞争力,使竞争对手的竞争力低于自己的竞争力。超越竞争表现在企业战胜竞争对手的意图强烈。那些由弱变强的企业都是超越竞争型企业。

2. 被动创新

被动创新是指企业迫于外在压力,在生存和发展受到威胁时所从事的创新。被动创新不会成为率先创新者,其最佳境界是成为创新追随者。被动创新有其存在的客观条件,采用守成战略或缺乏创新意识的企业从事的是被动创新。被动创新对企业发展是谋利之举,它也许对企业业绩无大的改观,但却能对业绩起到维持作用。被动创新的企业属竞争适应型企业,其创新目标在于适应市场变化而不是创造新市场,满足于保护市场份额和竞争地位。

三、创新的主要内容

创新的内容主要有目标创新、技术创新、制度创新、组织创新、管理创新、环境创新。

(一)目标创新

企业是在一定的经济环境中从事经营活动的,特定的环境要求企业按照特定的方式提供特定的产品。一旦环境发生变化,要求企业的生产方向、经营目标以及企业在生产过程中与其他社会经济组织的关系进行相应的调整；企业在各个时期的具体的经营目标，也需要适时地根据市场环境和消费需求的特点及变化趋势加以整合，每一次调整都是一种创新。

（二）技术创新

技术创新主要是从技术角度分析了人、机器、物料各种结合方式的改进和更新，技术创新的内容将在本章第二节详细阐述。

（三）制度创新

制度是组织运行方式的原则规定，制度创新从社会经济角度来分析企业各成员间的正式关系的调整和变革。企业制度创新的方向是不断调整和优化企业所有者、经营者、劳动者三者之间的关系，使各个方面的权利和利益得到充分的体现，使组织成员的作用得到充分的发挥。

（四）组织创新

企业系统的正常运行，既要求具有符合企业及其环境特点的运行制度，又要求具有与之相应的运行载体，即合理的组织形式。由于机构设置和结构的形成要受到企业活动的内容、特点、规模、环境等因素的影响，因此，不同的企业有不同的组织形式，同一企业，在不同的时期，随着经营活动的变化，也要求组织的机构和结构不断调整。

（五）管理创新

管理创新是企业创新系统的重要组成部分，管理创新的内容将在本章第三节详细阐述。

（六）环境创新

环境是企业经营的土壤，同时也制约着企业的经营。环境创新不是指企业为适应外界变化而调整内部结构或活动，而是指通过企业积极的创新活动去改造环境，去引导环境朝着有利于企业经营的方向变化。例如，通过企业的公关活动，影响政府政策的制定；通过企业的技术创新，影响社会技术进步的方向等。就企业来说，环境创新的主要内容是市场创新。市场创新主要是指通过企业的活动去引导消费，创造需求。

第二节　技　术　创　新

一、技术创新的概念

随着科学技术的日新月异，要想保持技术上的先进性，必须不断地进行技术创新。研究企业技术创新的理论与方法，对增强企业的创新意识、提高企业的创新能力具有十分重要的现实意义。

（一）技术创新的定义

随着时代的发展，技术创新可以简单定义为一项新构思从研究开发一直到市场价值实现全过程的活动。通俗地说，技术创新是科技成果的商业化过程。

（二）技术创新的主要类型

1. 产品创新

产品创新是指企业在产品的生产和经营过程中，对其自身生产或经营的产品所从事的改进、提高或发明的创新活动。它可分为重要创新和渐进创新两类。一般说来，重要创新对企业的发展影响较大,渐进创新对企业的影响有小有大,但前者往往比较难以实现,投入也大,后者较易做到。

2. 服务创新

服务创新是近些年服务业尤其是知识密集型服务业兴起的结果,它既包括新构思、新设想转变成新的或者改进的服务,又包括改变现有的组织机构推出新的服务。目前兴起的电子商务是服务创新的成功例证。由于服务创新投入较小,而且市场需求变化快,因而是最适合企业特点的技术创新类型之一。

3. 工艺创新

工艺创新是指研究和采用新的或有重大改进的生产方法,从而改进现有产品的生产或提高产品的生产效率。由于工艺创新对开发新产品、改进原有产品及提高原有产品的质量和产量都具有重要作用,因此其重要性并不亚于产品创新。一般情况下大多数工艺创新是渐进的,投入大小和难度都比较适合企业的特点,因而也是企业技术创新的重要途径之一。

产品(服务)创新和工艺创新之间常常相互影响、相互交融、相互促进,并与企业的直接经营活动密切相关,因而具有较大的普遍性,在企业的技术创新活动中占有重要位置。

二、企业技术创新的模式和技术竞争的策略

(一)企业技术创新的模式

根据技术创新的方法,我们可以将其分为三种基本模式:自主创新模式、模仿创新模式和合作创新模式。

1. 自主创新模式

自主创新模式是指创新主体以自身的研究开发为基础实现科技成果的商品化、产业化和国际化,从而获取商业利益的创新活动。自主创新具有率先性,通常率先者只能有一家,其他都只能是跟随者。自主创新有时也用来表示一国的创新特征,与技术引进相对,仅指依靠本国自身力量独立开发新技术和实现创新过程的活动。自主创新所需的核心技术来源于企业内部的技术积累和突破。如美国英特尔公司的计算机微处理器、我国北大方正的中文电子出版系统就是典型的例子。这是它区别于其他创新模式的本质特点。另外,技术创新后续过程也都是通过企业自身知识与能力支持实现的。

自主创新作为率先创新,具有一系列优点:一是有利于创新主体在一定时期内掌握和控制某项产品或工艺的核心技术,在一定程度上左右行业的发展,从而赢得竞争优势;二是在一些技术领域的自主创新往往能引起一系列的技术创新,带动一批新产品的诞生,推动新兴产业的发展,如美国杜邦公司通过在人造橡胶、化学纤维、塑料三大合成材料领域的自主创新,牢牢控制了世界化工原料市场;三是有利于创新企业更早积累生产技术和管理经验,获得产品成本和质量控制方面的经验;四是自主创新产品初期都处于完全独占性垄断地位,有利于企业较早建立原料供应网络和牢固的销售渠道,获得超额利润。

自主创新模式也有自身的缺点:一是需要巨额的投入。不仅要投巨资于研究与开发,还必须拥有实力雄厚的研发队伍,具备一流的研发水平。如微软公司一年的研发投入就相当于我国一年的科技经费。二是高风险性。自主研究开发的成功率相当低,在美国,基础性研究的成功率仅为5%,在应用研究中有50%能获得技术上的成功,30%能获得商业上的成功,只有12%能给企业带来利润。三是时间长,不确定性大。四是市场开发难度大、资金投入多、时滞性强,

市场开发投入收益较易被跟随者无偿占有。五是在一些法律不健全、知识产权保护不力的地方，自主创新成果有可能面临被侵犯的危险，"搭便车"现象难以避免。因此，自主创新模式主要适用于少数实力超群的大型跨国公司。

2. 模仿创新模式

模仿创新模式是指创新主体通过学习模仿率先创新者的方法，引进、购买或破译率先创新者的核心技术和技术秘密，并以其为基础进行改进的做法。模仿创新是各国企业普遍采用的创新行为，日本是模仿创新最成功的典范，日本松下公司、三洋电机等都依靠模仿创新取得了巨大成功。综观世界各国，当今市场领袖大多并非原来的率先创新者，更多的恰恰是模仿创新者。模仿创新并非简单抄袭，而是站在他人肩膀上，投入一定研发资源，进行进一步的完善和开发，特别是工艺和市场化研究开发。因此，模仿创新往往具有低投入、低风险、市场适应性强的特点，其在产品成本和性能上也具有更强的市场竞争力，成功率更高，耗时更短。模仿创新模式的主要缺点是被动性，在技术开发方面缺乏超前性，当新的自主创新高潮到来时，就会处于非常不利的境地，如日本企业在信息技术革命中就处于从属的地位；另外，模仿创新往往还会受到率先创新者技术壁垒、市场壁垒的制约，有时还面临法律、制度方面的障碍，如专利保护制度就被率先创新者利用，作为阻碍模仿创新的手段。

3. 合作创新模式

合作创新模式是指企业间或企业与科研机构、高等院校之间联合开展创新的做法。合作创新一般集中在新兴技术和高技术领域，以合作进行研究开发为主。由于全球技术创新的加快和技术竞争的日趋激烈，企业技术问题的复杂性、综合性和系统性日益突出，依靠单个企业的力量越来越困难。因此，利用外部力量和创新资源、实现优势互补、成果共享已成为技术创新日益重要的趋势。合作创新有利于优化创新资源的组合，缩短创新周期，分摊创新成本，分散创新风险。合作创新模式的局限性在于企业不能独占创新成果，获取绝对垄断优势。

以上三种创新模式各有优缺点，采用不同模式需要有不同的条件和要求。三种模式也不是完全排斥的，可以相互结合。首先，具有不同实力和研发水平的企业可以根据自身情况选择适宜的创新模式，少数有实力的大企业可以在某些有优势的领域选择自主创新，而大多数中小企业则适宜选择模仿创新和合作创新模式。其次，从时间上看，模仿创新往往是自主创新必经的过渡阶段，一个新建企业只有通过模仿创新才能逐步积累自己的技术、资金实力、管理经验和人才队伍，为进行自主创新创造条件。在一批这样有实力的大企业崛起之前，发展中国家过早地提出以自主创新为主是不现实的，也是难以做到的。最后，即使是一些大跨国公司，在其不同发展阶段以及对不同产品、不同技术领域，也可以同时分别采取三种不同的模式，扬长避短，改善创新效果。

（二）企业技术竞争的策略

企业技术竞争策略可以采取多种选择，其中成功并被广泛采用的可归纳为四种：

1. 低成本型技术竞争策略

这一策略是通过在企业内部各生产要素和各个技术环节，节约能耗，从而使在向市场提供与竞争对手同样功能和同样质量产品的情况下，实现比竞争对手低的成本。这一策略适用于成熟产品与行业。低成本型技术竞争策略可以使企业在市场竞争中占有两方面优势：一是价格竞争优势；二是产业防御优势，即低成本成为潜在竞争对手的进入障碍，微利或无利可图能迫使其放弃对本产业的进入企图。但这一竞争策略也存在一定风险，如果成本膨胀便无利可赚,或是当更强大的企业进入时便导致成本战和价格战。

2. 独特型技术竞争策略

独特技术有两种理解:一是指在整个工业范围内,或者就同行业比较来说,企业占独特优势的技术;二是指企业所采用的技术有独到之处。广义上讲,先进技术也是独特技术,因为企业开发出来的最先进技术意味着别的企业没有这种技术。

采取独特技术策略的企业,在一段时间内可以避免市场竞争压力,并获得较高的经济效益。但独特技术是动态的,环境的变化、市场需求的增加或减少以及竞争者的介入都会影响到技术的独特性。这些情况一旦发生大的变化,原有技术的独特性便会消失。企业必须寻找新的领域,研究开发新领域的独特技术,才能始终维持其竞争优势。

3. 多元化技术竞争策略

这一策略是指企业利用不同的市场机会,跨行业开发和经营多种技术产品,以分散产品开发和经营的风险,做到"东方不亮西方亮"。但采用这一策略,需要企业有雄厚的资金、技术等方面的实力。常见的多元化策略有:

(1)纵向多元化,即开发原有产品的深加工技术,以提高产品的附加值。

(2)横向多元化,即企业利用原有市场,针对原有顾客的其他需要,采用新的技术、工艺、设备来发展新产品,增加新品种。

(3)复合多元化,即把业务范围扩展到其他行业,进行与现有技术、产品没有联系的产品技术开发和经营活动。

4. 专门化技术竞争策略

这一竞争策略的核心是集中技术优势重点攻关,以特殊用途的技术产品满足特殊消费群,占领某一细分市场,并在此建立成本或产品差异方面的优越地位。专门化技术策略存在一定的市场风险,一旦发生竞争性侵入,小而专形成的局部成本优势或产品差别优势将会丧失。

三、企业技术创新的过程控制

技术创新总体上是一个过程,是一个在市场需求和技术发展的推动下将发明的新设想通过研究开发和生产演变成为具有商品价值的新产品、新技术的过程,对创新过程的控制是保证创新成功的关键。

技术创新过程从逻辑上可分为如下阶段:

(一)构思形成阶段

创新构思的形成主要表现在创新思想的来源和创新思想形成环境两个方面。创新构思可能来自科学家或从事某项技术活动的工程师的推测或发现,也可能来自市场营销人员或用户对环境、市场需要或机会的感受。创新思想的形成环境主要包括市场环境、宏观政策环境、经济环境、社会人文环境、政治法律环境等。

(二)研究开发阶段

研究开发阶段的基本任务是创造新技术,一般由科学研究(基础研究、应用研究)和技术开发组成。研制出可供利用的新产品和新工艺是研究开发的基本内容。研究开发阶段是根据技术、商业、组织等方面的可能条件对创新构思阶段的计划进行检验和修正。有些企业也可能根据自身的情况购买技术或专利,从而跳过这个阶段。

（三）中试阶段

中试阶段的主要任务是完成从技术开发到试生产的全部技术问题，以满足生产需要。小型试验在不同规模上考验技术设计和工艺设计的可行性，解决生产中可能出现的技术和工艺问题，是技术创新过程不可缺少的阶段。

（四）批量生产阶段

按商业化规模要求把中试阶段的成果变为现实的生产力，产生出新产品或新工艺，并解决大量的生产组织管理和技术工艺问题。

（五）市场营销阶段

技术创新成果的实现程度取决于市场的接受程度。本阶段的任务是实现新技术所形成的价值与使用价值，包括试销和正式营销两个阶段。试销具有探索性质，探索市场的可能接受程度，进一步考验技术的完善度，并反馈到以上各个阶段，不断改进与完善。市场营销阶段实现了技术创新所追求的经济效益，完成技术创新过程中质的飞跃。

（六）创新技术扩散阶段

创新技术扩散阶段即创新技术被赋予新的用途，进入新的市场，如雷达设备用于机动车测速、卫星遥感技术用于导航仪、微波技术用于微波炉的制造。

在实际的创新过程中，阶段的划分不一定十分明确，各个阶段的创新活动也不仅仅是按线性序列递进的，有时存在着过程的多重循环与反馈及多种活动的交叉和并行。下一阶段的问题会反馈到上一阶段以求解决，上一阶段的活动也会从下一阶段所提出的问题及其解决中得到推进、深入和发展。各阶段相互区别又相互联结和促进，形成技术创新的统一过程。

第三节　管理创新

一、管理创新的概念

管理创新是企业创新系统的重要组成部分。管理创新是指对企业管理思想、管理方法、管理工具和管理模式的创新，它是企业面对技术和市场的变化所做出的相应改进和调整。成功的管理创新实质上是管理技术和管理制度两方面创新的综合体现和必然结果。

知识拓展

从世界范围来看，管理创新与经济发展相辅相成，第一次企业管理的突破使美国制造业的劳动生产率提高了两三倍，奠定了美国成为经济强国的基础。20世纪50年代，日本企业创造了"全面质量管理"、"价值工程"、"精益生产"等管理思想，指导着大批日本企业迅速成长，成为近几十年日本企业在全球市场竞争中一路领先的重要原因。对于中国企业而言，卓有成效的管理创新将使中国经济实现从"中国制造"到"中国创造"的跨越。管理的核心是人，管理创新必须以人为本，建立科学、合理、公正的机制，充分调动人的主观能动性。

二、管理创新的作用

管理创新的作用主要体现在以下几个方面：

（一）管理创新有助于提高资源使用的效率和效益

管理创新的本质在于创立一种新的资源整合和协调范式，以便使企业资源使用的效率和效益更为有效。所谓更为有效，就是指企业资源使用的效率和效益得到明显改善和提高。管理创新在提高企业经济效益上，不仅注重提高眼前效益，而且注重提高长远效益。不论是提高当前效益还是长远效益，其目的都在于增强企业生命力，促进企业不断发展壮大。

（二）管理创新能够推动企业稳定健康的发展

管理创新通过创立新的更有效的资源整合的方式与方法，不仅能为企业的健康发展奠定坚实的基础，而且能使企业产生更大的合力，从而为促进企业的快速成长创造条件。

（三）管理创新能够增强企业的核心竞争力

随着科学技术的进步和信息技术的发展，企业之间的技术差别越来越小。在这种情况下，企业增强核心竞争力的关键不再像过去那样依赖于技术，而是越来越依赖于管理。谁能够在管理上做到别人做不到的，或者比别人做得更好，谁就拥有别人不具有的竞争优势。管理创新相对于其他创新而言，具有更重要的价值和作用，它不仅具有整合功能，而且更难模仿。它对企业创新能力的提升起着支持、整合和催化作用，是形成企业核心能力的前提和基础。

管理案例

> 麦当劳的生产技术并不复杂，生产过程也很简单，但麦当劳之所以能够把简单的快餐生产变成一种工业化的生产方式，依靠的就是其标准化的管理流程。这正是麦当劳管理创新的结果。
>
> 海尔集团在实施名牌战略和国际化战略过程中，一直坚持以增强核心能力为基础，围绕核心能力进行各项创新活动。正如海尔集团首席执行官张瑞敏所说的，核心能力是企业持续高速增长强有力的支撑。海尔的核心能力就是一种整合能力，这种整合既是企业机制和市场机制的整合，也是产品功能与顾客寻求的整合，它可以使全世界的优势技术为我所用，可以让企业借力腾飞。海尔集团的这种整合能力，说到底就是管理创新能力。

（四）管理创新有助于形成企业家阶层

现代企业管理创新的直接成果之一，是形成了一支职业经理人即企业家阶层。这一阶层的产生，一方面使企业的管理实现了由技术专家向管理专家的转变，从而提高了企业资源的配置效率；另一方面使企业的所有权与经营管理权发生分离，推动了企业更健康的发展。

三、管理创新的内容

在管理创新内容上，尽管每个管理环节都存在创新的机会，但一般说来，比较重要且易于取得创新成效的管理创新领域主要有：管理观念创新、管理组织创新、管理方式方法创新和管理模式创新等。

（一）管理观念创新

观念是行为的先导，它驱动、支配并制约着行为。行为的创新首先是观念的创新，没有创新的观念就不会产生创新的行为，观念创新是行为创新的灵魂。企业要想进行管理创新，首先必须实现观念创新。所谓观念创新，是指形成能够比以前更好地适应环境变化并能更有效地整合资源的新思想、新概念或新构想的活动，它是以前所没有的、能充分反映并满足人们某种物质或精神需要的意念或构想。对企业管理活动来说，管理观念的创新主要包括以下几种情况：提出一种新的经营方针及经营战略；产生一种新的管理思路并把它付诸实施；采用一种新的经营管理策略；采用一种新的管理方式和方法；提出一种新的经营管理哲学或理念；采用一种新的企业发展方式等。

观念创新既包括员工个人的观念创新也包括企业整个组织的观念创新。个人观念创新服务服从于组织观念创新，并对组织观念创新产生推动或阻碍作用；组织观念创新体现着观念创新的方向，并对个人观念创新产生引导、整合或抑制作用。根据观念创新与环境变化之间的关系，可以将观念创新简单概括为三种基本类型：一是超前型，即观念创新领先于环境变化，在时间上有一个提前量，能够随时应付环境的变化；二是同步型，即观念创新与环境变化同步，能随着客观环境的变化及时进行观念创新；三是滞后型，即观念创新落后于环境变化，观念落后于时代，少变、慢变或不变。作为管理者应该自觉地进行观念创新，力求超前，至少同步，绝不滞后。但这并不是说观念创新越超前越好，越新越好。一味超前创新，轻则会增加创新成本，重则会导致各种传统力量的反对和抵制，反而延误创新时机。

 **管理案例**

花旗的创新

花旗曾经在加拿大推出一项新业务，因为创新而带来的市场先机，使得它几乎垄断了该项金融产品的全部市场。"我们注意到牙科医生的收入所得占到全加拿大的3%，这是一个很有实力的群体。如何抓住这个人群，为他们做好服务？"夏保罗先生介绍说，"我们和大学开展合作。当牙科学生刚入学及在以后的学习时期，会不断收到来自花旗的问候。当他们毕业时，就会收到一封花旗写来的极具人文色彩、极具诱惑力的信函。信中说：'当你踏上未来之路，你是想打工还是想创业？作为牙科医生，自我创业是更现实的发达之路。而创业的资金如何来？花旗可以为你提供贷款。创办企业所需的设备甚至护士从哪里来？花旗为你提供中介。管理企业，如何打理企业财务？花旗为你理财……总之，你只需要做你最擅长的"拔牙"、"洗牙"，其余的一切交给花旗来办。这些服务为牙医创业提供了便利条件，而花旗从中获得了大量业务。'"一封信垄断了一个市场。

上述案例给我们什么启示？

（二）管理组织创新

组织创新包括组织机构创新和管理制度创新，也正是在管理制度这个层次上，组织创新与制度创新存在着内容交叉。组织创新主要包括以下几种情况：提出一种新的组织理念；采用一种新的组织机构形式；采用一种新的组织沟通网络；采用一种新的职责权限划分方法；设计一种新的管理制度并有效实施；提出一种组织学习的有效形式等。

（三）管理方式方法创新

管理方式方法既是进行管理创新的重要手段也是管理创新的直接成果。它直接影响着资源配置的效率和效益，是企业实现资源有效配置的必要条件，是企业资源整合过程中所使用的工具。方式方法是否有效直接影响着企业资源的有效配置。一种新的管理方式方法能提高生产效率，或使人际关系协调，或更好地激励员工，这些都将有助于企业资源的有效整合，并达到企业既定目标。管理方式方法创新既可以是单一性的管理方式方法创新，如库存管理法、网络计划技术、ABC管理法、物料需求计划等，也可以是综合性的管理方式方法创新，如制造资源计划、全面质量管理、准时化生产方式、计算机集成制造系统、企业资源计划等。目前，管理界比较流行的管理方式方法创新是企业流程再造，这种创新的实质是对信息化条件下的企业业务流程进行重新组合，是对传统分工体系及信息技术条件下的生产流程和管理流程的改造性创新。管理方式方法创新，概括起来主要有以下几种情况：采用一种新的管理手段；实行一种新的管理方式；提出一种新的资源利用措施；采用一种更有效的业务流程；创设一种新的工作方式等。

（四）管理模式创新

所谓管理模式，是指基于整体的一整套相互联系的观念、制度和管理方式方法的总称。这个整体可以是一个国家、一个区域、一个企业乃至企业内的某个具体管理领域。在企业层次上产生的一整套相互联系的观念、制度和管理方式方法就形成了企业管理模式，如集成管理、危机管理、企业再造等。同样，在企业内的某个领域所产生的一整套相互联系的观念、制度和管理方式方法就形成了领域管理模式，如生产管理模式、财务管理模式、人事管理模式等。由此可见，管理模式既有宏观管理模式（如国家管理模式）也有微观管理模式（如企业管理模式），既有整体管理模式也有局部管理模式，它是一个非常宽泛的概念。但是，不管哪一种管理模式，相互联系的管理方式方法都是构成管理模式的基础，离开具有可操作性的一系列管理方式方法，管理模式就不能称之为模式，只能是一种管理理念和思路。

所谓管理模式创新，就是用新的先进的管理模式来代替陈旧落后的管理模式。一般说来，管理模式创新具体可以有以下几个方面：企业管理的综合性创新，企业中某一管理领域中的综合性创新，管理方式、方法和管理手段的综合性创新等。

本章小结

创新是指建立"新的生产函数"，即企业家对生产要素的新组合，也就是把一种从来没有过的生产要素和生产条件的新组合引入生产体系，从而引起生产方式的变革，形成一种新的生产能力。

创新的主要内容有：目标创新、技术创新、制度创新、组织创新、管理创新和环境创新。

知识经济时代，技术创新战略成为现代企业发展的第一战略，企业宜把握好该战略。

管理创新是企业在激烈的市场竞争中求生存谋发展的必然选择，它对于企业经济效益的提高和市场竞争能力的增强具有十分重要的作用。

思考与探究

1. 如何正确理解"创新"这一概念？
2. 技术创新主要表现在哪几个方面？
3. 企业如何更好地把握技术创新战略？
4. 管理创新的作用表现在哪些方面？如何进行管理创新？

 案例分析

案例分析一

餐饮界独特的七大颠覆式商业模式

什么样的模式，才是好的商业模式？

什么样的商业模式，才能让自己和竞争对手区隔出来？

怎样才能根据自己的资源和优势创新适合自己企业的商业模式？

今天，和大家分享深圳，广东中山、东莞的7家餐饮企业。它们既有火爆15年的老品牌，也有融合国外餐饮特色创新的新商业模式，还有现在大家最关注的商超餐饮，更有大家最需要的"节省人力成本"的内部管理模式。

模式一：中国最早做体验式餐饮的代表企业

还是不接受预订的最牛旺店、持续火爆15年——中山石岐佬。

当全国餐饮同行都在餐饮经营中注重"体验营销"时，有一家企业，它们早已将"体验经营"渗透到骨子里，将"体验"做到极致，这就是中山石岐佬。

有业内同行评价，中山石岐佬是"中国最早做体验营销、氛围营销的餐饮"：

一、餐厅过道就像杂货铺，吃的、用的、玩的，全都有，有赶集的感觉。

二、"眼睛看到的，是做饭的热闹场景；鼻子闻到的，是香气扑鼻的气味；耳朵听到的，是煎炸煮炖声"，一切，都在诱惑你的胃口！

三、摆台像农村集市一样，一看就像地摊，降低心理门槛。

四、顾客眼里的，都是可以买走的，既是商品，又是装饰。

五、15年前就开始做信任营销，海鲜现场宰杀。

六、把菜单做小，再做小，节省一半点菜时间。

模式二：不与外婆家竞争的商超独特品牌

这是中国骨汤第一品牌——拾味馆。

商超餐饮，如何在外婆家、绿茶这种强势品牌"围攻"下，在顾客心中形成自己独特的定位，建立属于自己的客户群？

拾味馆，很多店都与外婆家、绿茶为邻，但依靠自己独特的商业定位和经营模式，不与它们"争客源"，反而可以"互补"，在顾客心里，"他们从不会拿我们与外婆家、绿茶比较"，形成自己专属的客户群。

在商场里开店，有效避免竞争，就是最好的竞争。

模式三: 不用厨房、超市经营模式的全新商业模式

这是深圳一家完全颠覆餐饮概念的海鲜餐厅。

这是中国第一家没有厨房的中餐厅，而且其特色的产品结构决定了不需要厨师岗位；

首次将"超市"的概念引入餐饮经营中：顾客先"采购"并埋单，再用餐，顾客完全自助，最大限度节省人力；

一家餐厅，实现两种功能，这不仅是一家餐厅，还是一家超市，顾客可以在这里吃饭，还经常采购半成品带回家。

消费不低，专注品质，人均消费200元以上，开业即火爆，一下成为深圳人争相用餐的地方，谁说高端市场没了？有品质、有特色、有创意的餐厅，照样有生意。

模式四: 餐饮业最省人工的厨房管理模式

这是深圳最火的湘菜品牌之一——天下湘军。

天下湘军后厨管理在国内创先河：没有砧板、没有打荷，完全打破传统厨房结构模式，师傅+助手组成一个组，固定做一定数量菜，既节省人工，又稳定菜品。

天下湘军绩效考核方式和传统企业不同，实行"我的工资，我做主"——每个人每个月拿多少工资，"自己说了算，自己干了算"。从每个人的胸号牌上即可看出员工工作时间长短、任职岗位、工资情况等，收入全透明。

在人力成本天天上涨、员工一天比一天难招的情况下，天下湘军这种后厨"人力资源管理模式"，更是餐饮业需要的最好的商业模式。

模式五: 一张"全能餐桌"，省掉"无数"服务员

这是东莞的一家餐厅，同行去看了都忍不住说："太牛了！"

这家餐厅：

一、15分钟上齐菜，晚一分钟，剩余菜全部赠送；

二、人均消费35元，一进门还有热气腾腾的毛巾这种星级酒店才有的感动服务；

三、顾客不论排队多少，晚上8：30准时毕餐，老板说"员工也得休息"；

四、前面三条还算"一般般"，最牛的是，顾客完全自助，自己拿餐盘、筷子、勺子、餐巾纸等，自己泡茶，吃不完要打包，也是顾客自助。

其实，能实现这些，靠的是这家老板自创的一个"秘密武器"——一张无所不包的"全能餐桌"：这张桌子有很多抽屉，将顾客用餐所用的餐具一应俱全放进去，顾客坐着就可以伸手拿到，自助服务也就理所当然了！

这张桌子，为餐厅节省了"无数"服务员，这里的服务员只有一个职责：把菜端上桌，剩余的，都是顾客自己很"Happy"（开心）地干了！

这样的餐厅，是不是非常值得推广？

模式六: 给腾讯公司做员工餐的最牛快餐

这是中国最有潜力的快餐品牌之一——金百味

大家天天都在用微信、QQ，但是，知道这家公司——腾讯的员工每天吃谁做的饭吗？是深圳一家最有发展潜力的快餐、团膳品牌代表——金百味。"给腾讯公司这样的大企业做内部餐厅，不要房租，水电全免，这样的好政策，国内外的知名的巨头团膳企业都会来竞标。但腾讯看中的，就是金百味的管理"。

模式七：烤鱼界最奇葩、发展最神速的品牌

这是比炉鱼更火的烤鱼品牌——探鱼。

大家都知道外婆家的炉鱼很火，但还有一家比炉鱼更火的烤鱼，在中国的"烤鱼"界人气一下飙升，不少分店晚上10:30还在排队——最夸张的是，排队的顾客经常需要商场保安人员来维持秩序。一个头年刚刚诞生的新烤鱼品牌，第二年年底就要开30多家分店，商场纷纷伸出橄榄枝。

讨论分析

如何理解服务创新？你从以上案例的创新举措中可得到哪些启示？

案例分析二

2016十大旅游创新营销案例盘点！满满都是创意！

盘点一："Next Idea × 故宫"腾讯创新大赛——《穿越故宫来看你》

关键词：文创IP+H5新媒体营销

腾讯与故宫合作举办"Next Idea × 故宫"腾讯创新大赛，随即推出《穿越故宫来看你》的H5作为邀请函，仅上线一天访问量就突破300万人次。此H5将故宫与新生代事物相结合，以皇帝穿越为主题，引入说唱音乐风格，互动性、刺激性非常强。这已不是故宫淘宝第一次刷屏，卖得了萌耍得了"贱"，故宫淘宝已成为社交媒体上一大焦点，如同之前的皇帝朱批"朕知道了"一般风靡网络。

盘点二："开往春天的列车——坐着高铁去云南"

关键词：线上＋线下＋体验及红遍神州

在沪昆高铁即将全线开通之际，云南省旅发委选择在贵阳、长沙、南昌、杭州、上海五大城市开展主题为"开往春天的列车——坐着高铁去云南"的旅游推介会。云南省旅发委颠覆传统推介模式，拓展推介群体，于10月31日至11月11日在全国300家同程体验店同步开展"七彩云南，红遍神州"风情体验周大型活动，通过品一杯正宗普洱茶，尝一块手工猫哆哩，领一份云南特色手提包，看一场民族风情表演等场景化体验，创新营销七彩云南旅游品牌。

盘点三："逃离北上广"

关键词：用户痛点

新世相与航班管家联合推出"逃离北上广"营销活动，引发各界争相模仿。7月8日，新世相的一条微信文章《我买好了30张机票在机场等你：4小时后逃离北上广》刷爆了朋友圈和各大社交圈。无论从"说走就走"的创意，还是"逃离北上广"本身释放压力的寓意，都是一次撩动用户痛点的传播，这样的内容往往都能击中人们那颗脆弱的心。此次营销活动共带来近1 500万次/点曝光，新世相公众号涨粉11万。

盘点四：徐州汉文化旅游节

关键词：名人IP+创意新媒体营销

2016年中国徐州汉文化旅游节以"刘邦穿越代言旅游节"为线索，首创线上开幕式新形式，以定制互动传播H5为载体，同时延伸帝王系列创意表情包，以大数据精准分析为基础，在腾讯新闻、微信朋友圈等新媒体进行定向传播，极大地推动了徐州汉文化旅游节的传播与口碑发酵，并为后期文创旅游商品开发提供了素材。整个旅游节线上整体曝光量约2亿人次，口碑与传播效果极佳，树立了城市旅游节庆营销新典范！

盘点五：杭州G20畅游黄山

关键词：借势营销

基于黄山与杭州市的深度合作关系，黄山市围绕杭州G20峰会开展系列旅游合作，推出"杭州G20畅游黄山"特惠政策，即G20峰会期间黄山推出针对杭州市民免门票游黄山55个景点的优惠政策。乘着喜迎G20峰会的东风，邀请杭州客人去黄山欣赏绝妙风光，体验灿烂文化，品尝"舌尖上的徽州"。G20首日27 000余杭州人畅游黄山。

盘点六：苏州国际旅游节

关键词：旅游节整合营销与全民撬动

苏州旅游一直走在全国旅游品牌创新的前沿，第19届"东方水城"中国苏州国际旅游节与第九届省园博会同天开幕。本次旅游节突破传统彩船巡游模式，从旅游节品牌出发，定制了旅游节视觉识别系统，并策划执行了千万红包大派送、千言万语说苏州、百米长卷绘苏州、万人狂欢闹苏州四大系列活动，以线上+线下的方式进行全域整合，尤其是以全民的惠民促销与祝福征集的形式在全国旅游市场形成了病毒式传播，极大地延长了旅游节的时间并扩大了其影响力，使苏州旅游节以及苏州旅游品牌得到全方位的传播。

盘点七：感谢"邮"你，南极过大年

关键词：南极过大年

此活动横跨两年，是同程旅游结合2017年春节期间南极邮轮包船产品策划打造的，包括新人旅拍、"光影南极"摄影大赛招募、感谢"邮"你南极春晚等活动。此航次"午夜阳光号"邮轮抵达南极大陆时，正值春节期间，邮轮将在南极举办除夕夜包饺子大赛、新年倒计时、大年初一南极祈福等系列活动。"午夜阳光号"邮轮是目前在南极提供登陆活动的最大邮轮，共有274间精巧舱房，有2个全景大厅，可包容500名乘客。游客将在邮轮上享受别样春晚，在地球的另一端给全国人民拜年。

盘点八："百万"悬赏大神玩咖——"好客山东"旅游攻略大赛

关键词：全省联动攻略大赛

为宣传推广"好客山东"十大文化旅游目的地品牌，进一步发掘山东旅游目的地的新体验及新玩法，山东省旅发委携手同程旅游向全国网友及旅游爱好者征集山东省的旅游攻略。此次大赛采取"全国征集+省市县企业分级众筹+线上游戏+自媒体宣传"的方式，进行线上+线下联动营销，征集创意游戏微攻略+专业达人精品攻略，引发了全域联动、全民参与的高潮。此次大赛共收集攻略10万余篇，奖金池达40万元，推出了山东省十大文化旅游目的地主题产品，实现了攻略与产品的新联动，是目的地营销创新的典范。

盘点九："常熟喊你来度假"

关键词：时令营销+多维度推介

为进一步推广常熟秋季旅游，宣传常熟旅游品牌，线上设置"常熟喊你来度假"专题，并

征集"精致常熟"六大休闲度假攻略，通过"票选你心目中最美的常熟"旅游线路票选活动、"天降红包·嗨游常熟"促销专题等引爆秋季营销，线下开展多城联动常熟风情特惠体验日，后续启动快乐大巴体验专线，并拍摄"全国联动·聚焦常熟"五分钟精华视频等。此次秋季营销创新全国旅游时令营销模式，引发各地争相效仿的热潮。

盘点十：奇境栾川目的地IP营销新模式

关键词：品牌＋影视IP

河南栾川借IP《诛仙青云志》与其奇境栾川品牌的契合度，同程旅游助力双方进行基于IP的场景拍摄与延伸打造。通过跨界联动、产品开发、渠道整合等全面打造大影视IP旅游目的地。目前，《诛仙青云志》网络播放量已破260亿次/观。

 讨论分析

1. 以上营销创新属于何种创新策略？
2. 参照以上案例，你认为企业成功营销应该考虑哪些因素？

参考文献

［1］ 斯蒂芬·P·罗宾斯.管理学［M］.黄卫伟,译.4版.北京:中国人民大学出版社,2002.

［2］ 哈罗德·孔茨,海因茨·韦里克.管理学［M］.张晓君,陶新权,马继华,等,编译.10版.北京:经济科学出版社,1998.

［3］ 托马斯·S·贝特曼,斯考特·A·斯奈尔.管理学［M］.王雪莉,等,译.北京:北京大学出版社,2001.

［4］ 海因茨·韦里克,哈罗德·孔茨.管理学——全球化视角［M］.马春光,译.11版.北京:经济科学出版社,2004.

［5］ 加里·戴斯勒.管理学精要［M］.吕廷杰,赵欣艳,译.2版.北京:中国人民大学出版社,2004.

［6］ 路宏达.管理学基础［M］.北京:高等教育出版社,2000.

［7］ 吴照云.管理学原理［M］.北京:经济管理出版社,2001.

［8］ 徐子健.管理学［M］.北京:对外经济贸易大学出版社,2002.

［9］ 周三多,陈传明,鲁明泓.管理学——原理与方法［M］.4版.上海:复旦大学出版社,2005.

［10］ 杨孝伟,赵应文.管理学——原理、方法与案例［M］.武汉:武汉大学出版社,2004.

［11］ 焦强,罗哲.管理学［M］.成都:四川大学出版社,2005.

［12］ 蒋永忠,张颖.管理学基础［M］.大连:东北财经大学出版社,2006.

［13］ 陈传明,周小虎.管理学原理［M］.北京:机械工业出版社,2007.

［14］ 周建临.管理学教程［M］.上海:上海财经大学出版社,2007.

［15］ 单凤儒.管理学基础［M］.3版.北京:高等教育出版社,2008.

［16］ 刘邦治.管理学原理［M］.上海:立信会计出版社,2008.

［17］ 马义飞.管理学［M］.北京:清华大学出版社,北京交通大学出版社,2008.

［18］ 李海峰,张莹.简明管理学教程［M］.北京:科学出版社,2009.

［19］ 侯明贤.管理学原理与方法［M］.杭州:浙江大学出版社,2009.

［20］ 曾坤生.管理学［M］.北京:清华大学出版社,2009.

［21］ 荣晓华.管理学原理［M］.大连:东北财经大学出版社,2010.

［22］ 吕实.管理学［M］.北京:清华大学出版社,2010.

［23］ 张红,王博,涂淼.管理学原理与实践［M］.武汉:中国地质大学出版社,2011.

［24］ 万卉林,刘虹.管理学——原理、方法与案例［M］.2版.武汉:武汉大学出版社,2011.

［25］ 倪杰.管理学原理［M］.2版.北京:清华大学出版社,2011.

［26］ 邢以群.管理学［M］.4版.杭州：浙江大学出版社,2016.

［27］ 单凤儒.管理学基础实训教程［M］.2版.北京：高等教育出版社,2009.

［28］ 谢敏.管理能力训练基础教程［M］.上海：华东师范大学出版社,2007.

［29］ 谢敏.管理能力训练实训手册［M］.杭州：浙江大学出版社,2009.

［30］ 樊丽丽.趣味管理案例集锦［M］.北京：经济出版社,2005.

［31］ 余敬,刁凤琴.管理学案例精析［M］.武汉：中国地质大学出版社,2006.

［32］ 邵冲.管理学案例［M］.北京：清华大学出版社,2006.

［33］ 李品媛.管理学教学案例［M］.大连：东北财经大学出版社,2007.

［34］ 付景远.通用管理能力案例集［M］.济南：山东人民出版社,2012.

［35］ 李晓.沟通技巧［M］.北京：航空工业出版社,2006.

［36］ 李文国.推销实训［M］.大连：东北财经大学出版社,2008.

［37］ 张向东.管理的协调艺术［M］.武汉：武汉大学出版社,2014.

［38］ 郭咸纲.西方管理思想史［M］.插图修订第4版.北京：北京联合出版公司,2014.

附 录

附录一　你应该知道的管理原理和管理法则

一、木桶原理

　　木桶原理是由美国管理学家彼得提出的。多块木板构成的木桶,决定其盛水量多少的关键因素不是其最长的板块,而是其最短的板块。这就是说,任何一个组织可能面临的一个共同问题是:构成组织的各个部分往往是优劣不齐的,而劣势部分往往决定整个组织的水平。

　　由许多块木板组成的"木桶"不仅可以象征一个企业、一个部门、一个班组,也可以象征某一个员工,而"木桶"的最大容量则象征着整体的实力和竞争力。

　　与此对应的是"反木桶原理":木桶最长的一根木板决定了其特色与优势,在一个小范围内成为制高点。对组织而言,凭借其鲜明的特色,就能跳出大集团的游戏规则,独树一帜建立自己的王国。在扬长避短中,把业绩建立在自己的优势资源上更合理一些。

二、彼得原理

　　彼得原理是管理学家彼得根据千百个有关组织中不能胜任工作的失败实例的分析而归纳出来的。其具体内容是:在一个等级制度中,每个职工趋向于上升到他所不能胜任的地位。彼得指出:"每一个职工由于在原有职位上工作成绩表现好(胜任),就将被提升到更高一级职位;其后,如果继续胜任则将进一步被提升,直至到达他所不能胜任的职位。"由此导出的推论是:"每一个职位最终都将被一个不能胜任其工作的职工所占据。层级组织的工作任务多半是由尚未达到不胜任阶层的员工完成的。"每一个职工最终都将达到彼得高地,在该处,他的提升商数(PQ)为零。至于如何加速提升到这个高地,有两种方法。其一,是上面的"拉动",即依靠裙带关系和熟人等从上面拉;其二,是自我的"推动",即自我训练和进步等。而前者是被普遍采用的。

三、帕金森定律

　　1958年,英国历史学家、政治学家西里尔·诺斯古德·帕金森通过长期调查研究,出版了《帕金森定律》一书。帕金森经过多年调查研究,发现一个人做一件事所耗费的时间差别如此之大：他可以在10分钟内看完一份报纸，也可以看半天；一个忙人20分钟可以寄出一沓明信片；而一个无所事事的老太太为了给远方的外甥女寄张明信片，可以足足花一整天：找明信片一个钟头，寻眼镜一个钟头，查地址半个钟头，写问候的话一个钟头零一刻钟……特别是在工作中，工作会自动地膨胀，占满一个人所有可用的时间。如果时间充裕，他就会放慢工作节奏或是增添其他项目以便用掉所有的时间。由此得出结论：在行政管理中，行政机构会像金字塔一样不断增多，行政人员会不断膨胀，每个人都很忙，但组织效率越来越低下。这条定律又被称为"金字塔上升"现象。

他在书中阐述了机构人员膨胀的原因及后果。一个不称职的官员，可能有三条出路：第一是申请退职，把位子让给能干的人；第二是让一位能干的人来协助自己工作；第三是任用两个水平比自己更低的人当助手。

这第一条路是他万万不愿意走的，因为那样会丧失许多权力；第二条路也不能走，因为那个能干的人会成为自己的对手；看来只有第三条路最适宜。于是，两个平庸的助手分担了他的工作，他自己则高高在上发号施令。两个助手因为无能，也就上行下效，再为自己找两个无能的助手。如此类推，就形成了一个机构臃肿、人浮于事、相互扯皮、效率低下的领导体系。

四、墨菲法则

1949年，一名叫墨菲的美国空军上尉工程师发现：假定你把一片干面包掉在地毯上，这片面包的两面均可能着地；但假定你把一片一面涂有果酱的面包掉在地毯上，常常是带有果酱的那一面落在地毯上（麻烦）。换一种说法，如果某件事有可能变坏的话，这种可能就会成为现实，这就是墨菲法则。它的适用范围非常广泛，它揭示了一种独特的社会及自然现象。它的极端表述是：如果坏事有可能发生，不管这种可能性有多小，它总会发生，并造成最大可能的破坏。

作为一名工程师，墨菲曾参加美国空军于1949年进行的MX981实验。这个实验的目的是为了测定人类对加速度的承受极限。其中有一个实验项目是将16个火箭加速度计悬空安装在受试者上方。当时有两种方法可以将加速度计固定在支架上，而不可思议的是，竟然有人有条不紊地将16个加速度计全部装在错误的位置。于是，墨菲作出了这一著名的论断，并被那个受试者在几天后的记者招待会上引用，几个月后，这一"墨菲定律"被广泛引用在与航天机械相关的领域。经过多年，这一"定律"逐渐进入习语范畴，其内涵被赋予无穷的创意，出现了众多的变体，其中最著名的一条也被称为菲纳格定律，具体内容为：会出错的，终将会出错。这一定律被认为是对"墨菲定律"最好的模仿和阐述。

根据"墨菲定律"，可以得出推论：一、任何事都没有表面看起来那么简单；二、所有的事都会比你预计的时间长；三、会出错的事总会出错；四、如果你担心某种情况发生，那么它就更有可能发生。

五、马太效应

马太效应是指好的越好，坏的越坏，多的越多，少的越少的一种现象。马太效应来自圣经《新约·马太福音》中的一则寓言：一个国王远行前，交给三个仆人每人一锭银子，吩咐他们：

"你们去做生意,等我回来时,再来见我。"国王回来时,第一个仆人说:"主人,你交给我的一锭银子,我已赚了10锭。"于是国王奖励了他10座城邑。第二个仆人报告说:"主人,你给我的一锭银子,我已赚了5锭。"于是国王便奖励了他5座城邑。第三个仆人报告说:"主人,你给我的一锭银子,我一直包在手巾里存着,我怕丢失,一直没有拿出来。"于是,国王命令将第三个仆人的那锭银子赏给第一个仆人,并且说:"凡是少的,就连他所有的,也要夺过来。凡是多的,还要给他,叫他多多益善。"

这个寓言给我们的启示是:贫者越贫,富者越富;一步领先,步步领先。

六、帕累托定律

帕累托定律又称为帕累托法则、最省力法则、不平衡原则、犹太法则和80/20法则。此法则是20世纪初意大利统计学家、经济学家维尔弗雷多·帕累托提出的,他指出:在任何特定群体中,重要的因子通常只占少数,而不重要的因子则占多数,因此,只要能控制具有重要性的少数因子即能控制全局。这个原理经过多年的演化,已变成当今管理学界所熟知的"二八法则"——即80%的公司利润来自20%的重要客户,其余20%的利润则来自80%的普通客户。它可以在很多方面得到验证,如世界上大约80%的资源是由世界上15%的人口所耗尽的;世界财富的80%为25%的人所拥有;在一个国家的医疗体系中,20%的人口与20%的疾病,会消耗80%的医疗资源。80/20法则表明在原因与结果、投入与产出以及努力与报酬之间存在着固有的不平衡。这说明少量的原因、投入和努力会有大量的收获、产出或回报。只有几件事情是重要的,大部分都微不足道。

"二八法则"提供了一个较好的基准:80%的产出源自20%的投入,80%的结论源自20%的原因,80%的收获源自20%的努力。

七、鲇鱼效应

挪威人喜欢吃沙丁鱼,尤其是活鱼。市场上活沙丁鱼的价格要比死鱼高许多,所以,渔民总是千方百计地想办法让沙丁鱼活着回到渔港。可是沙丁鱼很是娇贵,刚捕上来放入鱼槽运回码头很快就会窒息而死。但是有一条渔船总能让大部分沙丁鱼活着回到渔港。船长严格保守着秘密。直到船长去世,谜底才揭开:原来船长在装满沙丁鱼的鱼槽里放进了一些以鱼为主要食物的鲇鱼。鲇鱼进入鱼槽后,由于环境陌生,便四处游动。沙丁鱼见了鲇鱼十分紧张,左冲右突,四处躲避,加速游动。这样沙丁鱼缺氧的问题就迎刃而解了,沙丁鱼也就不会死了。这样一来,一条条沙丁鱼活蹦乱跳地回到了渔港。这一效应就被人们称为"鲇鱼效应"。

当一个组织的工作达到较稳定的状态时,其实常常意味着员工工作积极性的降低,"一团和气"的集体不一定是一个高效率的集体,这时候"鲇鱼效应"将起到很好的"医疗"作用。在一个组织中,如果始终有一位鲇鱼式的人物,无疑会激活员工队伍,提高工作业绩。因此,"鲇鱼效应"是企业领导层激发员工活力的有效措施之一。它表现在两方面:一是企业要不断补充新鲜血液,把那些富有朝气、思维敏捷的年轻生力军引入职工队伍中甚至管理层,给那些固步自封、因循守旧的懒惰员工和官僚带来竞争压力,才能唤起"沙丁鱼"们的生存意识和竞争求胜之心;二是要不断地引进新技术、新工艺、新设备、新管理观念,这样才能使企业在市场大潮中搏击风浪,增强生存能力和适应能力。

八、皮格马利翁效应

皮格马利翁效应,也有译"毕马龙效应"、"比马龙效应",由美国著名心理学家罗森塔尔和雅格布森在小学教学上予以验证提出,亦称"罗森塔尔效应"或"期待效应"。即:说你行,你就行,不行也行;说你不行,你就不行,行也不行。

美国著名心理学家罗森塔尔和雅格布森进行了一项有趣的研究。他们先找到了一个学校,然后从校方手中得到了一份全体学生的名单。在经过抽样后,他们向学校提供了一些学生名单,并告诉校方,他们通过一项测试发现,这些学生有很高的天赋,只不过尚未在学习中表现出来。其实,这是从学生的名单中随意抽取出来的几个人。有趣的是,在学年末的测试中,这些学生的学习成绩的确比其他学生高出很多。研究者认为,这就是由于教师期望的影响。由于教师认为这个学生是天才,因而寄予他更大的期望,在上课时给予他更多的关注,通过各种方式向他传达"你很优秀"的信息,学生感受到教师的关注,因而产生一种激励作用,学习时加倍努力,因而取得了好成绩。这种现象说明教师的期待不同,对儿童施加影响的方法不同,儿童受到的影响也不同。借用希腊神话中出现的主人公的名字,罗森塔尔把它命名为"皮格马利翁效应"。

皮格马利翁效应告诉我们:对一个人传递积极的期望,就会使他进步得更快,发展得更好;反之,向一个人传递消极的期望则会使人自暴自弃,放弃努力。

九、破窗效应

美国斯坦福大学心理学家菲利普·辛巴杜于1969年进行了一项实验。他找来两辆一模一样的汽车,把其中的一辆停在加州帕洛阿尔托的中产阶级社区,而另一辆停在相对杂乱的纽约布朗克斯区。停在布朗克斯的那辆,他把车牌摘掉,把顶棚打开,结果当天就被偷走了。而放在帕洛阿尔托的那一辆,一个星期也无人理睬,后来,辛巴杜用锤子把那辆车的玻璃敲了个大洞。结果仅仅过了几个小时,它就不见了。以这项实验为基础,政治学家威尔逊和犯罪学家凯琳提出了一个"破窗效应"理论。该理论认为,如果有人打坏了一幢建筑物的窗户玻璃,而这扇窗户又得不到及时的维修,别人就可能受到某些示范性的纵容去打烂更多的窗户。久而久之,这些破窗户就给人造成一种无序的感觉,结果在这种公众麻木不仁的氛围中,犯罪就会滋生。其实,这也类似于中国人常说的"破罐子破摔"的情况。

我们日常生活中也经常有这样的体会:桌上的财物,敞开的大门,可能使本无贪念的人心生贪念;对于违反公司程序或廉政规定的行为,有关组织没有进行严肃处理,没有引起员工的重视,从而使类似行为再次甚至多次重复发生;对于工作不讲求成本效益的行为,有关领导不以为然,下属员工的浪费行为得不到纠正,反而日趋严重,等等。一间房子如果窗户破了,没有人去修补,时隔不久,其他的窗户也会莫名其妙地被人打破;一面墙上如果出现一些涂鸦没有清洗掉,很快墙上就布满了乱七八糟、不堪入目的东西;而在一个很干净的地方,人们会很不好意思扔垃圾,但是一旦地上有垃圾出现,人们就会产生从众心理,毫不犹豫地随地乱扔垃圾,丝毫不觉得羞愧。这就是破窗效应的表现。

在企业的管理实践中,破窗效应至关重要,俗话说"千里之堤,毁于蚁穴",管理者必须高度警觉那些看起来是个别的、轻微的,但触犯了公司核心价值的"小的过错",并坚持严格依章管理。对第一个迟到的人必须照章处理,否则,其他员工会认为迟到不重要;不要放任员工上班时间玩游戏,不然大家会比着玩;不要随便处理违反公司章程的行为,否则类似的事件会重复发生……作为管理者,不及时修好第一扇被打碎玻璃的窗户,就可能会为无法弥补的损失带来潜在的隐患。

十、青蛙法则

"青蛙法则"说的是把一只青蛙放在一个盛满凉水的容器里,然后慢慢地给容器加热,控制在每两天升温一度的状态。那么,即使水温到了90℃——虽然这时青蛙几乎已经被煮熟了,它也不会主动从容器中跳出来。其实,这并不是因为青蛙本身的迟钝,事实上,如果将一只青蛙突然扔进热水中,青蛙会马上一跃而起,逃离危险。青蛙对眼前的危险看得一清二楚,但对还没有到来的危机却置之不理。人又何尝不是这样? 正如孟子所说:"生于忧患,死于安乐。"

青蛙法则给我们的启示:要时刻保持危机意识。

十一、长尾理论

"长尾"这一概念是由《连线》杂志主编查尔斯·安德森在2004年10月的《长尾》一文中最早提出的,用来描述诸如亚马逊和Netflix之类网站的商业和经济模式。长尾就是被人们忽视的却占有很大面积、大分量的人和事。

过去人们只关注重要的人或重要的事,如果用正态分布曲线来描绘这些人或事,人们只关注曲线的"头部",而将处于曲线"尾部"、需要更多的精力和成本才能关注到的大多数人或事忽略。例如,在销售产品时,厂商关注的是少数几个所谓"VIP"客户,无暇顾及在人数上居于大多数的普通消费者。

"长尾效应"的意义就在于"将所有非流行的市场累加起来就会形成一个比流行市场还大的市场"。目前在网络时代,由于关注的成本大大降低,人们有可能以很低的成本关注正态分布曲线的"尾部",关注"尾部"产生的总体效益甚至会超过"头部"。安德森认为,网络时代是关注"长尾"、发挥"长尾"效益的时代。

"一个小数乘以一个非常大的数字等于一个大数,许许多多的小市场聚合在一起就成了一个大市场",这就是长尾理论所描绘的世界。

十二、蝴蝶效应

美国气象学家爱德华·洛伦兹说,一只亚马孙流域热带雨林中的蝴蝶,偶尔地扇动几下翅膀,这股细小的气流运动也许在两周后会引起美国得克萨斯州一场强烈的龙卷风,最后很可能在南太平洋掀起一场强烈的飓风。人们称这种现象叫"蝴蝶效应"。原因在于,蝴蝶翅膀的运动,导致其身边空气系统发生变化,引起微弱气流的产生,又会引起四周空气或其他系统产生相应的变化,由此引起连锁反应,最终导致天气系统的极大变化。

蝴蝶效应之所以发人深省,是因为在社会和经济生活中,很多事情的发生和蝴蝶效应发生作用的机理极为相似:一件微不足道的事情可能就会酿成一场世界性的经济危机。此效应说明,事物发展的结果,对初始条件具有极为敏感的依赖性,初始条件的极小偏差,将会引起结果的极大差异。于是,"蝴蝶效应"这个词受到了越来越多的关注。

蝴蝶效应是指在一个动力系统中,初始条件下微小的变化能带动整个系统长期巨大的连锁反应。在我们的工作生活中,类似蝴蝶效应的案例比比皆是,哪怕是一个很小的事情,都可能影响我们的职业生涯。不要放纵自己的小毛病,因为它们可能会引起职业生涯的风暴。

十三、冰山理论

美国著名作家海明威曾在他的作品《午后之死》中提出了著名的"冰山理论",他说:"冰山运动之雄伟壮观,是因为它只有八分之一在水面上。"在文学作品中,文学和形象是所谓的"八分之一",而思想和内涵是所谓的"八分之七"。通常,艺术家们都会用这一理论来比喻作品中所暗含的不易被人发掘的深刻意义,而潜藏在表面形象以内的思想和内涵往往才是最珍贵的信息,就像是这水下的"八分之七",才是冰山的基础。

世界上很多的道理都是相通的。如果你是一个企业管理者,你手下的一个个员工就是一座座"冰山",浮在表面上的是员工所拥有的资源、知识、技能和能力,这些均是员工的显性素质,可以通过各种学历证书、职业经历、业绩来证明。而潜在水面以下的东西,包括职业道德、人品素养和职业态度,我们称之为隐性素质。隐性素质和显性素质两者之和就构成一个员工所具备的全部职业化素质。作为一个成功的管理者,你要做的不只是掌握员工的显性素质部分,那只是冰山上的一角,而冰山在水下的部分才是员工最重要的发展价值。善于发掘员工潜能的管理者才是成功的管理者。

我们处在一个快速变革的时代,对于管理者来说,最可怕的不是眼前那些看得见的已经发生的事情,而是那些即将发生的、你却没有预料到的事情。所以,在市场环境不断变化的今天,能够洞察冰山之下的"八分之七",这是对管理者技能和水平的更高要求。

十四、华盛顿合作定律

一个和尚挑水喝,两个和尚抬水喝,三个和尚没水喝。看似极为简单的道理,却隐含着一个经济学的定律——"华盛顿合作定律",即一个人敷衍了事,两个人互相推诿,三个人则永无成事之日。按照博弈经济学原理来分析,就是博弈论中的"负和博弈"。

负和博弈,是指双方冲突和斗争的结果是得小于失的状况,就是我们通常所说的其结果的总和为负数,也是一种两败俱伤、得不偿失的博弈,结果双方都有不同程度的损失。在生活中有很多这样的例子。在企业之间,类似这种"两败俱伤"的竞争案例数不胜数。商场如战场,企业之间不断挑起恶性竞争,无非利字当头。挑起事端者原本想打倒对手,抢夺对方的市场份额,来实现自身的利益,但事件发展到最后,往往会给无辜者甚至整个行业带来沉重打击,最终也祸及自身,落得个"损人不利己"的下场。

在生活交际中,由于交往双方为了各自利益或占有欲,而不能达成相互间的统一,交际产生冲突和矛盾,结果是交际双方都从中受到损失。这种"负和博弈"的现象对整个社会集体来说多少会产生一定的负面影响。所以,在遇到冲突的时候,不要总想着战胜另一方,而是要能够换位思考,尽量把彼此的损失降到最低,这才是明智之举。

十五、羊群效应

羊群效应也可以称为群体心理、社会压力、传染等,最早是股票投资中的一个术语,主要是指投资者在交易过程中存在学习与模仿现象,"有样学样",盲目效仿别人,从而导致他们在某段时期内买卖相同的股票。在一群羊前面横放一根木棍,第一只羊跳了过去,第二只、第三只也会跟着跳过去;这时,把那根棍子撤走,后面的羊,走到这里,仍然像前面的羊一样,向上跳一下,尽管拦路的棍子已经不在了,这就是所谓的"羊群效应",也称"从众心理"。

羊群效应也是在一些企业的市场行为中的一种常见现象。它是指由于对信息缺乏了解,投资者很难对市场未来的不确定性作出合理的预期,往往是通过观察周围人群的行为而提取信息,在这种信息的不断传递中,许多人的信息将大致相同且彼此强化,从而产生从众行为。羊群效应是由个人理性行为导致的一种集体的非理性行为的非线性机制。

羊群效应一般出现在竞争非常激烈的行业上,而且这个行业上有一个领先者(领头羊)占据了主要的注意力,那么,整个羊群就会不断模仿这个领头羊的一举一动,领头羊到哪里去"吃草",其他的羊也会到哪里去"淘金"。

十六、刺猬法则

为了研究刺猬在寒冷冬天的生活习性,生物学家做了一个实验:把十几只刺猬放到户外的空地上。这些刺猬被冻得浑身发抖,为了取暖,它们只好紧紧地靠在一起,而相互靠拢后,又因为忍受不了彼此身上的长刺,很快就又各自分开了。可天气实在太冷了,它们又靠在一起取暖。然而,靠在一起时的刺痛使它们不得不再度分开。挨得太近,身上会被刺痛;离得太远,又冻得难受。就这样反反复复地分了又聚,聚了又分,不断地在受冻与受刺之间挣扎。最后,刺猬们终于找到了一个适中的距离,既可以相互取暖,又不至于被彼此刺伤。

刺猬法则主要是指人际交往中的"心理距离效应"。运用到管理实践中,就是领导者如要搞好工作,应该与下属保持亲密关系,但这是"亲密有间"的关系,是一种不远不近的恰当合作关系。与下属保持心理距离,可以避免下属的防备和紧张,可以减少下属对自己的恭维、奉承、送礼、行贿等行为,可以防止与下属称兄道弟、吃喝不分。这样做既可以获得下属的尊重,又能保证在工作中不疏离下属。一个优秀的领导者和管理者,要做到"疏者密之,密者疏之",这才是成功之道。

十七、手表定律

拥有两块以上的手表并不能帮人更准确地判断时间,反而会制造混乱,让看表的人失去对时间的判断,这就是著名的手表定律。手表定律所指的另一层含义在于每个人都不能同时挑选两种不同的行为准则或者价值观念,否则那个人的行为将陷于混乱。

手表定律的使用前提:第一,这两块表显示的时间是不同的,如果时间显示是一致的,那就不存在分歧,或双重标准了;第二,如果有两块表显示时间不同,我们必须要知道哪一块才是唯一准确的表,因为只能有一个是准确的;第三,这两块表必须是在同一个时区(采用以GMT为同一个标准的地区),因为在不同时区的时间是不一致的,这样才有可比性,这也要"因地制宜"。在这些前提下,我们才能去谈论这个定律。

手表定律的启示：

1. 制定出的目标一定要明确。

2. 绩效考核时一定要按照既定的绩效目标来进行，千万不能临时随意变更，否则，很容易让员工对公司的大政方针产生疑惑，进而对公司失去信心。

3. 管理制度一定是对事不对人，即一视同仁，要"制度面前人人平等"。

4. 在管理运作方面，"一个上级的原则"一定要遵守，否则必然会引起混乱。

5. 一个企业组织也不应该出台两个相互矛盾的标准。

6. 没有判别正误的标准就会陷入两难选择，就像一个人不能判别哪一块表的时间是准确的时候，他将陷入困惑。

7. 一个组织不能由两个以上的人来同时指挥，而且指挥的方向又不一致，这将使这个组织无法正常运转。拿破仑说："宁愿要一个平庸的将军带领一支军队，也不要两个天才同时领导一支军队。"

8. 规律是死的，但事情是千变万化的；执行人是活的，一定要根据不同情况灵活运用，而不能一味地生搬硬套。

9. 同一个人或同一个组织不能同时采用两种不同的方法，不能同时设置两个不同的目标，甚至每一个人不能由两个人来同时指挥，否则将使这个企业或者个人无所适从。

十八、晕轮效应

晕轮效应又称成见效应、光圈效应、日晕效应、以点概面效应，它是一种影响人际知觉的因素，指在人际知觉中所形成的以点概面或以偏概全的主观印象。

晕轮效应最早是由美国著名心理学家爱德华·桑代克于20世纪20年代提出的。他认为，人们对人的认知和判断往往只从局部出发，扩散而得出整体印象，也即常常以偏概全。一个人如果被标明是好的，他就会被一种积极肯定的光环笼罩，并被赋予一切都好的品质；如果一个人被标明是坏的，他就被一种消极否定的光环所笼罩，并被认为具有各种坏品质。这就好像刮风天气前夜月亮周围出现的圆环（月晕），其实呢，圆环不过是月亮光的扩大化而已。据此，桑代克为这一心理现象起了一个恰如其分的名称"晕轮效应"，也称作"光环作用"。

心理学家戴恩做过一个这样的实验：他让被试者看一些照片，照片上的人有的很有魅力，有的无魅力，有的中等。然后让被试者在与魅力无关的特点方面评定这些人。结果表明，被试者对有魅力的人比对无魅力的人赋予更多理想的人格特征，如和蔼、沉着，好交际等。

晕轮效应不但常表现在以貌取人上，而且还常表现在以服装定地位、性格，以初次言谈定人的才能与品德等方面。在对不太熟悉的人进行评价时，这种效应体现得尤其明显。

在绩效考核中，晕轮效应意味着一个考核者对被考核者的某一绩效要素的评价较高，就会导致他对该人所有的其他绩效要素也评价较高；反之，如果对被考核者的某一绩效要素的评价较差，则会导致他对该人所有的其他绩效要素也评价较差。

实质上，晕轮效应是一种"以偏概全"的心理弊病，评估者在员工绩效评估过程中，把员工绩效中的某方面甚至与工作绩效无关的某一方面看得过重，用员工的某个特性去推断其他特性，造成"一好百好，一差百差"，以偏概全的评估偏误。当被考核者是那些对考核者表现特别友好或特别不友好的人时，晕轮效应是最容易发生的。

十九、鸟笼逻辑

鸟笼逻辑，又称"空鸟笼效应"，被誉为人类无法抗拒的十种心理之一。鸟笼逻辑的原因很简单：人们绝大部分的时候是采取惯性思维的。

鸟笼逻辑是由一个心理学故事引出的效应。挂一个美丽的空鸟笼在房间里最显眼之处，过不了几天，主人必定会作出下面两个选择之一：把鸟笼扔掉，或者买一只鸟回来放在鸟笼里，因为这比无休无止的解释和说明要轻易得多。这就是鸟笼逻辑。

鸟笼逻辑告诉我们，大多数时候人们都受制于强大的惯性思维：鸟笼必定用于养鸟，结婚必先置办新房，社会必然分三六九等。这种惯性思维的益处是，能够帮助我们迅速快捷地认知和适应周围世界。然而，过犹不及，如果把惯性思维扩展到生活的每一个角落，就会成为一种刻板思维。这种被别人用习惯思维的逻辑推理误解，并且最终屈服于强大的惯性思维的事情，生活中并不少见。一些创新、改革碰到的阻力大多数就是来自传统和习惯。

人们绝大部分的时候是采取惯性思维，可见在生活和工作中培养逻辑思维是多么重要。突破习惯思维，才能获得进步，我们应该少用"鸟笼逻辑"去推断别人，也不要使自己陷于"鸟笼逻辑"中，成为一个墨守成规、顽固不化的人。要敢于变通，尝试新举措，突破传统观念，将逻辑思维与逆向思维相结合，从不同角度进行推理，以达到更好的效果。

二十、协同效应

协同效应简单地说，就是"1+1>2"的效应。协同效应可分外部和内部两种情况。外部协同是指一个集群中的企业由于相互协作共享业务行为和特定资源，因而将比一个单独运作的企业获得更强的盈利能力；内部协同则指企业生产、营销、管理的不同环节、不同阶段、不同方面共同利用同一资源而产生的整体效应。

协同效应原本为一种物理化学现象，又称增效作用，是指两种或两种以上的组分相加或调配在一起，所产生的作用大于各种组分单独应用时作用的总和。而其中对混合物产生这种效果的物质称为增效剂。协同效应常用于指导化工产品各组分组合，以求得最终产品性能增强。

1971年，德国物理学家赫尔曼·哈肯提出了协同的概念，1976年系统地论述了协同理论，并发表了《协同学导论》等著作。协同论认为，整个环境中各个系统间存在着相互影响而又相互合作的关系。社会现象亦如此，例如，企业组织中不同单位间的相互配合与协作关系，以及系统中的相互干扰和制约等。

一个企业可以是一个协同系统，协同是经营者有效利用资源的一种方式。这种使公司整体效益大于各个独立组成部分总和的效应，经常被表述为"1+1>2"或"2+2=5"。安德鲁·坎贝尔等在《战略协同》一书中说："通俗地讲，协同就是'搭便车'。当从公司一个部分中积累的资源可以同时且无成本地被应用于公司的其他部分的时候，协同效应就发生了。"他们还从资源形态或资产特性的角度区别了协同效应与互补效应，即"互补效应主要是通过对可见资源的使用来实现的，而协同效应则主要是通过对隐性资产的使用来实现的"。蒂姆·欣德尔概括了坎贝尔等人关于企业协同的实现方式，指出：企业可以通过共享技能、共享有形资源、协调的战略、垂直整合、与供应商的谈判和联合力量等方式实现协同。

附录二　管理学相关网站

［ 1 ］中国总经理网：http://www.cnceo.com
［ 2 ］《财富》中文网：http://fortunechina.com
［ 3 ］第一财经日报：http://www.yicai.com
［ 4 ］21经济网：http://www.21jingji.com
［ 5 ］世界经理人网站：http://www.cec.globalsources.com
［ 6 ］百度百科：http://baike.baidu.com
［ 7 ］MBA智库百科：http://wiki.mbalib.com
［ 8 ］管理人网：http://www.manaren.com
［ 9 ］中国人力资源网：http://www.hr.com.cn
［10］世界经理人互动社区：http://www.ceconlinebbs.com
［11］ERP世界网：http://www.erpworld.net
［12］中国宏观经济信息网：http://www.macrochina.com.cn
［13］中国经济信息网：http://www.cei.gov.cn
［14］经理人网：http://www.sino-manager.com
［15］中国企管网：http://www.china-qg.com
［16］中国管理咨询网：http://www.chnmc.com
［17］管理学课程网：http://www.glxkc.com
［18］企业文化网：http://www.7158.com.cn

图书在版编目（CIP）数据

管理学原理/张向东主编.—2版.—上海：华
东师范大学出版社，2018
ISBN 978-7-5675-7701-5

I.①管… II.①张… III.①管理学-高等职业教育
-教材 IV.①C93

中国版本图书馆CIP数据核字（2018）第095430号

管理学原理（第二版）

主　　编　张向东
责任编辑　孙小帆
责任校对　孙祖安
装帧设计　庄玉侠

出版发行　华东师范大学出版社
社　　址　上海市中山北路3663号　邮编 200062
网　　址　www.ecnupress.com.cn
电　　话　021-60821666　　行政传真 021-62572105
客服电话　021-62865537　　门市（邮购）电话 021-62869887
地　　址　上海市中山北路3663号华东师范大学校内先锋路口
网　　店　http://hdsdcbs.tmall.com/

印 刷 者　杭州日报报业集团盛元印务有限公司
开　　本　787×1092　16开
印　　张　17.75
字　　数　437千字
版　　次　2018年7月第2版
印　　次　2019年8月第4次
书　　号　ISBN 978-7-5675-7701-5/F·412
定　　价　38.00元

出 版 人　王　焰

（如发现本版图书有印订质量问题,请寄回本社客服中心调换或电话021-62865537联系）